EVANGELISMO DE PODER

REINHARD **BONNKE**,DD

CASA
CREACIÓN

La mayoría de los productos de Casa Creación están disponibles a un precio con descuento en cantidades de mayoreo para promociones de ventas, ofertas especiales, levantar fondos y atender necesidades educativas. Para más información, escriba a Casa Creación, 600 Rinehart Road, Lake Mary, Florida, 32746; o llame al teléfono (407) 333-7117 en Estados Unidos.

EVANGELISMO DE PODER por Reinhard Bonnke
Publicado por Casa Creación
Una compañía de Charisma Media
600 Rinehart Road
Lake Mary, Florida 32746
www.casacreacion.com

No se autoriza la reproducción de este libro ni de partes del mismo en forma alguna, ni tampoco que sea archivado en un sistema o transmitido de manera alguna ni por ningún medio—electrónico, mecánico, fotocopia, grabación u otro—sin permiso previo escrito de la casa editora, con excepción de lo previsto por las leyes de derechos de autor en los Estados Unidos de América.

A menos que se indique lo contrario, todos los textos bíblicos han sido tomados de la *Santa Biblia*, versión Reina-Valera, revisión 1960. Usada con permiso.

Traducido por: Wendy Bello
Director de diseño: Bill Johnson

Originally published in the U.S.A. under the title: *Evangelism by Fire*
Published by Charisma House, A Charisma Media Company,
Lake Mary, FL 32746 USA
Copyright © 2011
All rights reserved

Visite la página web del autor: www.cfan.org

Copyright © 2011 por Casa Creación
Todos los derechos reservados

Library of Congress Control Number: 2011929535
ISBN: 978-1-61638-517-0

11 12 13 14 15 — 5 4 3 2 1
Impreso en los Estados Unidos de América

*Dedico este libro a todos
mis compañeros pescadores de hombres
del ministerio Cristo para todas las naciones
quienes me ayudaron a lanzar
la red del evangelio por África y el mundo.*

CONTENIDO

Introducción: Avivamiento no coincidencia	1
Primera parte: La necesidad	
1 ¡Cuando un incendio provocado no es un delito!	13
2 ¡El antiungido!	33
3 Trabajo inmortal para mortales	47
4 ¡Jadeantes por el evangelio!	65
Segunda parte: El evangelio incendiario	
5 Los nuevos Eliseos de Dios	79
6 El mensaje incomparable	95
7 Jesús: ¿con manto o desnudo?	105
8 El momento en que se detuvo el milagro	119
Tercera parte: Motivación personal	
9 La lección de natación de Ezequiel	139
10 El poder de la pasión	151
11 El ungido no profesional	163
12 Las armas de nuestra milicia	177
Cuarta parte: Éxito	
13 ¿Impotente o importante?	193
14 Siete pasos para el éxito	195
15 Iniciativa positiva	211
16 No hay tratos con el diablo	221
Quinta parte: En la práctica	
17 La trampa	237
18 Historia sobre cuerdas	251
19 Integridad: El blanco satánico	261
20 Intercesión: El detonador	275
21 Se busca: Predicación del Espíritu Santo	293
Apéndice	307

INTRODUCCIÓN

AVIVAMIENTO NO COINCIDENCIA

Como joven misionero con mi esposa en África, algunas veces le predicaba solo a cinco personas. Había llegado mi oportunidad de ver el impacto del glorioso evangelio presentado en la tradición "probada" de las misiones extranjeras. *¿Pero, cinco personas?* Más allá de la base de nuestra misión había 450 millones de almas en África, la mayoría de los cuales ignoraba la salvación por medio de Jesucristo. Sí, podíamos llegar a todos con el evangelio de la forma en que lo estábamos haciendo, ¡pero solo si nos obligaban a permanecer vivos por unos 5,000 años!

Sin embargo, el público pequeño no nos desalentó. El avivamiento podía venir, y eso nos libraría de muchísimos problemas. Dios podía levantarse para la batalla. Esta esperanza nos mantenía pacientes y soñadores, porque ¿acaso no confiaron nuestros abuelos espirituales en esta fe incondicional?

UN EVANGELIO SIN PREDICAR NO ES EVANGELIO

Más adelante comencé a cuestionarme esta idea. Me vino a la mente que *el evangelio no es buenas noticias para las personas que no lo escuchan; que un evangelio sin predicar no es evangelio.* Otro pequeño rayo de entendimiento penetró mi corazón. En el Nuevo Testamento nunca encontramos a Dios yendo adelante solo, sino que: *"Ellos, saliendo, predicaron en todas partes, ayudándoles el Señor"* (Marcos 16:20, énfasis del autor). Dios actuó cuando ellos actuaron. Smith Wigglesworth dijo una vez: "¡Hechos de los Apóstoles se escribió porque hubo hechos de los apóstoles!"

Por lo tanto, ¡Él está esperando que *nosotros* también actuemos! Eso quería decir que yo tenía que hacer algo.

Comencé un curso bíblico por correspondencia, y en cinco años se habían inscrito 50,000 personas. ¡Muchos! Como el periscopio de un submarino, eso revelaba que estaba sumergido en el océano de una humanidad hambrienta de salvación. Además, me seguía una visión. Noche tras noche veía un mapa de todo el continente africano cubierto por la sangre de Jesús, país tras país, y al mismo tiempo el Espíritu Santo seguía susurrándome al oído "¡África será salva!".

¿Esperar por el avivamiento? Habíamos esperado, de manera persistente y paciente, durante cien años de fervorosa oración. ¿No debíamos estar seguros de que Dios respondería ahora?

No obstante, tenía que hacer frente a otro hecho. Nunca había existido un avivamiento sin la predicación del evangelio. Así, al parecer bajo un impulso un tanto alocado, que probó ser de Dios, alquilé un estadio de diez mil asientos con una iglesia de cuarenta miembros; ¡y vinieron las diez mil personas! Este fue el primer trigo maduro.

> Entonces dijo a sus discípulos: A la verdad la mies
> es mucha, mas los obreros pocos. Rogad, pues, al
> Señor de la mies, que envíe obreros a su mies.
> —Mateo 9:37-38

Por primera vez testificaba ante miles que venían al frente para responder al llamado de salvación. Dios abrió mis ojos, y en realidad vi llegar al estadio una poderosa e invisible ola del poder del Espíritu Santo. Ocurrió un bautismo masivo en el Espíritu Santo, acompañado de muchos milagros de sanidad. Lloré como un niño y le prometí al Señor que en obediencia, me movería por toda el África para extender la visión. Razoné que si Dios pudo hacer eso en diez mil personas, lo podría hacer para 450 millones.

Lo que hoy vemos a Dios hacer en África es impresionante. Al seguir tras las pisadas de los famosos misioneros de antaño, cosechamos con gozo donde ellos sembraron con lágrimas. Vinimos a Bukavu. El primero en visitar este lugar, aún remoto en los bosques lluviosos de Zaire, fue el misionero C. T. Studd. Allí vimos a setenta mil personas responder al llamado del amor de Dios. David Livingstone profetizó que donde apenas pudo ver un convertido, luego habría miles, y así fue. En Blantyre, Malawi, cuyo nombre proviene del pueblo en Escocia donde nació Livingstone, varios miles de personas respondieron al llamado de salvación.

PREDICAR EL EVANGELIO

El evangelio es tan vital hoy como lo fue cuando el Señor Jesús caminó por las orillas del mar de Galilea. El diablo sigue muy activo mientras Jesús pone en libertad a los cautivos. No puede haber cristianismo informal y calmado. Las naciones necesitan con urgencia el mensaje de la cruz que da vida, no cuando se presente la oportunidad. En toda África, presidentes y líderes están conscientes de los milagrosos beneficios que otorga el evangelio a sus pueblos y naciones, y nos dan la bienvenida en persona. Cuando nuestra ofensiva en el norte llegó al extremo del desierto del Sahara en Ouagadougou, capital de Burkina Faso, un país célebre por su animismo, el presidente nos llevó a su casa en dos oportunidades. Las reuniones totalizaron las 800,000 personas en seis encuentros, con casi un cuarto de millón de personas en el culto de clausura. La mayoría hizo profesión de fe en Jesucristo, esto incluyó a muchos musulmanes y animistas. Lo mismo sucedió en otros países como Kenia, Benín, Gambia, Togo, y Chad. De igual forma en Nigeria en 1999, después de haber tenido que asistir a la ceremonia de investidura del nuevo presidente, se me invitó a celebrar reuniones adicionales en el país. En Lagos, 1.6 millones de personas se reunieron en una sola reunión; un total de 6 millones en solo cinco días. ¡La respuesta al poder del evangelio es más que asombrosa! En las elecciones estatales de 2003, se eligió al presidente Obasanjo para un segundo período como presidente de Nigeria. Esto presenta una ventana de oportunidad para que continuemos la cosecha de almas preciosas para el Reino de Dios.

En una oportunidad nuestro ministerio parecía navegar de profecía en profecía. Hoy anda de cumplimiento en cumplimiento. Durante años yo había llevado una promesa divina en mi corazón, ¡que un día veríamos la conversión de un millón de almas en una sola reunión! En Lagos, Nigeria, el domingo 12 de noviembre de 2000, sucedió esto, cuando nuestros colaboradores registraron 1,093,745 decisiones por Cristo. Ahora tenemos un sistema de sonido que puede alcanzar multitudes quizá mayores de lo que alguna vez en la tierra un hombre en persona haya podido alcanzar. ¿Es esto ostentación arrogante? Si el Crucificado "verá el fruto de la aflicción de su alma, y quedará satisfecho", como afirma Isaías 53:11, ¿nos atrevemos a pensar en términos pequeños? ¿Estará Él "satisfecho" con menos que eso? ¿Por qué debieran planificar los siervos de Dios como liliputienses?

INUNDACIÓN

Dios dice:

> Porque la tierra será llena del conocimiento de la gloria de Jehová, como las aguas cubren el mar.
> —Habacuc 2:14

¿Cómo cubren las aguas el mar? ¡De forma tan absoluta que no hay ni un solo pedazo de tierra seca en el fondo del mar! Esto ilustra con claridad el increíble plan de Dios. El conocimiento de su gloria, poder y salvación se diseminará por todo el mundo como una inundación. No habrá ni una sola área seca, ni país, ciudad, pueblo, villa, familia o individuo sin conocimiento. "Toda la tierra está llena de su gloria", gritaba el serafín (Isaías 6:3).

Estos últimos días, antes del regreso del Señor, pudieran convertirse en una digna culminación de siglos de evangelismo y avivamiento en el mundo, la consumación del esfuerzo y las lágrimas de las previas generaciones de ungidos de Dios.

Así que nuestra tarea principal debe ser la implementación de la Gran Comisión; el ir, el hacer y el discipular. *La iglesia es un bote salvavidas, no un barco de recreo.* No se necesitan ni se quieren los que ofrecen entretenimiento. Desde el capitán hasta el cocinero, se necesitan todas las manos en cubierta para la salvación de las almas. La iglesia que no busca a los perdidos está "perdida" ella misma. Algunos se excusan a ellos mismos al decir que en las sociedades pluralistas de hoy la mitad cristiana nunca puede penetrar la otra mitad. ¿Por qué no? Esa no es la idea ni la orden de Dios. Cuando habló por medio de Isaías dijo:

> Vendrá el enemigo como río, mas el Espíritu de Jehová levantará bandera contra él.
> —Isaías 59:19

La bandera de la cruz siempre se levantará contra el enemigo. Nuestra tarea es predicar de la cruz y del Cristo crucificado. La voz de Dios es tan clara hoy como lo fue el día que Jesús habló a los once y les dijo: "Id por todo el mundo y predicad el evangelio a toda criatura" (Marcos 16:15).

SE BUSCA EVANGELISTAS

Uno de los dones del Señor para su Iglesia es el de los evangelistas, pero ¿dónde están? Con el mundo más accesible que nunca antes, miles de ellos están malgastando su tiempo en trabajos en iglesias mundanas para lo cual Dios nunca los llamó. Otros que tengan el llamado para ello deben tomar su posición en juntas y comités, liberando así a los evangelistas para enfrentar la tarea que Dios les dio. ¡Es tiempo de que el cuerpo de Cristo reafirme con valentía el oficio de evangelista! La preocupación de Dios hoy, como lo fue en el Calvario, es la salvación de las almas. Y cuando Jesucristo ascendió al cielo, estableció el trabajo de los evangelistas dentro de la iglesia para ayudar a cumplimentar esta gran tarea (Efesios. 4:8–16).

El pasado guarda muchas tragedias. Cuando la cosecha fue abundante, algunos obreros cristianos asumieron una posición de celo en defensa de su monopolio, como los mineros de oro de antaño defendían los territorios que reclamaban como suyos. Algunas veces las rivalidades arruinaron los avivamientos. La cosecha no debe quedar sin segar por culpa de que los segadores estén peleando y riñendo por su propio rebaño. *Cristo no murió para dar una profesión a las personas sino para salvar a los perdidos.*

EVANGELISMO

Este no es un libro de medios y métodos, sino de principios espirituales. Dios le dará ingenio. Existen tantos métodos como Él oriente. Necesitamos estrategias más imaginativas, en vez de personas que realizan las cosas por métodos "ya probados", y eso incluye los métodos que yo he intentado y probado. Es muy poco probable que los métodos que han logrado muy poco impacto en el pasado produzcan un impacto ahora. Andar despacio y de manera mecánica pudiera llamarse fidelidad, pero nuestra principal preocupación en el evangelismo es *efectividad*, no un tipo distorsionado de fidelidad.

Durante mis años como evangelista y misionero, he descubierto varios factores que limitan y entorpecen el evangelio. Aunque no los menciono de forma directa en este libro, sé por mi experiencia que muchos de los métodos "tradicionales y aceptados" de evangelismo han permanecido inalterables por generaciones. Otros son doctrinas y sentimientos que nos dicen que "lo dejemos todo a Dios". Algunos insisten que la vía que Dios usa es el avivamiento, pero fallan al no cumplir la Gran Comisión entretanto. Algunos piensan que si las personas se van a salvar, lo harán de todas maneras.

¡Suponga que tales doctrinas están equivocadas! Qué terrible riesgo; hacer descansar el destino eterno de las almas en una controversial interpretación de las Escrituras o en un matiz determinado de un verbo griego. ¡Uno puede tener toda la razón del mundo y de todas maneras no resolver nada! No podemos atrevernos a dar poco valor a la tarea de evangelismo. Prefiero usar un método despreciado por el hombre pero aprobado por Dios, que un método aprobado por el hombre y que no da resultados.

Es por esto que no me excuso al hacer este libro. No escribo para tener la aprobación del hombre, escribo para compartir la unción de Dios sobre todos aquellos que estén listos para dar un paso de fe. La temperatura de este libro es alta, muy alta. Sus llamas abrasarán. Algunos necesitarán tener un seguro para incendios al leer estas páginas, porque le garantizo que las llamas alcanzarán muchos antiguos conceptos.

Mi mensaje no es unilateral, pero sí proviene de la sinceridad de un corazón. Insisto mucho en la Gran Comisión, porque sé que todo el énfasis que pongamos en ella nunca será demasiado. Clamo a Dios día y noche por una mayor efectividad en la tarea de ganar a nuestra generación para Él. Un *evangelismo de poder* es la única solución factible.

A cada instante estoy en la búsqueda de otra persona ungida que tome este desafío del evangelismo del Espíritu Santo. Creo que lo mejor está aún por venir. El tiempo se acerca con rapidez, en que todo el mundo resonará con alabanzas a nuestro Dios y Salvador. En todas las naciones y en toda lengua, el día casi está aquí en que "toda lengua confiese que Jesucristo es el Señor, para gloria de Dios Padre" (Filipenses 2:11).

Este libro está lleno de las cosas que Dios me ha enseñado y me ha permitido experimentar en estos años. Lo escribo por una única razón; inspirar a otros a hacer la "obra de evangelista" (2 Timoteo 4:5). He expuesto los principios necesarios para cualquier ministerio del Espíritu Santo. Léalo, no para descubrir cómo *yo* opero en mis campañas de evangelismo, sino para descubrir cómo *Dios* opera a través de cualquiera que esté dispuesto a seguir su plan.

EL INMENSO PRIVILEGIO

Al ángel que se le apareció a Cornelio en Hechos 10 no se le permitió mencionar el nombre de Jesús, o hablar con él acerca de la salvación. Ese alto y santo privilegio estaba (y está) reservado a los hombres; personas como usted y como yo. Lo único que se le permitió decir al ángel fue: "Envía, pues, ahora hombres a Jope, y haz venir a Simón, el que tiene por sobrenombre Pedro" (Hechos 10:5). Este poderoso serafín del cielo tuvo que hacer reverencia ante el gran privilegio de Pedro. A Dios le complace llamar y enviar a personas como usted y como yo.

Siempre ha sido así. Dios usó a cuatro evangelistas: Mateo, Marcos, Lucas y Juan, para escribir la historia del evangelio de Jesucristo. Tal patrón está vinculado, en mi mente, a los cuatro levitas que llevaban el arca del pacto. Los portadores del evangelio cambian de generación en generación, pero el evangelio sigue siendo el mismo. Ahora estamos nosotros, y hoy es nuestro turno. Dios nos ha llamado a usted y a mí. Es necesario llevar el evangelio hasta lo último de la tierra. Esta es la Gran Comisión del Señor para nosotros; y los negocios del Rey requieren de prisa.

¿CUÁN GRANDE ES EL INFIERNO?

Escribí estos capítulos porque no creo que los planes de Dios incluyan que el infierno sea mayor que el cielo. Aunque la Escritura habla de "muchos" que van en camino a perdición eterna (Mateo 7:13), hombre y mujeres pueden interceptar a esas mismas personas con la predicación del evangelio. Dios ya ha provisto para "llevar muchos hijos a la gloria" (Hebreos 2:10); y, gloria a Dios, Apocalipsis 7:9 habla de una exitosa conclusión.

Jesús dio la instrucción: "Id, y haced discípulos a todas las naciones" (Mateo 28:19). No hay un plan alternativo en caso de que el evangelio fracase ¡porque no puede fracasar ni lo hará! Hoy hay más personas recibiendo salvación, sanidad y el bautismo en el Espíritu Santo que nunca antes en la historia del hombre. El ritmo está en aumento y nos guía solo a una conclusión: Jesús viene pronto.

No se nos ha llamado a ir a una batalla con un resultado incierto. La batalla ya se ganó en el Calvario. Jesús ordenó a sus discípulos: "Rogad, pues, al Señor de la mies, que envíe obreros a su mies" (Mateo 9:38), y añadió: "Id" Aún lo dice. Es una orden que se transfiere.

El avivamiento viene de Dios, sí, pero, ¿cuándo? Cuando nos arrepentimos de nuestra franca desobediencia y regresamos a la tarea fundamental: Evangelismo. Cada actividad de la iglesia debe estar relacionada con hacer volver el mundo a Dios. ¿Por qué estamos esperando? Rescatemos a los que perecen, o tendremos que rescatarnos a nosotros mismos.

PRIMERA PARTE

LA NECESIDAD

CAPÍTULO 1

¡CUANDO UN INCENDIO PROVOCADO NO ES UN DELITO!

Dios puede incendiar troncos y tablas que andan por el agua a la deriva. Pedazos de madera viejos y secos pueden arder para Dios, ¡como lo hizo la zarza de Moisés! ¡Aleluya!

Mi oración no es: "Que me consuma por ti, amado Señor". No quiero ser un montón de cenizas. Lo asombroso de la zarza fue que no se consumía. Muchos de los siervos del Señor se están consumiendo. Esto es por causa de otro tipo de fuego. Mejor yo digo: "Que pueda seguir ardiendo por ti, amado Señor". La llama del altar nunca debe apagarse.

Sin fuego no hay evangelio. El Nuevo Testamento comienza con fuego. Lo primero que se dijo acerca de Cristo su primer testigo estaba relacionado con el fuego. Juan el bautista, de quien se dice era una "antorcha que ardía y alumbraba" declaró:

> Él os bautizará en Espíritu Santo y fuego.
>
> —Mateo 3:11

Juan, el que bautiza, presenta a Jesús el que Bautiza, el que lo hace con una inmensa diferencia. Juan usaba agua, un elemento físico, pero Cristo usa un elemento espiritual, el Espíritu Santo. Agua y fuego; ¡qué contraste! No es que Juan el bautista tuviera una religión aguada (aunque hay muchas de esas por ahí, ¡muchas veces combinadas con hielo!). Juan el bautista estuvo en las aguas frías del Jordán, bautizando, pero Jesús el que Bautiza está en un río de fuego líquido.

La obra notable de Juan fue el bautismo, ¡y él dijo a las multitudes que la obra notable de Jesús también sería el bautismo! Jesús es el que Bautiza; en el Espíritu Santo. Esta es la principal experiencia de Cristo para usted una vez que ha nacido de nuevo.

INCENDIARIOS

El evangelio es un encendedor. No tenemos al Espíritu Santo solo para ayudarnos a predicar elocuentes sermones. Nos ha sido dado para poner fuego en los corazones de los hombres. A menos que sea Cristo quien lo encienda, usted no podrá llevar fuego a la tierra. "Separados de mí nada podéis hacer", dijo el Señor (Juan 15:5). Jesús instruyó a los discípulos que no hicieran nada hasta que recibieran "poder desde lo alto" (Lucas 24:49). Cuando llegó ese poder, el Espíritu se reveló como lenguas de fuego que se ubicaron sobre cada uno de ellos.

> Y se les aparecieron lenguas repartidas, como de fuego, asentándose sobre cada uno de ellos.
>
> —Hechos 2:3

Con anterioridad, Jesús había enviado a los discípulos en parejas (Lucas 10:1). Esto me recuerda a Sansón enviando zorras de dos en dos, con una tea ardiendo entre cada dos colas para un asalto incendiario sobre las mieses, viñas y olivares del enemigo (Jueces 15). Él también mandó a los discípulos de dos en dos, portadores de teas, incendiarios para Dios, abrasando los territorios del diablo con el evangelio de fuego. Ellos fueron nuevos Elías que hacían descender fuego del cielo.

Mientras no caiga el fuego, el evangelismo y las actividades de la iglesia pueden ser rutinarios y faltos de emoción. Ensayos, homilías, lecciones de moral o predicaciones desde el púlpito sobre cómo usted cree que debe llevarse la economía del país; todo eso es trabajo glacial. No hay chispa divina que haga arder el hielo. Nadie se va a casa ardiendo. En contraste, los dos que escucharon a Jesús en el camino a Emaús fueron a casa con sus corazones ardiendo. Estoy seguro de que no les habló de política, ni ofreció sugerencias y consejos. Eso no habría hecho arder sus corazones. Jesús dijo: "Fuego vine a echar en la tierra" (Lucas 12:49). La misión de Jesús no es pasar un día de excursión; Satanás está decidido a que no lo sea. Él es un destructor. El Señor envía a sus siervos con una advertencia de peligro físico.

> Y no temáis a los que matan el cuerpo, mas el alma no pueden matar; temed más bien a aquel que puede destruir el alma y el cuerpo en el infierno.
> —Mateo 10:28

¿Qué es un daño físico comparado con una vida en llamas con el gozo y entusiasmo de Jesús? ¿Qué es el peligro para el cuerpo comparado con la corona de la vida o con la obra maravillosa que pone en nuestras manos?

> Sanad enfermos, limpiad leprosos, resucitad muertos, echad fuera demonios; de gracia recibisteis, dad de gracia.
>
> —Mateo 10:8

LA SEÑAL DEL HIJO DEL HOMBRE

El fuego es la insignia del evangelio, la señal del Hijo del Hombre. Solo Jesús bautiza en fuego. Cuando vemos tales bautismos, es una evidencia de que la obra es de Él, y de nadie más. Es la marca distintiva de su actividad y de la fe cristiana verdadera. Ponga su mano sobre tales actividades y sentirá el calor. El profeta Elías expresó la misma idea cuando dijo:

> El Dios que respondiere por medio de fuego, ése sea Dios.
>
> —1 Reyes 18:24

Solo un Dios hace eso y Elías estaba seguro de que Baal era incapaz de ello.

¿Qué lectura tiene su termómetro espiritual? ¿Llega a registrar algo? ¿Está usted congelado? ¿Hay altares fríos en la iglesia? ¿Adoración sin calor? ¿Doctrinas cuyo calor es solo por fricción? Hay teologías y enseñanzas tan a prueba de fuego como el asbesto. Hay libros religiosos que solo producen calor cuando se ponen en una hoguera. Tales cosas que enfrían la fe no tienen nada que ver con el Cristo de Pentecostés. Todo lo que Él toca se enciende. Jesús derrite el hielo. Cualquier esfuerzo de una iglesia por producir un poco de entusiasmo es, en lo espiritual, como frotar dos trozos de madera.

MUNICIONES DE JUGUETE

El fuego de Dios es especial. De hecho, es único. En el altar de Moisés solo se permitía el fuego de Dios, no fuego producido por algún medio humano. Nadab y Abiú hicieron fuego por ellos mismos, y encendieron su incienso con él. Se le nombró "fuego extraño". Salió fuego divino del Señor y mató a los sacerdotes desobedientes (Levítico 10:1–2).

Hoy también se ofrece fuego extraño. Hay evangelios extraños que no son el verdadero evangelio sino teologías de incredulidad, pensamientos de hombres y sus filosofías, críticas y teorías. No portan rastro alguno de la gloria y el calor del cielo. Nada en ellos produce combustión alguna salvo controversias.

Lo que yace detrás de todo esto es lo que mi amigo Paul C. Schoch me señaló. Él citó Mateo 16:23, donde Jesús se dirigió a Satanás cuando hablaba con el apóstol Pedro:

> ¡Quítate de delante de mí, Satanás!; me eres tropiezo, porque no pones la mira en las cosas de Dios, sino en las de los hombres.

Los pensamientos existen en dos niveles opuestos. Están los pensamientos de Dios y los pensamientos de los hombres. Los altos y los bajos, como dijo Dios en Isaías 55:8–9:

> Porque mis pensamientos no son vuestros pensamientos, ni vuestros caminos mis caminos, dijo Jehová. Como son más altos los cielos que la

tierra, así son mis caminos más altos que vuestros caminos, y mis pensamientos más que vuestros pensamientos.

Satanás piensa como lo hacen los hombres. Él no puede comprender la perspectiva de Dios de todas las cosas. Esto resulta extraño cuando usted recuerda que él fue Lucifer, un ángel muy cercano a Dios, el "querubín protector". Jesús hirió la cabeza de la serpiente, ¡y me parece que provocó cierto tipo de daño cerebral en el diablo! Está desorientado. Una vez Lucifer estuvo lleno de sabiduría, pero hoy Satanás, el adversario, el "acusador de nuestros hermanos", ese príncipe del poder del aire se siente confundido por lo que Dios está haciendo, y sobre todo por lo que el Señor hizo en la cruz. Es el pecado el que produce este tipo de confusión.

Al igual que Satanás piensa como los hombres, así también los hombres piensan como Satanás. Ellos también ven la cruz como una tontería y no pueden entender las cosas de Dios, como señaló el apóstol Pablo. Pablo tampoco las podía "ver" al principio. Su corazón estaba corroído por una furia insensible contra los creyentes. Él era un "hombre dragón", exhalando amenazas y muerte. Lleno de celo, su cerebro estaba lleno de una sagaz incredulidad. Sin embargo, cuando creyó cayeron escamas de sus ojos.

Me pregunto si el infierno se interesaría en enviar agentes de espionaje al Reino de Dios, solo para ver los secretos que tiene. De todos modos los demonios no entenderían esos secretos. El infierno está confundido por completo. Para Satanás, el sacrificio de Cristo es una trama muy bien urdida por Dios para ventaja personal. El diablo devora a los demás. Esa es su malvada naturaleza.

Si fuéramos a luchar contra el diablo al nivel del pensamiento humano, debemos recordar que él piensa como piensan los hombres. Satanás inventó el juego de ajedrez humano, el cual ha jugado por miles de años. El diablo anticipa cada uno de nuestros movimientos, y nos dará jaque mate en los diez próximos movimientos. Satanás tiene experiencia desde el tiempo de Adán a la fecha, y él conoce cada truco de la ingenuidad humana sobre el tablero. Usted no puede producir fe por medio de la sabiduría de las palabras. El diablo siempre tiene una manera de contradecir todo lo que usted diga.

El evangelio no salió de la cabeza de alguien. No nos lo dio un profesor universitario. Tenemos que movernos a la dimensión divina, porque allá el enemigo no puede seguirnos. El diablo no puede competir con la mente del Espíritu Santo. Si planificamos, predicamos, testificamos y evangelizamos como hombres, Satanás nos hará fracasar. Él puede manejar la psicología y la propaganda. La respuesta es movernos en el Espíritu y predicar el evangelio tal cual es. Entonces nuestro principal gestor de confusión saldrá confundido e incapaz de poder seguir el juego. El diablo ni siquiera conoce el alfabeto del Espíritu Santo.

Vemos esto de forma constante en nuestras campañas evangelísticas. Abrimos las reuniones por completo al Espíritu Santo. Los resultados son asombrosos. Países enteros desafiados por el maravilloso poder de Cristo. Donde han prevalecido en otro tiempo la falsa religión y las doctrinas de demonios, ¡las vemos sacudidas y quebrantadas! Ningún predicador puede hacer esto, no importa lo popular o inteligente que sea. Tal éxito ocurre solo cuando Dios lo hace a su manera. Cuando entramos al campo, ya hay una poderosa victoria. Él puede tener éxito, lo tendrá y lo tiene, cada vez que le permitimos que se haga cargo.

Estos grandes progresos son parte de las bendiciones del tiempo del fin que el Señor prometió. El día de Pentecostés continuó; no se detuvo en Jerusalén, sino que es "hasta lo último de la tierra" (Hechos 1:8). Le ofrezco este desafío: Comience a obrar en el nivel del Espíritu Santo, y verá la salvación del Señor.

Este tipo de evangelismo será lo peor que puede sucederle al diablo en el mundo y lo derrotará de forma aplastante. Este es el fuego santo que no puede imitarse.

MUNICIONES DE VERDAD Y "¡MUCHA PRESIÓN DE VAPOR!"

Cuando se dispara una pistola, cargada con munición de fogue, el estallido y el movimiento de retroceso son los mismos que cuando se usan municiones de verdad. Hay diferencias en el uso de municiones de verdad y municiones de fogueo, pero no en el ruido.

La munición de fogueo no hace marca en el blanco, porque nunca lo alcanza. La bala de verdad puede llegar al blanco. No estamos interesados solo en estallidos y movimientos de retroceso, entusiasmo y muestras espectaculares del evangelio, aun cuando eso atraiga a cientos de miles de personas. Queremos ver algo vivo que da en el blanco. Es posible que vengan multitudes, pero debemos, por fe, liberar una verdadera andanada de potencia de fuego del Espíritu Santo para poder lograr algo. Multitudes que nacen de nuevo, vidas cambiadas por completo, iglesias llenas, el infierno asolado y el cielo muy poblado. ¡Aleluya!

Dios no envía su fuego para el disfrute de experiencias emocionales, aunque su fuego sí provoca este resultado. El poder del Espíritu Santo produce reuniones muy animadas; sin embargo, el designio de Dios no se satisface con solo estar contentos y con deseos de aplaudir. El Espíritu Santo obra para propósitos eternos.

Pienso en esto cuando veo esas antiguas y casi extintas máquinas de vapor soltando vapor. Esos caballos de hierro son como criaturas vivientes, respirando vapor con fuego en sus entrañas. El trabajo del fogonero es alimentar la llama y permitir un flujo pleno de vapor. Cuando la presión de vapor es alta, él se vuelve al que opera la máquina y le dice: "¡Mucha presión de vapor!". El operador puede hacer una de dos cosas. O tira de la palanca para dejar escapar vapor, o le da un giro a la palanca que dirige la potencia hacia los pistones. En la primera opción se deja escapar el vapor hasta que este se agota, produciendo un silbido que pueden escuchar a kilómetros de distancia. Sin embargo, si la potencia se dirige a los pistones, el vapor puede hacer girar las ruedas con mucho menos alboroto, sin llamar la atención. El tren entonces se mueve con su carga por todo el país. Gracias a Dios por la palanca que libera el vapor. Es muy importante. Sin embargo, si lanzar un silbido es lo único que puede hacer ese vapor, no valdría la pena prender fuego bajo la caldera y avivarlo.

El fuego del Espíritu Santo da poder. No importa el ruido; permitamos que este poder se convierta en movimiento. El trueno se justifica después que el rayo ha golpeado. El propósito de Pentecostés es poner en movimiento las ruedas de Dios en cada iglesia, para así transportar el evangelio por toda la faz de la tierra.

> Id por todo el mundo y predicad el evangelio a toda criatura.
>
> —Marcos 16:15

La Iglesia de Cristo es una iglesia "que va", no una iglesia "que se sienta". Mire afuera, a donde nuestro Señor se está moviendo por todos los continentes. Algunos están mirando hacia adentro, examinando de manera constante sus propias almas; incapacitados por la introspección. Jesús lo salva; no tenga miedo. Comience ahora a ayudarlo a Él a salvar a otros. Si el Espíritu Santo ha venido, entonces levántese y vaya. Él hace el trabajo, no usted ni yo.

> ¡Ay de mí si no anunciare el evangelio!
> —1 Corintios 9:16

¡Y ay de *ellos* a quienes no se lo predicamos!

LA ERA CRISTIANA ES LA ERA DE FUEGO

Permítame hacerle una pregunta. ¿Por qué Dios exaltó a Jesús a su diestra? Incluso en los más importantes comentarios, muy pocos escriben acerca de este asunto. La ascensión de Cristo parece ser un tema de estudio que se descuida. ¿Tiene tan poca importancia? Jesús declaró que su ascenso sería conveniente para nosotros (Juan 16:7). Él nos dijo que, a menos que subiera al Padre, no experimentaríamos algo que nos sería esencial. Sin la ascensión del Señor, no recibiríamos el bautismo en el Espíritu.

Miremos atrás a todo lo que hizo Jesús. Juan escribe que sus hechos fueron tantos, que si se escribieran todos, no cabrían los libros en el mundo. Entonces, ¿qué sería eso que Él no hizo cuando estaba en la tierra? Juan el bautista lo dijo: "Él os bautizará en Espíritu Santo y fuego".

Él no lo hizo mientras estaba en la tierra. Jesús vino del

cielo, y tenía que regresar allá, por medio de la cruz y la tumba, antes de que pudiera comenzar la parte final de su misión.

Nada de lo que Jesús hizo en la tierra podría describirse como bautizar con el Espíritu Santo y fuego. En ninguna de sus poderosas obras—su predicación, su enseñanza, sus sanidades, o en su muerte y resurrección—Él bautizó con el Espíritu Santo. Jesús hizo mucho por sus discípulos. Les dio autoridad para realizar misiones de sanidad, pero partió de esta tierra sin bautizarlos con el Espíritu Santo.

Tal bautismo no podía ocurrir hasta que Él fuera al Padre. En verdad, el Señor no solo dijo esto, sino que lo enfatizó. Él entró a la gloria para ocupar un oficio del todo nuevo, el oficio del que Bautiza con el Espíritu Santo. Esta es la razón por la cual ascendió al Padre. El Antiguo Testamento desconoce de tal bautismo. Es la "cosa nueva" de Dios. Jesús nos da muchas otras bendiciones en este tiempo, por supuesto. Es nuestro Sumo Sacerdote, nuestro Abogado y nuestro Representante. Sin embargo, Él no mencionó estas funciones. Solo describió la venida del Espíritu.

Luego de su ascenso, y nunca antes, el Espíritu vino y "aparecieron lenguas repartidas como de fuego, asentándose sobre cada uno de ellos" (Hechos 2:3). Años atrás, los altares del tabernáculo de Moisés y del templo de Salomón habían recibido fuego puro del cielo. En Pentecostés, las llamas en el aposento alto vinieron de la misma fuente celestial. Jesús tiene todo el poder en su mandato. Él está en la sala de control.

LENGUAS DE FUEGO

Si bautizar con el Espíritu Santo es su función, ¿qué significa esto? Significa que todo lo que tiene que ver con Él y con el evangelio debe caracterizarse por el fuego. Debe arder. Debe hacer fuego:

- En aquellos que testifican y trabajan
- En aquellos que predican
- En la verdad que predicamos; "¿No es mi palabra como fuego...?" (Jeremías 23:29).
- En el Señor que predicamos; "...porque nuestro Dios es fuego consumidor" (Hebreos 12:29).
- En el poder para predicar; "...lenguas...como de fuego" (Hechos 2:3).
- En el Espíritu por el cual predicamos; "...en Espíritu Santo y fuego" (Mateo 3:11).

Permítame ahora mostrarle algunos conceptos importantes acerca del fuego de Dios:

El fuego debe consumir todo sacrificio.

Hubo dos sacrificios en el monte Carmelo. Uno lo realizaron los sacerdotes de Baal, el otro, Elías. El primero, el sacrificio para Baal, nunca se quemó. No hubo fuego. El sacrificio estaba allí. Los que sacrificaban lo hacían con gran fervor. Oraron a Baal todo el día, y hasta se cortaban con cuchillos para mostrar cuán desesperada era su sinceridad.

> Y ellos clamaban a grandes voces, y se sajaban con cuchillos y con lancetas conforme a su costumbre, hasta chorrear la sangre sobre ellos.
> —1 Reyes 18:28

Ellos pusieron todo su empeño, sin embargo, su sacrificio no trajo fuego. Si el diablo hubiera podido enviar una o dos chispas del infierno para crear el fuego, lo habría hecho, pero el altar permaneció frío.

Tampoco cayó fuego porque Elías dispuso un sacrificio. Cayó cuando Elías oró y creyó.

> Cuando llegó la hora de ofrecerse el holocausto, se acercó el profeta Elías y dijo: Jehová Dios de Abraham, de Isaac y de Israel, sea hoy manifiesto que tú eres Dios en Israel, y que yo soy tu siervo, y que por mandato tuyo he hecho todas estas cosas. Respóndeme, Jehová, respóndeme, para que conozca este pueblo que tú, oh Jehová, eres el Dios, y que tú vuelves a ti el corazón de ellos. Entonces cayó fuego de Jehová, y consumió el holocausto, la leña, las piedras y el polvo, y aun lamió el agua que estaba en la zanja.
>
> —1 Reyes 18:36–38

La fe produce victoria. Elías preparó todo como debía, eso es cierto. Siguió las instrucciones de Moisés al pie de la letra, pero el fuego no fue el resultado de su obediencia. La fe trajo la llama.

Dios envió el fuego solo sobre el sacrificio. No habría tenido que enviar el fuego si no hubiera sacrificio. Los cristianos de sillón nunca reciben fuego. No existen los "teleadictos" ungidos. Algunas veces las personas oran por fuego cuando no están rendidos a Dios y por lo tanto hacen muy poco por Él. Entregan muy poco tiempo o dinero, y no muestran esfuerzo alguno. Si tuvieran el fuego de Dios, ¿qué harían con él? ¿Sentarse en la casa y disfrutarlo? El fuego no es para evitarnos problemas para ganar al mundo; es para darnos poder para predicar el evangelio a pesar de los problemas.

Es el fuego lo que importa. Preparar y presentar un sacrificio no es suficiente. Dios no salvará almas ni sanará a los enfermos hasta que pongamos todo lo que somos en el altar para Él; eso es cierto, pero nuestro sacrificio no es la razón por la cual lo hace. Él realiza sus maravillas de salvación y sanidad por causa de su misericordia y su gracia. La bondad de Elías no generó el asombroso rayo que lo quemó todo en el altar. El fuego no vino producto de su santidad. Sus diezmos y ofrendas no pueden comprar ni una diminuta llama de fuego celestial. El fuego de Dios viene, no por nuestro sacrificio, sino por el sacrificio de Cristo. Por lo tanto, gracias a Dios, el fuego es para todos. El fuego del avivamiento no es una recompensa para las personas buenas. Es un don de Dios. ¿Por qué luchar por él? Las personas hablan de "pagar el precio". Pero es un caso de "usted paga demasiado por lo que se entrega gratis". El fuego vino por la fe.

La verdad necesita el bautismo del fuego.

¡Uno puede tener toda la razón del mundo, y de todas maneras no resolver nada! Podemos insistir en un "cuerpo de verdades", pero pudiera ser un cuerpo muerto y frío. Jesús no dijo: "Yo soy el camino, y la verdad". Él dijo: "Yo soy el camino, y la verdad, y *la vida*" (Juan 14:6, énfasis añadido). Dios dijo que pondría sobre Sion "resplandor de fuego que eche llamas" (Isaías 4:5). Jesús testificó que Juan el bautista "era antorcha que ardía y alumbraba" (Juan 5:35). Estas son imágenes de luz y calor. El evangelio es un evangelio de calor; sin importar cuánto se ría de él el necio mundo. No sé cómo predicar las "*palabras de vida*" de Dios (Hechos 7:38), sin estar lleno de vida.

El evangelio está, y debe estar, en llamas. Predicar el evangelio con serenidad y de manera despreocupada sería algo ridículo.

Un día una señora me dijo que había un demonio que la dominaba, aunque era una cristiana nacida de nuevo. Yo le dije: "Las moscas solo pueden estar en una hornilla fría, ¡y sobre una hornilla fría pueden estar por mucho tiempo! Ponga el fuego del Espíritu Santo en su vida y ese sucio demonio no se atreverá a tocarla, de lo contrario se le quemarán sus asquerosos dedos". El evangelio proporciona su propio poder de fuego. Es natural, por lo tanto, que un predicador esté enardecido.

EL FUEGO DE DIOS EN JESÚS

En términos de emoción humana, el fuego de Dios se traduce en pasión; el tipo de pasión que vemos en Jesús. Sin embargo, Él no solo era apasionado en sus palabras. Cuando iba en su viaje final a Jerusalén, leemos:

> Iban por el camino subiendo a Jerusalén; y Jesús iba delante, y ellos se asombraron, y le seguían con miedo.
> —Marcos 10:32

Ellos vieron cómo Él se apresuraba en proseguir. Lucas lo expresó de esta manera:

> Cuando se cumplió el tiempo en que él había de ser recibido arriba, afirmó su rostro para ir a Jerusalén.
> —Lucas 9:51

De alguna manera el fuego en su alma se manifestaba en su apariencia externa. Cuando llegaron a Jerusalén, Jesús vio la profanación del templo. Los discípulos entonces tuvieron evidencia adicional de su pasión, y recordaron las palabras del salmista: "me consumió el celo de tu casa" (Salmo 69:9). Con todo, era un enojo mezclado con amor, no furia fría. Jesús no era un fanático frenético. Él amaba la casa de su Padre. Su deseo era ver a las personas en el templo, adorando con libertad y felicidad. Sin embargo, el comercialismo en él lo había estropeado todo. Su corazón se desbordó como un volcán. El fuego en su alma lo hizo purificar el templo. Sus acciones produjeron temor, y muchos salieron huyendo de la escena. "Y vinieron a él en el templo ciegos y cojos, y los sanó" (Mateo 21:14).

Era eso lo que Él había deseado hacer, y esa fue la razón por la que su enojo alcanzó la temperatura de un horno. Su indignación apuntaba al gozo. Jesús recibió el canto de los niños diciendo: "¡Hosanna!".

> Pero los principales sacerdotes y los escribas, viendo las maravillas que hacía, y a los muchachos aclamando en el templo y diciendo: ¡Hosanna al Hijo de David! se indignaron.
>
> —MATEO 21:15

Esta es la única ocasión en la Escritura en que se reprende el entusiasmo por Dios; la única vez que se demandó silencio en los atrios del Señor. Fueron los fariseos los que demandaron el silencio; la alabanza al Señor estaba ahogando el tintineo en sus cajas de dinero. ¡Se enmudeció la música del dinero! Todas estas reacciones de Jesús son parte del cuadro del "fuego del Señor".

UN MUSEO DE FIGURAS DE MÁRMOL

Un mensaje ardiente, y *no otra cosa*, es lo que debe presentarse al mundo. No hay necesidad de fuegos artificiales. No es necesario exaltarse. Sin embargo, todo lo relacionado con la iglesia, debe reflejar la cálida luz de Dios. "En su templo todo proclama su gloria" (Salmo 29:9). Leemos que Dios hace a sus ministros "llama de fuego" (Hebreos 1:7). Su pueblo debe ser antorchas. No solo los evangelistas, sino los ministros, los líderes de la iglesia, los trabajadores, maestros y administradores, todos deben brillar con el Espíritu Santo, como braseros en una calle oscura y fría. Las reuniones administrativas deben ver el fuego del Espíritu Santo tanto como una reunión de avivamiento, quizá hasta más.

Un pez tiene la misma temperatura que el agua en que nada. Muchos cristianos son como peces; no tienen más calidez de espíritu que el frío e incrédulo mundo que los rodea. Los hombres son criaturas de sangre caliente. Es así como el Señor nos hizo. Es así como Él decidió que debemos llevar las buenas nuevas, ¡con calor!

El Señor no nos envió porque tenemos serenidad y dignidad. Ni nos escogió por nuestra compostura. Él nos envió con carbones encendidos del altar, como testigos de la resurrección, para testificar que hemos encontrado al Dios de Pentecostés. He escuchado sermones que parecían conferencias sobre cómo embalsamar a un muerto. ¿Puede una conversación así recordarle a alguien al Jesús viviente? Ni Jesús, ni Pedro, ni Pablo dejaron a las congregaciones sentadas como estatuas de mármol en un museo.

La lógica puede ser ardiente y seguir siendo lógica, como la lógica de Isaías o de Pablo. La lógica no necesita pertenecer al período glacial. El fuego implica fervor, no ignorancia. Aprenda, por todos los medios, pero no si eso apaga el fuego. Recuerde: Resplandor antes que inteligencia.

> Y amarás al Señor tu Dios con todo tu corazón, y con toda tu alma, y con toda tu mente y con todas tus fuerzas.
> —Marcos 12:30

El Señor quiere que tengamos un corazón "ardiente", y que irradiemos gozo, compasión y amor.

La dignidad humana toma un nuevo significado cuando las personas están enfrascadas en la alabanza a Dios. ¿Ha visto alguna vez a cincuenta mil personas llorar, agitar sus manos, saltar y gritar de regocijo ante Dios? ¿Qué otra cosa espera usted que ocurra cuando una madre sube a nuestra plataforma para testificar que su hijo acaba de recibir sanidad de una ceguera o sordera congénita, o quizá con extremidades retorcidas? He visto estos testimonios de milagros muchas veces. Es una escena gloriosa, lo más alto de la experiencia humana.

No habla muy bien de nosotros que nos quedamos completamente tranquilos cuando el cojo camina o el ciego ve. Tal actitud reservada no es inteligente; es orgullo tonto. ¡Dance! Eso está más a la altura del momento. ¡Debemos regocijarnos en la presencia del Señor! Jesús dijo:

> Os digo que si éstos callaran, las piedras clamarían.
> —Lucas 19:40

Miro a esos preciosos hombres y mujeres, negros o blancos, muchos que estuvieron antes muy tristes, de pie en una reunión, las manos apretadas de emoción o levantadas en adoración, los ojos relucientes con lágrimas de gozo, sus rostros vueltos hacia Dios y sus labios moviéndose en admirada gratitud. Me digo: "¡Qué preciosos son!". En momentos como estos quisiera ser un artista. Cuando la dignidad está primero que nuestro deleite en Dios ¡es catastrófico!

Si Dios no toca nuestros sentimientos, el diablo lo hará. ¿Cómo puede Dios convencer de su culpa a los pecadores y ayudarlos a venir al arrepentimiento si no se sienten conmovidos? ¿Cómo puede otorgarles el gozo del perdón de los pecados sin producir sensación alguna en sus almas? *Creo que la tarea de un evangelista es encender fuego en el espíritu humano.*

Salvación es más que tener los nombres de las personas en una lista. El cristianismo no es un club al cual deban unirse. La salvación es cirugía espiritual. ¿Qué es el perdón que proclamamos? ¿Qué clase de perdón dio Jesús? Fue el verdadero tipo de misericordia. Este perdón hizo a un lisiado andar; suavizó la dureza de una prostituta y la hizo lavar sus pies con lágrimas. Fue el tipo de perdón que hizo a las personas amar mucho. Fue el tipo de perdón que les hizo hacer cosas extravagantes, como programar una fiesta en el caso de Leví. Este perdón hizo que María rompiera un frasco de perfume de nardo puro que valía una fortuna y que Zaqueo entregara una pequeña fortuna.

Los discípulos se volvieron locos de alegría cuando echaron fuera demonios, pero Jesús les dijo que eso no era lo importante.

> Pero no os regocijéis de que los espíritus se os sujetan, sino regocijaos de que vuestros nombres están escritos en los cielos. En aquella misma hora Jesús se regocijó en el Espíritu.
>
> —Lucas 10:20–21

Pedro lo escuchó decir esas palabras y comprendió la lección. Más tarde escribió esto sobre los creyentes:

> A quien amáis sin haberle visto, en quien creyendo, aunque ahora no lo veáis, os alegráis con gozo inefable y glorioso; obteniendo el fin de vuestra fe, que es la salvación de vuestras almas.
>
> —1 Pedro 1:8–9

¿Regocijarse en voz baja? ¿Adoración en susurros? ¿Participar en celebraciones silenciosas? Eso no es lo que significa la palabra "regocijar" en estos pasajes. Significa "alegría extrema; gritar; estar extasiado". ¡Trate de hacer eso sin emoción, sin fuego!

El fuego del Espíritu Santo es de verdad. Debe fluir en la Iglesia de Jesucristo como la sangre por las venas. El Pueblo de Dios encendido, y la Iglesia en su totalidad encendida, ganarán nuestra generación perdida para Él.

CAPÍTULO 2

¡EL ANTIUNGIDO!

¡Suponga que esta fuera su última hora! ¿Qué estaría haciendo? ¡Cuánta agitación de ansiosos preparativos! Sin embargo, permítame decirle algo, este es el último tiempo.

¿CUÁNTO PUEDE DURAR EL ÚLTIMO TIEMPO?

"Hijitos, *ya es* el último tiempo" (1 Juan 2:18 énfasis añadido). Sé que parece que este último tiempo ha durado mucho, ya que Juan escribió esas palabras hace más de diecinueve siglos. No permita que esto lo confunda. Podemos estar seguros de una cosa: Si fue el último tiempo entonces, ¡con más certeza lo es ahora! Si Juan estuviera escribiendo hoy tal vez hubiera escrito: "Hijitos, ya es el último minuto del último tiempo".

Cuando Juan escribió este versículo, estaba mirando el reloj de Dios, no el nuestro. Sus manecillas no se han detenido. ¿Cuánto durará el último tiempo de Dios medido por métodos terrenales de contar el tiempo? Lo único que sabemos es que no sabemos cuán cerca estamos del fin. "Pero del día y la hora nadie sabe... sino sólo mi Padre", dijo Jesús en Mateo 24:36. Es obvio, sin embargo, que estamos mucho más cerca del fin cada día. Pablo también lo vio así:

> Y esto, conociendo el tiempo, que es ya hora de levantarnos del sueño; porque ahora está más cerca de nosotros nuestra salvación que cuando creímos.
> —ROMANOS 13:11

Si alguien pensara que solo le quedan sesenta minutos, de seguro no usaría ese tiempo en cosas triviales. Con los microsegundos pasando como arena fina en un reloj de arena, vería lo que le es más importante. No iría de compras para adquirir el último sombrero que dicta la moda, ni le echaría un vistazo a las columnas financieras para ver cómo están sus acciones. Centrado en el fin pondría toda su vida en la perspectiva correcta.

Alguien dijo una vez que la mayoría de las personas vive como si esta vida fuera un convenio permanente. El mensaje de la Biblia es que nuestros días están contados; no que son incontables. En realidad solo hay tiempo para las cosas importantes. Pienso en la iglesia de Jesucristo en particular. Las personas muchas veces señalan que la vida consiste en miles de detalles, pero los menores no deben valer más que los mayores. La Iglesia debe centrarse en un objetivo: la guerra contra Satanás y la campaña por las almas.

Lo grandioso de Jesús es que vino cuando el Padre lo envió. Lo grandioso con relación a nosotros debe ser que vayamos cuando Jesús nos envía. "Como me envió el Padre, así también yo os envío" (Juan 20:21). La Iglesia debe hacer planes para abandonar cualquier cosa que interfiera con el ir.

LA LÓGICA DEL ÚLTIMO TIEMPO

Cuando las Escrituras proclaman: "Ya es el último tiempo", lo es en verdad. Para el mensaje del evangelio *siempre es el último tiempo*. Esta doctrina única y especial de la Escritura se llama "inminencia".

Muchos se tranquilizan al pensar que aún quedan cuatro meses para la siega (Juan 4:35). Si desea saber cómo una sola persona como Pablo pudo hacer tanto, lea lo que reveló a los corintios. Él vivió como si el fin de todas las cosas estuviera muy cerca, como si la cortina final estuviera siempre inminente.

> Pero esto digo, hermanos: que el tiempo es corto; resta, pues, que los que tienen esposa sean como si no la tuviesen; y los que lloran, como si no llorasen; y los que se alegran, como si no se alegrasen; y los que compran, como si no poseyesen; y los que disfrutan de este mundo, como si no lo disfrutasen; porque la apariencia de este mundo se pasa.
>
> —1 Corintios 7:29–31

El evangelio es eterno, pero no tenemos la eternidad para predicarlo. A veces parece que sí la tenemos cuando vemos el lento accionar de la Iglesia en el frente del evangelismo. Solo tenemos el tiempo en que estamos vivos para alcanzar a aquellos que viven lo mismo que nosotros vivimos. Hoy hay más de seis mil millones de almas que viven en este planeta. No están en una era futura que habrá que evangelizar, sino presentes y vivos ahora en la Tierra. Es el último tiempo.

DILIGENCIA

Para asegurarse de que el hijo pródigo tuviera una apropiada bienvenida al llegar a casa, ¡su padre CORRIÓ! Yo también he deseado correr, ya que el Espíritu Santo cargó mi alma con este entendimiento: "Ya es el último tiempo". Las aerolíneas del mundo me consideran un buen usuario. Una de las palabras griegas favoritas de Pablo era *spoude*, que significa diligencia (ser aplicados para prestar la atención adecuada a una tarea; dar el grado de atención que se requiere en una situación dada). Muchas iglesias están muy activas, ¿pero activas haciendo qué? Andar dando vueltas en asuntos seculares es una forma de aparentar estar muy ocupados y ser "relevantes". Sin embargo, la verdadera relevancia es llevar el evangelio a un mundo que perece.

Dedicar todas nuestras ideas a nuestra espiritualidad personal, cuando han estallado las llamas del infierno, es como si los miembros de la brigada de bomberos comenzaran a afeitarse luego de recibir una notificación de incendio. Podemos pasar años "defendiendo nuestros principios", cuando lo único que estamos haciendo es justificar las disputas y prejuicios de nuestras iglesias. La orden de evangelizar es lo único que importa; arrebatar a los hombres de las llamas del infierno eterno.

Esta orden divina no se nos dio en un momento temporal de emoción del Señor. Dios mismo se siente movido por el peligro en que están los seres humanos sin Cristo. ¡El Calvario era su imperativo!

> También tengo otras ovejas que no son de este redil; aquéllas también debo traer, y oirán mi voz; y habrá un rebaño, y un pastor.
>
> —Juan 10:16

Jesús les dijo a los discípulos en el camino de Emaús:

> ¿No era necesario que el Cristo padeciera estas cosas, y que entrara en su gloria?
> —Lucas 24:26

La misma palabra griega, *dei* (cuyo significado literal es "importa", "es necesario"), se usa en estas dos frases de Cristo. La palabra no significa que era apropiado o correcto que Él sufriera, sino que *tenía* que sufrir; que estaba en Él hacerlo. El Dios que sacrificó tanto en la cruz no lo hizo para darnos un entretenimiento o algo interesante para nuestro tiempo libre. Nuestro Señor no murió para proporcionar alguna ocupación para unos pocos trabajadores de iglesias. Él nos ordenó predicar el evangelio a toda criatura. Esta tarea nos *necesita* a todos nosotros.

Nos engañaríamos a nosotros mismos, y perderíamos el verdadero significado de la Palabra de Dios, si estuviéramos pensando que este "último tiempo" no está encima de nosotros. ¡Lo está! Es inútil que digamos: "El último tiempo de Dios es bastante extenso, ¿para qué apurarnos entonces?". Solo tenemos el hoy. En el significado más intenso de la palabra, es el último tiempo. Juan lo pudo haber escrito hace muchos siglos, pero estaba en lo cierto. No hubo problemas en su inspiración.

- Es el último tiempo para alguien cuyos pies están al borde del abismo de la eternidad.

- Es el último tiempo de oportunidad en muchos lugares.

- Es el último tiempo de posibilidad para obedecer el mandato del Señor cuando dijo: "Id por todo el mundo".

- Es el último tiempo antes del regreso de Jesús.

SALARIO POR HORA DE TRABAJO

Hace años, en el norte de Alemania, tuve el privilegio de guiar a una anciana al Señor. La mayor parte de su vida había sido organista de una iglesia, pero nunca había conocido a Jesús como su Salvador personal. Cuando escuchó el evangelio y abrió su corazón al Señor, se quedó maravillada con el gozo del Espíritu Santo. Tres días más tarde, me volví a reunir con ella, pero esta vez estaba del todo quebrantada. Desconcertado, le pregunté por qué estaba así. Con lágrimas en los ojos me dijo: "Ya tengo setenta años y acabo de recibir a Jesús como mi Salvador. Es posible que viva otros cinco o diez años, pero he malgastado por entero estos setenta".

Por supuesto, esto me conmovió mucho. Entonces le dije: "Sí, pero yo sé lo que va a pasar. Un día estaremos ante el Tribunal de Cristo, pero Él no estará tan preocupado por lo *largo* que fue el surco que hicimos en nuestra vida para Él sino en lo *profundo* que fue. Cinco o diez años, dedicados por entero a Jesús, significan mucho más que haber sido un cristiano tibio durante cincuenta años".

¿Recuerda a los obreros de la parábola de Jesús? (Ver Mateo 20:1–16.) Por el reloj, algunos habían trabajado solo una hora, pero el hacendado los recompensó con generosidad y les pagó lo mismo que a aquellos que habían trabajado todo el día. ¿Por qué? Porque habían trabajado tanto como tuvieron oportunidad de trabajar. Este es el principio de Dios. Si alguno está preocupado por no haber estado al lado de Jesús en la cosecha cuando lo podría haber estado, la respuesta es dejar eso al Señor de la cosecha. No malgaste el tiempo con lágrimas. ¡Dé a Dios a partir de este momento, y con todo el corazón, lo que le pertenece! El apóstol Pablo aconseja esto:

> Hermanos, yo mismo no pretendo haberlo ya alcanzado; pero una cosa hago: olvidando ciertamente lo que queda atrás, y extendiéndome a lo que está delante, prosigo a la meta, al premio del supremo llamamiento de Dios en Cristo Jesús.
> —FILIPENSES 3:13–14

Mientras tenga aliento dentro de usted, está a tiempo para la última hora, el último día, el último mes, o el último año. Para eso no está atrasado.

Sin embargo, los jóvenes tienen un estatus un poco diferente en el mismo último tiempo. Cuando una persona mayor alcanza la salvación, se salva un alma. Cuando le sucede a un joven, se salva tanto un alma como toda una vida. La persona joven tiene un tiempo que pudiera ser toda una vida, ¡y qué tiempo tan glorioso puede ser! Es un tiempo lleno de amor, gozo, paz, propósito y seguridad, incluso cuando el último tiempo durara por toda la vida. La única forma de vivir el mañana es vivir hoy en fe y actividad por Jesús.

Una vez oré por un hombre anciano que estaba muriendo. De repente, un extraño pensamiento me sacudió: "¿Cuál sería tu oración si estuvieras en su lugar?" Un famoso político que expresó su última voluntad pidió "¡una deliciosa tarta de carne de cerdo!". No demoré mucho para saber la respuesta en mi caso. ¡Le pediría al Señor que me diera fuerzas y me ayudara a dirigir otra campaña de evangelismo más! Me gustaría dar en el blanco una vez más, una vez más para guiar a millones de almas a los pies de la cruz de Cristo. No hay nada más grandioso que eso, ni existe una forma más gloriosa de morir que luchando en ese victorioso campo de batalla.

¡GLORIOSO CRESCENDO!

Para los creyentes en Cristo del siglo diecinueve, la idea del milenio que se acercaba llenaba sus mentes. Para ellos, la llegada del año 2000 sugería con gran fuerza el inminente regreso de Cristo. Oraron por un nuevo poder para evangelizar al mundo entero en el espacio de los cien años antes del año 2000. La meta de la evangelización mundial estuvo muchas veces en sus mentes, y la idea los llenó de muchos deseos. Dios escuchó sus oraciones y honró el deseo de sus corazones.

Científicos marinos nos dicen que las olas en los océanos viajan miles de kilómetros, incluso por debajo de la superficie y a través de superficies al parecer en calma. Al acercarse a tierra, desarrollan un majestuoso crescendo, encorvan sus poderosos hombros y crecen en rápido impulso y volumen para al final romper con magnificencia sobre la orilla.

Una gloriosa oleada de poder del Espíritu Santo se está acumulando para un espontáneo crescendo hoy, en todo el mundo, como si se apresurara por alcanzar la orilla. La elevación de las olas prueba que la orilla no puede estar muy lejos. ¡Jesús viene pronto! *¡Ya es el último tiempo!*

Hace dos mil años, el Espíritu Santo se derramó en Jerusalén. El maremoto del poder y la gloria de Dios barrió el mundo entonces conocido, pero en pocos siglos, parecía que había llegado a su fin el movimiento del Espíritu Santo. Muchos dijeron que esta manifestación del Espíritu Santo fue solo para las tres primeras generaciones de cristianos, para establecer la Iglesia, y en consecuencia el "Tercer Artículo de Fe" (que tiene que ver con la persona y la obra del Espíritu Santo) se abandonó y olvidó. Este argumento estaba y está del todo equivocado.

Al comienzo del siglo pasado, en 1901, la ola del Espíritu Santo salió de nuevo a la superficie, de manera espontánea y universal. Una vez más, el mundo conocido comenzó a inundarse con la manifestación del Espíritu Santo, y comenzaron los avivamientos más poderosos de todos los tiempos. Si hubo alguna vez una señal de que Jesús viene pronto, ¡es esta!

UNGIDOS PARA EL ÚLTIMO TIEMPO

Con esta maravillosa manifestación de su Espíritu, el Señor dio a los creyentes el poder de hacer la tarea. Con poder de lo alto, la primera prioridad fue evangelizar y enviar misioneros. Juan escribió sobre el "último tiempo" en 1 Juan 2:18–27 (algunas porciones se citan a continuación):

> Hijitos, ya es el último tiempo; y según vosotros oísteis que el anticristo viene, así ahora han surgido muchos anticristos; por esto conocemos que es el último tiempo... Pero vosotros tenéis la unción del Santo... ¿Quién es el mentiroso, sino el que niega que Jesús es el Cristo? Este es anticristo... Pero la unción que vosotros recibisteis de él [Cristo] permanece en vosotros.

La Iglesia recibe la unción para el último tiempo. El espíritu de esta edad es el anticristo o antiungido. La unción del Espíritu Santo es un tema que se desliza por toda esta primera epístola de Juan. Las advertencias del apóstol con relación a los últimos tiempos han llegado hasta nosotros hoy. Repercuten en nosotros con una verdad casi atemorizante acerca de nuestro tiempo. El espíritu de anticristo penetra el pensamiento humano y toda la sociedad. Está causando un colapso moral. Los elementos hostiles se enfurecen cada vez más y más, como en los primeros momentos de una tormenta que se avecina. En verdad es el último tiempo.

Sin embargo, Dios tiene su respuesta; la unción para estos últimos días sin unción. Él nunca permitirá que el diablo consiga la ventaja. La manifestación del Espíritu Santo es su provisión especial para el último tiempo.

> Y después de esto derramaré mi Espíritu sobre toda carne...antes que venga el día grande y espantoso de Jehová.
>
> —Joel 2:28, 31

Todo el Cuerpo de Cristo en la tierra se movilizará y se armará para la embestida final del enemigo. El diablo volverá a perder. Satanás es el eterno perdedor.

LAS PROFECÍAS DE LA BIBLIA SON HISTORIA POR ADELANTADO

Este es el tiempo de maduración para la cosecha final. Tanto el trigo como la cizaña llenan el campo. Satanás puede ver que sus posibilidades se escabullen; para él es el ahora o nunca. Por lo tanto, la más grande muestra de maldad, anarquía y degradación está por venir. Sin embargo, los creyentes tienen más en que pensar que en solo sobrevivir. Es probable que vengan persecuciones, y sin dudas correrá la sangre. Pero nuestros pensamientos están en el triunfo y la conquista para Jesús. El aumento de las fuerzas enemigas se ve más que superado ante la medida siempre creciente del Espíritu Santo.

> Porque vendrá el enemigo como río, mas el Espíritu de Jehová levantará bandera contra él.
> —Isaías 59:19

La más grande manifestación, la más grande unción del poder de Dios que se haya conocido, viene sobre nosotros. Los avivamientos del pasado parecerán nada cuando un Pentecostés estalle sobre toda la iglesia. Ya vemos vislumbres de ellos; la batalla de los ungidos contra los antiungidos. Ahora sabemos lo que significa:

> Ellos le han vencido por medio de la sangre del Cordero y de la palabra del testimonio de ellos, y menospreciaron sus vidas hasta la muerte.
> —Apocalipsis 12:11

Este momento decisivo se describe a plenitud en Apocalipsis 12:9–10:

> Y fue lanzado fuera el gran dragón, la serpiente antigua, que se llama diablo y Satanás, el cual engaña al mundo entero; fue arrojado a la tierra, y sus ángeles fueron arrojados con él. Entonces oí una gran voz en el cielo, que decía: Ahora ha venido la salvación, el poder, y el reino de nuestro Dios, y la autoridad de su Cristo; porque ha sido lanzado fuera el acusador de nuestros hermanos,

el que los acusaba delante de nuestro Dios día y noche.

Las profecías de la Biblia como estas no se pueden alterar. ¡Son historia escrita por adelantado! Cuando el diablo esté listo para atribular al mundo, Dios atribulará al diablo. Dios hará lo que dijo que haría, hasta lo último. ¡Aleluya! ¡Nos regocijamos! ¡Nosotros sabemos! El futuro está dispuesto de antemano, y el tiempo final está determinado, con su muy gloriosa conclusión. ¡Estamos ahora entrando en ese período!

En nuestras grandes campañas de evangelismo en África hay poderosas victorias sobre los poderes satánicos y sobre la brujería. Hemos visto traer a la plataforma pilas gigantescas de materiales de hechicería para quemarlas ante la vista de toda la multitud. Los dueños han recibido liberación de los temores y opresiones de Satanás al recibir a Jesús como su Señor y Salvador. Muchas veces he señalado a las llamas y he dicho: "Así es como va a ser el hogar final del diablo, ¡en el lago de fuego!". Satanás no tiene el control del fuego del infierno; esas llamas son su juicio. Cuando esas "obras del diablo" son reducidas a cenizas, entonces vemos el verdadero fuego del Señor cayendo sobre toda la multitud. No queda nada de la serpiente antigua.

Donde no hay unción hay fuego extraño de destrucción y muerte. Pero la llama de la presencia del Señor lo devorará, tal y como devoró el fuego extraño de Nadab y Abiú (Levítico 10:1–2). Después de ello, una dulce unción de paz fluirá en toda la Iglesia, descendiendo hasta sus pies y los ribetes de su manto.

Olvidemos las antiguas batallas del pueblo de Dios sobre asuntos que no conducen a la salvación de hombres y mujeres.

Nuestro enemigo no es otra denominación ni siquiera la existencia de distintas denominaciones. Nuestro enemigo es el diablo, y las mentiras con las cuales engaña al mundo; la mentira de que Dios está muerto, la mentira de que Dios es indiferente, y la mentira de que lo podemos lograr sin Jesús. "Y ellos le han vencido por medio de la sangre del Cordero" (Apocalipsis 12:11). ¡Note que "le" es singular! Tenemos un enemigo; el diablo. Hay un poder que se le opone; la unción del Espíritu Santo.

1. fuego extr. causa Juicio
2. " del Mundano " Apostacia
3. fuego fingido, causa religion
4. fuego de Dios causa devocion

Que el fruto sea el mayor indicador de tu llamado.

CAPÍTULO 3

TRABAJO INMORTAL PARA MORTALES

UN HOMBRE CON una misión necesita visión. Isaías y Jeremías la necesitaron. Sin visión, nunca habrían avanzado con audacia. Recibir el llamado de Dios no cuesta nada, ya que Dios es el que llama. Hacer nacer el llamado es un asunto por completo diferente. Un hombre renunciaría pronto a menos que tenga el llamado.

Trabajé mucho como misionero en Lesoto, pero el sueño de un África lavada con sangre de Cristo me perseguía. La visión se hizo más persistente y vívida. Usted debe comprender que la presión divina siempre acompaña a la visión. Un deseo que me consumía por entero me llevó a realizar mis primeras aventuras con el evangelismo de masas. Sin embargo, aún estaba vacilante. Los miembros de mi junta de misiones no estaban de acuerdo. Eran hombres buenos y espirituales, pero les faltaba la visión. Karl Barth señaló que la fe nunca es lo mismo

La fe se ha confundido con piedad
↟La fe es una precisión divina
Para el temor, Que los frutos

47

que la piedad. Ellos creían que el método que daría fruto para la salvación de África era el trabajo misionero normal, no el evangelismo de masas. ¿Por qué pensé que podría hacerlo de otra forma? Si esa era la forma que Dios quería usar, preguntaban ellos, ¿por qué no hay nadie más haciéndolo así? Mientras los misioneros estaban contentos con la manera tradicional de hacer misiones, yo me sentía confundido. ¿Estaban ellos equivocados y yo en lo cierto?

Me sentía solo. En lugar de amenguar, la presión divina en mi espíritu crecía cada vez más. Entonces me reuní con un grupo de evangelistas para compartir. Todos ellos tenían una historia similar a la mía. Compartían la experiencia común de desaliento oficial. Tenían el fuego del Espíritu que los quemaba por dentro, el desafío de vastas posibilidades a su alrededor, pero críticas desde fuera. Durante estos dolores de parto, muchas veces en agonía mental, tuve que pasar horas en oración para mantener mi aplomo y mi paz. ¿Cuánto tiempo se necesitaría para lograr un África lavada por sangre sin campañas evangelísticas agresivas? Tenemos solo una generación para salvar a una generación. Cada generación necesita regeneración.

La presión alcanzó un punto de crisis. Un día me encerré en el cuarto de un hotel en Lesoto para orar. Estaba decidido a no dejar ir a Dios hasta que tuviera una palabra clara de parte de Él. Con toda confianza expuse delante de Dios cómo me sentía. Le dije que estaba enfermo y cansado de la tensión, constreñido a evangelizar, pero refrenado por los hombres. ¿En verdad era su voluntad para mí este impulso constante a hacer cruzadas? Otros obreros no parecían creer que el evangelismo de masas era una buena estrategia. Estaba desesperado y necesitaba una respuesta clara.

Ese día Dios me aclaró por completo todo este asunto. Con la misma franqueza con que había hablado al Señor, Él me respondió. Dijo: "Si dejas escapar la visión que te he dado, tendré que buscar a otro hombre que la acepte y haga lo que quiero".

Me arrepentí de inmediato de toda mi vacilación. Tomé mi decisión, para siempre. Dios entonces comenzó a sonreírme, y me dio aliento divino. Desde ese día, no he mirado atrás. He aprendido cómo manejar a los críticos y sus críticas al permitir que Dios sea quien me defienda. Decidí dejar que los frutos les mostraran que era el Señor quien me guiaba. Por lo tanto, me concentré en lo que Él quería que hiciera, no en lo que ellos querían que hiciera, y el ministerio y los frutos crecieron; paso a paso, dimensión a dimensión, y algunas veces más bien de forma radical.

"ENTRETEJIDO EN LO MÁS PROFUNDO DE LA TIERRA"

El evangelismo se convirtió en mi llamamiento. Hay otros llamamientos que cautivarán a hombres y mujeres; apóstoles, pastores, maestros, profetas, ancianos, músicos, organizadores, intercesores, y trabajadores con miles de diferentes habilidades. Cuando Dios pone su mano sobre nosotros, Él hace dos cosas. Primero, nos da un ministerio. Luego abre una puerta para el servicio. Cada uno de nosotros tiene un lugar único y vital en su Reino. Dios esculpe a cada creyente de manera individual, "entretejido en lo más profundo de la tierra", como lo expresa el Salmo 139:15. Algunos están muy lejos de ser normales y corrientes. A ellos es muy poco probable que se les acoja con grandes vítores.

Una nueva visión puede ser perturbadora, no solo para los

que la reciben, sino también para los que no la reciben, sobre todo si esta pone a un hombre en el foco de atención. Puede haber resentimiento, crítica, incluso celos. Algunas veces los amigos y colegas más cercanos de una persona no pueden creer que Dios haya puesto un llamado en su alma. Sin embargo, no hay que dar cuentas por las decisiones de Dios, como lo señala Pablo hablando de Jacob.

> Como está escrito: A Jacob amé, mas a Esaú aborrecí.
>
> —ROMANOS 9:13

Si Dios llama, la mejor prueba es nuestra paciencia cuando se nos juzga mal y se nos critica. El hombre que sabe que Dios lo ha llamado descansará en Dios, y dejará que el Señor se encargue de aquellos que lo desaprueban o no lo comprenden. "Humillaos, pues, bajo la poderosa mano de Dios, para que él os exalte cuando fuere tiempo" (1 Pedro 5:6).

Debemos tener cuidado de manejar las críticas de forma correcta. Algunas veces, mediante la opinión de los demás, uno puede darse cuenta de las cosas. Lo que otros dicen acerca de usted es importante, sean ellos amigos o enemigos. Alabo al Señor por esos hombres y mujeres especiales a quienes me ha guiado, por su percepción y entendimiento. Sería un tonto si no los escuchara. Al igual que cualquier otro ministro, los evangelistas necesitan consejo. Los evangelistas no pueden ser ley para ellos mismos. Son miembros del cuerpo de Cristo. De mi lucha terrible y mis dolores de parto en Lesoto, el Señor me dio los siguientes criterios y desafíos para la Iglesia.

UNA PARÁBOLA
DEL CANTO DE DÉBORA

Es en verdad asombroso cómo la Palabra de Dios puede levantarnos y apasionarnos. Un pasaje en el libro de Jueces (Jueces 5:16–20) me dio de forma inesperada un verdadero desafío evangelístico. De manera única, el Señor lo interpretó, como una parábola, en mis pensamientos.

En el período de los jueces, Israel tenía muchas dificultades. Muchas veces el pueblo se vio bajo la opresión de invasores. En su misericordia, Dios levantaba líderes dotados por Él para unirlos y ayudarlos a defenderse. Uno de estos líderes fue Débora, una profetisa. En sus días un rey cananeo, Jabín, envió a sus hombres bajo el mandato de Sísara para saquear y matar.

Débora se sintió movida por el Espíritu de Dios a resistir. Sin embargo, ella no era Juana de Arco, y no se puso una armadura para pelear como un hombre. Débora utilizó sus poderes de persuasión para inspirar a los hombres de Israel a reunirse bajo el liderazgo de Barac.

Cada tribu recibió el llamado de Débora a unirse, y hacer lo que no podían hacer solos; resistir a Sísara. Algunos vinieron, otros no hicieron caso. Es muy interesante ver cómo reaccionaron las diferentes tribus. De hecho, esta antigua historia es como un espejo que se alza ante el rostro de la iglesia hoy.

LAS NAVES Y LAS
TIENDAS DE DAN

Al hacer un análisis de Israel después de su victoria, Débora hizo una penetrante pregunta acerca de la tribu de Dan: "Y Dan, ¿por qué se estuvo junto a las naves?" (Jueces 5:17) Los de

Dan eran mercaderes, operaban un tipo de servicio mercantil marítimo para Israel. Ellos traían productos de lugares lejanos. Entonces, con las amarras echadas en puerto, las naves se convertían en tiendas, y se vendía de manera directa del importador al público.

Ahora yo lo veo de esta manera. El mismo Dan está en la caja registradora de su tienda. Está contando el dinero con gran satisfacción. El día ha sido magnífico, las ganancias buenas. De repente, un disturbio en el muelle lo distrae. Un mensajero, exhausto de la carrera, llega con un aviso para Dan:

> Querido Dan:
>
> Jabín, el rey de Canaán, ha enviado a Sísara y está devastando a Israel. Estamos peleando con todo lo que tenemos a nuestra disposición, pero necesitamos ayuda. Todas las tribus deben unirse para rechazar al enemigo. Ven y ayuda; AHORA. Tus compañeros israelitas están sangrando y muriendo. Por favor, responde. ¡Ven de inmediato!
>
> SALUDOS,
> DÉBORA (JUEZA DE ISRAEL)

Dan, el hombre de negocios, se sintió muy conmovido. Dio un salto y miró tierra adentro, donde pensó que las hostilidades pudieran ir en aumento. Es posible que escuchara el sonido de las armas al chocar y los gritos de sus hermanos que morían. Entonces, también de repente, otros pensamientos llegaron a su mente. Preguntas muy preocupantes lo inquietaron. ¿Podía dejar así el dinero sin contar? Si iba y peleaba, ¿qué pasaría con sus naves y sus tiendas? ¿No estaría arriesgando su floreciente empresa? Aún más, había otra cosa; los cananeos eran clientes suyos. No debía disgustarlos. ¿Debía permanecer neutral? ¿Y si sus naves se hundían mientras él se descuidaba de ellas al alistarse en el ejército?

Después de tales consideraciones, decidió. A toda prisa, llenó los bolsillos del mensajero con un montón de dinero y dijo: "En verdad quiero ayudar. Es una pena que no pueda ir, pero aquí va mi contribución. Dile a Débora que estoy con ella en espíritu".

¡Qué admirable hombre, dejar que sea una mujer la que pelee! Por lo tanto, Dan siguió contando su dinero mientras sus hermanos se unían alrededor del estandarte de Débora y Barac. Que otros mueran por Israel; Dan tenía que vivir para su negocio. Ahí estaba Dan en su nave; la nave del interés personal, amor a sí mismo y avaricia.

¿A quién representa Dan hoy? Cada uno de nosotros debe preguntarse a sí mismo. Dan es el cristiano que pertenece a la familia de Dios; sabe cuáles son los reclamos de Dios para él; escucha el llamado de Dios, pero no responde. Permanece en su nave o su tienda cuando Dios quiere que busque "primeramente el reino de Dios". La música de las monedas en la caja registradora, el aplauso de los inconversos, o la opinión de la familia y amigos le impiden escuchar el llamado del Dios viviente.

En la iglesia Dan canta "¡Oh!, sí, nos congregaremos en célica hermosísima ribera", ¿pero llegará allí su nave, o solo se tambaleará en el mar de la vida? Si piensa que estas situaciones no pueden ser, solo mire a su alrededor. Vea los restos de las vidas cuando las personas escogen las prioridades equivocadas. Algunas de las personas más tristes han sido las que teniendo ante sí la decisión fundamental, no mantuvieron sus ojos puestos en Dios. Perdieron su visión. Las cosas a la larga resultaron terribles. El éxito se vuelve cenizas, la popularidad ya no da placer. Escogieron las oportunidades de los de la tribu de Dan de encargarse de sus naves y tiendas. Dejaron que otros siguieran a Cristo a los campos de la cosecha, o a los campos de batalla, o tal vez a los campos de misión. Por último, vieron su gozo y contentamiento convertidos en tragedia. "Pasó la siega, terminó el verano, y nosotros no hemos sido salvos" (Jeremías 8:20).

¿HACER DINERO O HACER HISTORIA?

El mensajero con la carta de Débora esperó recibir una mejor respuesta al llegar donde estaban Zabulón y Neftalí. Se encontró a los dos hombres trabajando en los campos bajo un caluroso sol. Ambos esperaban con ansias el final del día para regresar al gozo de la compañía de sus esposas y sus hijos, con todo se acercaron al mensajero para escuchar y considerar el llamado de Débora al servicio. ¿Qué debían hacer? No hay más que una opción, ¡ir! "Alabado sea el Señor", gritaron, "porque Dios ha ungido a alguien para que nos guíe. Ahora, pongamos fin a este constante hostigamiento de Jabín y sus bandidos. ¡Gracias a Dios por Débora! La apoyamos cien por ciento. Dile que enseguida vamos. Que cuente con nosotros".

Zabulón y Neftalí cambiaron sus podaderas por lanzas. Abrazaron a los niños, besaron a las llorosas esposas y partieron al campo de batalla. "El pueblo de Zabulón expuso su vida a la muerte, y Neftalí en las alturas del campo" (Jueces 5:18).

Pronto ganaron la batalla. Sin embargo, no hubo gloria para Dan. Débora había guiado a Israel, y otra mujer, Jael, la esposa de Heber, fue quien dio el famoso golpe final. Ella clavó a Sísara en el suelo en su propia tienda con una estaca, atravesando su cabeza. Así puso fin al saqueo del ejército cananeo.

Débora entonces viajó en sus recorridos como jueza y llegó hasta el muelle para visitar a Dan. Ella quería hacerle una pregunta fulminante: "¿Por qué se quedó Dan en las naves?" Dan se quedó sentado muy quieto, sus dedos movían con torpeza una moneda. No podía alzar sus ojos y mirar a esta mujer de Dios ungida con el Espíritu Santo. Su pregunta lo persiguió por el resto de su vida. Esa pregunta la volveremos a escuchar una vez más ante el trono de Dios, cuando Dan y el resto de nosotros tengamos que dar cuentas por nuestra vida. ¿Mirará Dan al Señor? ¿O estará tan avergonzado, sin saber qué responder, moviendo su cabeza en señal de confusión?

Zabulón y Neftalí no tenían el ojo de Dan para los negocios. Dan hizo dinero, pero Zabulón y Neftalí hicieron historia. Ellos pelearon por Israel y alcanzaron victoria en una memorable batalla de la que aún se habla unos tres mil años después. Ellos lo arriesgaron todo, hasta la vida, por luchar en las alturas del campo. Dan no arriesgó nada. Nunca se arriesgó (eso es malo para los negocios). Cuando Dan murió, era el más rico, pero también el más miserable de los hombres del país, con barras de oro en su cuarto apiladas hasta el techo, siempre a la vista para poder regodearse. Dan vivió para el oro. Entonces un día, justo cuando su alma abandonaba su cuerpo, Dan se aferró a su oro. Quería llevarlo con él, pero el ángel de la muerte lo sacudió con una sonrisa: "¡Tú has hecho tu pila, ahora otra persona la disfrutará!".

Las personas como Zabulón y Neftalí continúan escuchando el llamado de Dios, pero no sucede así con las personas como Dan. Las iglesias están compuestas de ambos tipos de personas. Las personas como Dan son las que consideran sus negocios más importantes que la obra de Dios; sus patios más fructíferos que los campos para la cosecha; sus casas más preciosas que el cielo para los perdidos; y ahorrar dinero más provechoso que salvar almas. "Acabo de casarme, y por tanto no puedo ir" (Lucas 14:20). Zabulón dejó a su esposa y salvó su reino.

Pregunte a cualquier pastor y él le dirá quiénes son las personas como Dan y quiénes las que son como Zabulón y Neftalí en su congregación. "Siempre son las mismas personas las que responden, las que dan, las que trabajan", dicen los pastores. "Si no fuera por ellas, esta iglesia estaría cerrada". Algunos obedecen al llamado de Dios a cualquier precio, pero otros no arriesgan ni cinco centavos por Dios. Zabulón y Neftalí expusieron "su vida a la muerte...en las alturas del campo" por Dios y por el Reino de Dios.

Jesús dijo: "El que pierde su vida por causa de mí, la hallará" (Mateo 10:39). Y luego: "Sé fiel hasta la muerte, y yo te daré la corona de la vida" (Apocalipsis 2:10). Hay nobleza en este tipo de perseverancia, incluso en la disposición para dar todo lo que reconocemos y honramos en la tierra. El Señor mismo lo reconocerá de manera formal cuando, de manos de Cristo, coloque una brillante corona de vida en nuestra cabeza.

De las personas como Dan, Jesús dijo de modo cortante: "El que halla su vida, la perderá" (Mateo 10:39).

¡ESA MUJER!

Después de la batalla vino la celebración. Débora la profetisa y Barac el general cantaron un cántico de victoria y nombraron las tribus una a una. La canción está llena de ironía. Antes de Dan, Zabulón y Neftalí se menciona a Rubén, de quien se escribió: "Entre las familias de Rubén hubo grandes propósitos del corazón" (Jueces 5:16).

Permítame seguir bosquejando mi sencillo cuadro. Los rubenitas eran muy reflexivos, personas de consideración y juicio. Eran los educados, los que hablaban bien. Cuando el sudoroso y polvoriento mensajero cayó jadeante en medio de ellos diciendo con voz entrecortada: "¡Urgente! ¡Urgente! Un mensaje de la jueza Débora", Rubén enseguida tomó la carta y llamó de inmediato a una reunión de emergencia del Concilio de los Sabios. Juntos, le dieron a la carta de Débora la misma solemne importancia que siempre le conferían a cada asunto. El concilio tomó asiento y primero leyeron el acta de la reunión anterior. Los miembros reflexionaron sobre la situación. Eran agudos pensadores. Sus percepciones pronto les mostraron que el asunto era en extremo complicado como para tomar una decisión apresurada, de la cual pudieran lamentarse luego. Con su acostumbrada precaución, decidieron dejar pasar ese día y que el concilio se reuniera otra vez al día siguiente con las mentes más frescas.

Así que el día siguiente se examinó el llamado de Débora con mucho cuidado desde todo punto de vista. La conclusión unánime se registró en el acta: ¡Era necesario actuar! Sin embargo, había que trazar un plan antes de que se lanzaran apresurados a la batalla. Dedicaron gustosos otro día completo a estos importantes asuntos. El concilio quería asegurarse del éxito en la batalla. Debían ser un ejército de primera clase. Planearlo todo llevó mucho tiempo pero, razonaban ellos, era mejor que fueran bien preparados.

Durante esa sesión, tuvieron un receso para tomar café y salieron a estirar las piernas, hasta aquí se sentían muy contentos con su trabajo. Mientras daban su paseo, los rubenitas captaron un débil sonido de la distante batalla y vieron en el cielo el humo de ciudades incendiadas. Apareció ante su vista uno de los rezagados, tambaleándose y con las heridas sangrando. Menos mal que les pareció que ya estaban trabajando en un proyecto para ayudar. Mientras tanto, la batalla arreciaba.

Una última dificultad aún los turbaba. El concilio volvió a reunirse al día siguiente, y al final tuvo que poner el asunto en la agenda. El problema era ¡Débora! A fin de cuentas, ¡era una mujer! ¿Cómo podían considerar el llamado de una mujer? ¿Dónde estaban los fundamentos para eso en sus Escrituras? ¿Cuándo había una mujer tomado el liderazgo, como no fuera para guiar a Adán al pecado? Débora se alzaba entre ellos y la acción. Su instrucción y conocimiento no encontraban una salida para ir ante su llamado. La acción no tenía precedentes. ¿Una mujer asumiendo autoridad para gobernar y para juzgar? ¿Podía Dios bendecir a hombres que siguieran a una mujer a la batalla? Pronto estuvo muy claro: Su deber era rechazar la misión. Era un asunto de principios.

¿Algo de esto le resulta familiar? Hoy a las personas no les gusta muchas veces la forma en que se hacen las cosas. No les gusta el liderazgo, o el método, o la programación, o el personal. A veces encontramos objeciones intelectuales. "¿Evangelismo? ¿Con toda nuestra educación? ¡Esta no es la época de Pablo y Pedro! ¿Salvación de las almas? ¿Avivamiento? Eso estuvo bien para gente de la selva, pero nosotros necesitamos métodos diferentes." Sin embargo, estas personas nunca encuentran un método diferente.

Algunos tienen un evangelio de panes y peces. Jesús dijo: "Trabajad, no por la comida que perece, sino por la comida que a vida eterna permanece, la cual el Hijo del Hombre os dará". (Juan 6:27).

Otros están más preocupados por la espiritualidad y la calidad que por arrancar a los hombres de la condenación eterna. Dictan excelentes discursos y adornan la plataforma de manera muy elegante, pero no están en la línea de fuego. Algunos son en extremo devotos, muy preocupados con la obra del Espíritu Santo dentro de ellos o en sus iglesias. Un evangelista perturbaría e interrumpiría lo que Dios ha estado haciendo en los últimos años. Ellos no pueden apoyar a los evangelistas. Dicen que los evangelistas cosechan atención y entorpecen un crecimiento más profundo. Por lo tanto, fluyen palabras piadosas y no se hace esfuerzo alguno. Hombres y mujeres preciosos siguen muriendo en sus pecados, igual que siempre. El evangelismo, la salvación de las almas, es una acción de emergencia y para un hombre que se ahoga da lo mismo que la soga la lance un hombre o una mujer.

DE VACACIONES

¿Cuál fue la reacción de Aser? El mensaje llegó a Aser por manos de un agitado y exhausto emisario. ¿Su respuesta? "Se mantuvo Aser a la ribera del mar." Aser estaba de vacaciones. "Lo siento mucho", le dijo al mensajero a punto de desplomarse, "necesito descansar. No puedo interrumpir mis vacaciones ahora, ¿no es verdad?".

Aser trabajaba muy duro y no tenía tiempo. Las responsabilidades de la iglesia eran muy buenas para aquellos que no tenían otra cosa que hacer, pero él tenía varias cuentas que conciliar después que terminaban las horas de trabajo, y se merecía este descanso sin interrupción alguna. No, él no podía ir ahora.

"Pero", dijo Aser, "estoy seguro de que otros se levantarán y ayudarán. Algunas personas están hechas para este tipo de cosas. Débora no tendrá problemas". Aser se sentó en su cómoda silla y dio un largo sorbo a su refresco. "Sí, dile que la admiramos. Ella es maravillosa, y tenemos confianza en que podemos dejar este asunto en sus capaces manos. Dios no le va a fallar. Estaremos orando por la victoria con toda nuestra fe. Explícale la situación en que estoy, que necesito permanecer aquí en la playa un poco más, o no estaré en condiciones de dirigir mi negocio."

¿La filosofía de Aser? Depender de otros para que hagan lo que usted no hará por sí mismo. Los hijos de Aser dicen: "Alguien se levantará y realizará el trabajo. Me gusta pasar mis fines de semana donde pueda alejarme de todo. Tengo un lugar tranquilo y solitario reservado para mí, y sería muy tonto si no voy". Para algunos, lo que han planificado, todo lo que aparezca, o cualquier otra demanda, menos las de Dios, tienen su atención inmediata. No pueden hacer todo eso y *además* salvar almas. Eso es amontonamiento de trabajo. Necesitan algún tiempo de descanso de vez en cuando, y hay que atender algunas cosas. Los compromisos están primero. Ellos van a ayudar, con el tiempo; cuando estén "libres" y no tengan alguna otra cosa que hacer y se sientan capaces para ello.

Bueno, visualicé este trágico final para Dan. Escuché que Rubén cayó muerto, mientras hablaba. Huyó de Débora, pero cayó en manos del sepulturero. En cuanto a Aser, engordó demasiado y comenzó a padecer de presión alta por la falta de ejercicio. Aser nunca dio un golpe, pero recibió uno en el corazón, y murió. Perdió su vida al salvarla.

Esta es la parábola de la historia de Débora. Sigue siendo un asunto solemne para nuestra consideración hoy. Jesús utilizó el humor cuando habló del camello que pasaba por el ojo de una aguja, al advertir al rico sobre las dificultades que ellos tendrían para entrar al Reino de Dios. Las personas se excusan, como los indignantes ejemplos que Cristo usó en la parábola de la fiesta de bodas. Uno rechazó la invitación porque se acababa de casar. Otro había comprado un terreno, y otro había comprado unos bueyes. Ellos tenían sus placeres por un tiempo y luego perdieron la corona para siempre.

Algunos de nuestro equipo evangelístico ya han recibido esa corona. Ocurrió un terrible accidente en 1985. Habíamos estado en Zaire y una gloriosa victoria del evangelio había conquistado a miles para el reino de Dios en la ciudad de Lubumbashi. Una multitud de ochenta mil personas colmó el estadio. Otros muchos recibieron el mensaje a través de transmisiones en vivo de los canales nacionales de radio y televisión.

Después de la campaña, nuestros camiones se dirigieron de regreso a Zambia. Al cruzar la frontera, un chofer desconocido estaba tomando. Giró su camión cisterna hacia nuestro convoy y se estrelló contra uno de nuestros camiones. Hubo una explosión y dos de nuestros técnicos, Horst Kosanke y Milton Kasselman, murieron entre las llamas. El resto del equipo se quedó mirando sin poder hacer nada, solo orando y llorando.

Nos quedamos muy tristes y conmocionados. Luego se impuso un espíritu de determinación. La obra no se detendría, ni siquiera ante la muerte y la tragedia. "Dios entierra a sus obreros, pero su obra continúa."

Sin embargo, algunos tuvieron otra reacción. En casa, los críticos comenzaron a hacer valoraciones negativas. "De seguro había pecado en el equipo", murmuraron. "Detengan la obra. Detengan el ministerio. Detengan toda la operación". Me quedé sorprendido. Si hubiera pecado en el campamento, ¡Dios no habría necesitado matar a dos excelentes hombres para hacérmelo saber! Esos dedos acusadores eran como los amigos que trataban de alentar a Job, intentando probar que sus miserias eran un juicio de Dios. Estas personas fueron como los de Dan que se quedaron en casa, sentados en sus cómodas sillas detrás de las cajas registradoras de sus tiendas. Dieron consejos sin costo alguno para ellas. Como los rubenitas, tenían "grandes propósitos del corazón" desde sus cómodas butacas.

A todos los que son como ellos les decimos que muchos están preparados para entregar sus vidas por Jesús en su obra. Muchos misioneros han dado su vida por África. Hay peligros evidentes, como los que enfrentaron Horst y Milton, pero esos hermanos estaban preparados para arriesgarlo todo. Otros no arriesgarán ni cinco centavos, mucho menos su vida. Los miembros de nuestro equipo viven cerca de Jesús, día a día. Estamos en un verdadero campo de batalla con Satanás, quien quiere destruirnos. "La sangre de los mártires es la semilla de la iglesia", escribió Tertuliano hace dieciocho siglos, y sus palabras tienen toda una historia para mostrar que son ciertas.

Morir en la obra de Cristo pudiera ser el propósito de la vida de alguna persona. Cristo se glorifica si ganamos personas para Él con nuestra muerte o con nuestra vida. Es lo mismo. Ofrezco esto como mi desafío personal para todo el que lea este libro: Sea un Zabulón o un Neftalí, ¡y únase a los soldados que están en el campo de batalla! El Señor está con nosotros. Nuestro Capitán nunca pierde una batalla. Es el tiempo de considerar otros asuntos que no sean el confort material. Comience a trabajar por lo que no perece.

Edificar el Reino eterno de Dios significa que manos mortales hacen algo que será inmortal. Lo que es de fe en Dios nunca puede morir.

Leví dejó su trabajo como recaudador de impuestos de inmediato, los pescadores de Betesda siguieron de inmediato a Jesús, y estas personas viven en nuestra memoria hasta hoy. Ahora es nuestra oportunidad. Jesús dice: "¡Sígueme!"

CAPÍTULO 4

¡JADEANTES POR EL EVANGELIO!

De acuerdo con las estadísticas, si diez mil personas viven alrededor de una iglesia, cuatro de ellas mueren cada semana. Entonces, es apenas satisfactorio si solo una de ellas se salva cada mes, o incluso cada semana.

La necesidad del evangelio es muy evidente, con todo, el diablo inventa trucos para ocultar lo obvio. Satanás trató primero de impedir el nacimiento del Salvador. Comenzando con el asesinato de Abel, ha lanzado ataques sobre todos los antecesores humanos de Cristo, y por último asesinó a los inocentes en Belén. Sus políticas de asesinato y genocidio han fracasado, la única alternativa que le quedaba era evitar que se predicara el evangelio.

Al principio, el diablo solo utilizó la persecución y los falsos evangelios, pero con el paso de los siglos, ha construido un arsenal de las taimadas armas. Un tipo de arma muy sutil que él despliega es darles a los creyentes otras prioridades. A Satanás no le interesa cuánto nos esforzamos por nuestra iglesia, siempre y cuando esto nos mantenga alejados de esparcir el daño que el poder del evangelio produce en su malvado reino.

¡Tenga cuidado! Podemos especializarnos en doctrina, en compañerismo, en prosperidad, o hasta en el desarrollo de nuestras propias almas, de forma tal que no se relacione con la predicación del evangelio a toda criatura. No nos dejemos engañar. Estamos haciendo mal cuando permitimos que las buenas actividades impidan la labor más urgente.

¿Sabe usted que hasta podemos inventar interpretaciones de las Escrituras "que nos saquen del aprieto" y tranquilicen nuestras conciencias en cuanto a la salvación de los perdidos? La oración misma, aunque es muy importante, no debe ser un sustituto para el evangelismo. Si celebramos reuniones de oración, deben estar vinculadas a algún esfuerzo directo en el evangelismo.

Las necesidades del mundo son tan grandes que todos las pueden ver. Necesitaríamos un libro para describirlas. Si algo puede ayudar ante las desgracias del planeta, el evangelio encabeza la lista. Predicar el evangelio es desatar, mientras retener el evangelio es atar. ¡No predicar el evangelio es como esconderle la medicina al paciente!

Muchas personas han perdido la esperanza. Han visto los límites de la ciencia, la tecnología, la medicina, la política y la educación. Resulta irónico que se vuelvan a los narcóticos para poder olvidar. Drogas, bebida, cualquier cosa, hasta el misticismo religioso. La idea de que el hombre solo puede contar con la ayuda del hombre es atemorizante. A la maldad le crecen dos cabezas por cada una que cortamos. Es necesario clavar la daga de la cruz de Cristo en el corazón de este monstruo con cabeza de hidra.

Cada esfera de la vida clama por el evangelio, como un pez jadeante en la orilla necesitado de agua. En lo personal, lo social, lo global, lo religioso, la única esperanza para nosotros está en el evangelio.

EL EVANGELIO ES LA ÚNICA FUERZA NUEVA DE QUE DISPONEMOS

Isaías observó: "Toda cabeza está enferma, y todo corazón doliente" (Isaías 1:5). Algunas veces nuestro cuerpo se cura a sí mismo, pero otras veces requiere de medicinas. Estas medicinas refuerzan el poder natural sanador del cuerpo. La enfermedad puede vencer las defensas del cuerpo, y algunas veces se necesita ayuda del exterior. Sin embargo, en lo que concierne a la salvación, no hay otra fuente para el hombre que no sea el poder sobrenatural del evangelio. Nuestra tarea es poner este remedio sobre la mesa. No hay argumentos en contra del maravilloso poder sanador del evangelio, tan solo porque algunas personas no lo acepten. Uno nunca puede obligar a otro a tomar una cura, ni siquiera con amenazas, si el paciente decide no tomarla. La persona morirá, a menos que intervenga Dios en su misericordia.

La historia de Israel muestra que cuando los judíos fueron fieles a su fe, les fue bien. Sin embargo, cuando entregaron sus corazones a otros, a nuevas religiones, a paganos, y a las superpotencias, llegaban los desastres de forma automática. La vida espiritual de Israel decidía si prosperaban o eran víctimas de la desolación.

Tratar la fe en Dios como un asunto de segunda importancia, o solo como el lado controversial de un asunto, es fatal.

Somos lo que creemos. Toda actividad está regulada por la fe. Si no nos damos cuenta de esto, entonces no conocemos nada acerca de la naturaleza humana. Dios es el único asunto que cuenta al final. ¡Es imposible que exageremos en la urgencia del evangelio!

¿SEGURO CONTRA INCENDIOS?

Ahora quiero hablarle sobre la más grande necesidad. Uno no puede predicar el evangelio tan solo como un beneficio social. El evangelio tiene que ver con Dios, y Dios tiene que ver con la eternidad. Si quiere considerar los beneficios aquí y ahora, esos son evidentes. Para comenzar, nada tiene sentido sin Dios. La vida carece de sentido, como muchos ateos insisten hoy. Es la típica respuesta cínica de los incrédulos que no tienen esperanza porque están fuera de Cristo.

La mayoría de nosotros, sin embargo, comprende que Dios nos enfrenta a la eternidad. Nuestro destino está determinado por nuestra respuesta al evangelio. "¿Usted es salvo o está perdido?" Esa es la pregunta que está por encima de cualquier otra. La declaración del evangelio es "Jesús salva". Él salva de la ira, del juicio, del infierno, de la esclavitud, del diablo y de las tinieblas. Él nos salva de morir en nuestros pecados.

Algunos a manera de broma quieren ridiculizar al evangelio al llamarlo "seguro contra incendios". Sin embargo, piense en eso por un momento. ¿Qué tiene de absurda la idea del seguro contra incendios? Solo un propietario tonto no está asegurado. Las personas aseguran sus casas, pero no aseguran su futuro eterno. Con todo, nosotros sabemos que la salvación ofrece mucho más. ¿Quién más puede ofrecer un seguro como ese que no sea Jesús?

POR QUÉ SUFRE LA HUMANIDAD

Cuando la prensa me entrevista una de las preguntas más frecuentes que recibo es la de por qué Dios permite tanto sufrimiento en el mundo. Muchas veces he reflexionado yo mismo en esta pregunta, no por la razón por la que la hacen algunos cínicos reporteros, sino porque en realidad sufro cuando veo a otros sufriendo. Entonces, ¿por qué permite Dios el sufrimiento? Usted podría también preguntar al Ministro de Transporte de los Estados Unidos por qué permite los accidentes en las autopistas. Sin duda, ellos objetarían con fuerza su acusación y apuntarían a las reglas del tránsito. "Cada vez que se viola una ley, es posible que ocurra un accidente y por consiguiente, el sufrimiento", responderían.

Las personas sufren principalmente por una razón: Ignoran el libro de reglas de Dios, la Biblia, y todo va mal. Nuestro Creador conoce de forma exacta cómo nos ha hecho, y lo que nos hace daño. Por lo tanto, al tener un corazón bondadoso y protector, Él nos dice las cosas que no debemos hacer. Los "no" no son edictos diseñados para arruinar nuestra diversión, sino más bien son las instrucciones del fabricante para la manipulación. Dios en su sabiduría conoce que nuestra psiquis es incapaz de manejar el pecado. En realidad las malas acciones la aplastan y atormentan. Siempre es sabio leer el manual de instrucciones antes de utilizar un nuevo equipo. Las personas se preocupan ante la idea de que se rompa un nuevo equipo de DVD, o una nueva computadora, pero aunque resulte extraño, no se preocupan por destruir sus propios espíritus y almas con el veneno del pecado. La necesidad de predicar el evangelio es imperativa.

EL SIGNIFICADO DE LA CRUZ

¿Es el evangelio un llamado al discipulado? Muchas veces se debate esta pregunta. Algo es seguro, Jesús no le pide a nadie que tome *su propia* cruz hasta que haya encontrado la salvación y la fortaleza que hay en su cruz. No recibimos la salvación al negarnos a nosotros mismos y cargar nuestra propia cruz. Somos salvos por el poder redentor de la muerte expiatoria de Jesucristo. Por supuesto, esperamos que muchos se conviertan en discípulos, y tomen su cruz, pero antes deben arrodillarse ante la cruz de Cristo.

Esa cruz de Jesús está formada por dos vigas de madera, una vertical y la otra horizontal. Estas vigas cruzadas son símbolos de la miseria humana y la salvación de Dios. La viga horizontal es como un guión (–), el mismo signo que utilizamos para el menos. Esto resume la historia humana. Nacimos con un menos, un déficit, un vacío. El pecado ha destruido algo, pero las personas no tienen forma de saber qué es. Hablan de su búsqueda de la verdad, pero ni siquiera saben de lo que están hablando cuando se refieren a la verdad. Son como Poncio Pilatos quien, al estar frente a Jesús, casi se tropieza con *la* Verdad al preguntar: "¿Qué es la verdad?". Ese es el punto de vista del signo menos del hombre.

Entonces vino Jesús, y en un monte en las afueras de Jerusalén, se levantó un madero vertical que cruzaba nuestro signo menos. Jesús colgó en esa viga vertical y convirtió nuestro signo menos (–) en uno de más (+). Los romanos creyeron que la cruz era solo un instrumento de ejecución, pero fue el signo de más de Dios para una humanidad con mente de menos.

En efecto, si da una segunda mirada a la cruz verá que es más que un signo más; es un signo de multiplicación (x).

¡Jadeantes por el evangelio!

"Yo he venido para que tengan vida, y *para que la tengan en abundancia*" (Juan 10:10, énfasis del autor). El apóstol Pedro podía escribir: "Gracia y paz os sean *multiplicadas*" (1 Pedro 1:2, énfasis del autor). La abundancia está en el corazón mismo del evangelio.

Es por eso que debemos predicar este glorioso evangelio. Piense en los muchos cambios que provoca el Salvador. Jesucristo cambia la pérdida en ganancia, la escasez en abundancia, lo negativo en positivo, las tinieblas en luz, el odio en amor, la esclavitud en libertad, el fracaso en éxito, la enfermedad en salud, la debilidad en fuerza, la maldad en justicia y más; mucho más. ¡Alabado sea Dios! ¡Qué evangelio! Ninguna cosa dentro del conocimiento humano puede competir con tal deslumbrante esplendor. La obra más grande sobre la tierra es predicar las Buenas Nuevas y la más grande necesidad en el mundo es la necesidad del evangelio.

En una ciudad inglesa donde prediqué alguien me dijo que ciertos contratistas habían construido una mezquita y, como es costumbre, regresaron seis meses después para corregir cualquier falla que pudiera haberse presentado. Una puerta estaba un poco trabada así que enviaron al empleado a rectificar el problema. Sin embargo, el líder musulmán se opuso a la reparación y explicó que si la puerta estaba así, era la voluntad de Alá y debía permanecer como estaba.

Jesús no deja nada trabado ni con problemas. Si se necesita cambiar algo, Él puede cambiarlo, y lo hará. Su voluntad nunca tiene defectos. El propósito del evangelio es cambiar todo un mundo que está mal. ¡Aleluya!

EL PLANETA PRÓDIGO

No puedo pensar en un tema que resalte tanto la necesidad de proclamar el evangelio como la vida eterna. Es cierto, existen otras religiones. Sin embargo, cualquiera que las examine sabrá que estas carecen por completo de cualquier promesa de evangelio. Los cultos orientales de la mente ofrecen solo beneficios transitorios, en el caso de que funcionen. Sin embargo, el evangelio llega mucho más allá de un equilibrio mental. Los esfuerzos que estas religiones insisten que deben realizarse para lograr armonía con la naturaleza no valen la pena.

Jesús no vino a ofrecernos sentimientos religiosos, o a sugerirnos un sistema de poder mental. Él vino a salvarnos, no a explicar cómo aprovechar nuestros "recursos internos" para salvarnos nosotros mismos. Jesús no fue un maestro de meditación trascendental, de quietismo, o de estoicismo. ¡Él fue y es, en esencia, un Salvador!

En cuanto a las demás religiones, ¿cuál de ellas ofrece vida eterna *ahora*? Algunas solo prometen el fin de la existencia. ¡Las enseñanzas del "Karma" imaginan la vida de manera tan miserable que la única vía de salida es la destrucción total! Luego está la promesa del Paraíso, que consiste en placer sensual sin fin. A mí me suena eso más a infierno que a cielo.

La maravilla suprema del evangelio es su realización de la *vida*, vida de una calidad tal que no puede desvanecerse en la eternidad.

Jesús le dijo a Marta: "Yo soy la resurrección y la vida; el que cree en mí, aunque esté muerto, vivirá. Y todo aquel que vive y cree en mí, no morirá eternamente. ¿Crees esto?" (Juan 11:25-26).

¡Ese es el mejor evangelio que uno pueda encontrar! Aplicando la lógica es imposible superarlo, y esa vida está disponible para nosotros ahora. ¿Urgente? El mundo está sin aliento y jadeante por el evangelio como un pez fuera del agua. La vida eterna es el regalo más precioso, y es el mensaje número uno, así como la razón número uno, para predicar el evangelio.

¡Este mundo de hoy necesita con desesperación del evangelio! ¿Para qué fue que Dios creó al mundo? Fue para bien, porque Él es amor. Lo llenó con los puros placeres de los que ningún hombre podría cansarse, aun si vivía por siempre. Cada gusto y deleite que podamos concebir, cada uno de los sentidos que poseemos, vinieron del amoroso corazón de Dios por sus hijos.

Cuando andamos en la senda de Dios, todo esto es nuestro. Cuando le resistimos, nos resistimos a su propia preocupación por nosotros. Arruinamos sus planes de bendecirnos, y destruimos la felicidad. Estamos hoy en el punto en que somos excelentes para la destrucción; desde el graffiti sobre las paredes hasta la inanición masiva, la limpieza étnica, o la amenaza de una destrucción total. Guerreamos, odiamos y pisoteamos la bella tierra y contaminamos todo lo que Él nos da. La mayor parte de esta destrucción viene de una maldad total o de una gran avaricia. Sobre todo, viene como resultado de dar la espalda a Dios. La mayoría de las enfermedades del hombre son producidas por el hombre. El evangelio logra revertir estos procesos fatales y nos trae de regreso a hacer su voluntad, que siempre es por el bien de todos nosotros. Dios ama a este planeta pródigo, y si regresamos a Él, disfrutaremos la bienvenida del Padre y "comenzaremos a ser felices".

¡YO LO HE VISTO SUCEDER!

Dios está bendiciendo algunas partes del mundo con el evangelio. El resultado es salvación: pecados perdonados, armonía racial, no más crímenes, propiedades robadas que regresan en camiones, matrimonios restaurados, familias reunificadas, hombres malos convertidos en santos, liberación sobre adicciones que conducían a la muerte, y sanidades milagrosas.

El evangelio es la fuerza en la tierra que más puede levantarnos. Lo he probado en lo personal. Muchas veces en las cruzadas de evangelismo en África la policía reporta que el delito se ha reducido de manera dramática producto del cambio en la vida de las personas. Nunca olvidaré cómo, durante una cruzada de evangelismo, personas arrepentidas que querían limpiar sus casas de cosas robadas, trajeron ante el estrado muchos artículos grandes, refrigeradores robados y otros muebles del hogar. ¡La policía tuvo que venir y transportar todo aquello en varios camiones! Y esta gloriosa escena se ha repetido en muchos otros países.

El evangelio no se nos dio para emparejarnos a todos en el denominador común más bajo posible, ¡sino para hacernos nuevas criaturas y darnos a todos la dignidad de los hijos de Dios! Hombres que no eran nada reciben reivindicación y caminan como príncipes. ¡Aleluya! ¡Qué preciosa razón para predicar el evangelio! ¿Puede alguna otra cosa producir mayor emoción, aventura, o ser más meritoria? ¿Qué otra cosa merece el esfuerzo de nuestra vida?

¿La salvación de este mundo? Bueno, Jesús no pensó que era una pérdida de tiempo salirse del camino para sanar al enfermo, y para alimentar multitudes. Él sabía que vendría persecución por sanar al hombre con la mano seca. A partir de ese momento, Él caminó con un precio sobre su cabeza. Sin embargo, ese hombre era importante para Jesús, y tenía que restaurar su mano, sin importar las consecuencias (Mateo 12:10–13).

Los que creen en el evangelio también creen en las personas y en la atención de sus necesidades físicas. Mientras menos creemos en Dios, menos valoramos la humanidad. El ateísmo engendró a Adolf Hitler, a Iósiv Stalin y a muchos otros de los gobernantes despóticos modernos, que no piensan en la vida humana. La predicación del evangelio es parte del plan de Dios para ponernos de regreso en el Edén.

Imaginemos lo imposible, que la ciencia y la política pudieran regresarnos al Huerto del Edén. ¿Duraría mucho tiempo, o nuestro desasosiego lo reduciría de nuevo a la ruina? Hay una sola razón por la que deseamos el Edén, aunque muchos no se dan cuenta de ello, y es porque la humanidad anhela disfrutar una vez más de aquellas condiciones en que se escuchaba la voz de Dios en el huerto. ¡Ninguna mansión sería apropiada para una mujer que se casa si no está allí su prometido! Ningún paraíso terrenal sería apropiado para nosotros sin la presencia de Dios.

Algunos eclesiásticos dicen que "el hombre es un animal social", como si el instinto gregario fuera lo único que pudieran mencionar sobre la maravillosa creación de Dios llamada hombre. Somos más que una manada; Dios nos hizo a cada uno a su imagen y ninguna otra cosa que no sea una relación con Él podrá satisfacernos.

Algunas veces, cuando una música inspirada nos conmueve, disfrutamos de un sentido de lo infinito. Sin embargo, la música solo apunta a ello. La música se hace eco de una grandeza muy distante que ella no puede satisfacer. Esa idea de lo infinito es el mismo Dios, y lo que la música solo sugiere se nos ofrece cuando recibimos la salvación mediante Jesucristo y comenzamos a adorarlo.

Dios es nuestro hábitat natural. En Él vivimos, nos movemos y somos. Hasta que lo encontremos, como hacemos cuando obedecemos al evangelio, estamos enjaulados. Los hombres por todas partes se golpean la cabeza contra los barrotes de su propio materialismo e incredulidad. Su propio dinero se convierte en su prisión. Lo profundo llama a lo profundo y lo alto a lo alto dentro de nuestras almas. Nuestro arte, nuestra poesía, lo bello que hagamos son expresiones de criaturas encarceladas que recuerdan las glorias del aire fresco y de las montañas. Aunque son buenas en sí mismas, estas expresiones siguen siendo meros reflejos de la realidad hasta que el alma recibe salvación. Jesús es la realidad detrás de todo lo que vemos o hacemos. El evangelio nos libera de la esclavitud y nos permite entrar a nuestra verdadera sustancia.

Alguien dijo en una oportunidad: "Los cristianos son felices en su medio". ¿En su medio? ¿En qué clase de medio son felices los no creyentes? En ninguno, creo. Los cristianos son felices en Dios, el medio que proyectó desde el comienzo para nosotros. El escenario con Dios es el único escenario. Fuera están los desechos de los desiertos y los horizontes donde nunca se divisa el amanecer, donde los impíos nunca serán felices. Los incrédulos tendrán que extraer la bebida que puedan del árido terreno del resentimiento, la duda y el rencor. Pero "el Espíritu y la Esposa dicen: Ven. Y el que quiera, tome del agua de la vida gratuitamente" (Apocalipsis 22:17). El evangelio predica un estilo de vida que siempre va en aumento hasta que el día es perfecto. Esa es otra razón para la necesidad de predicar el evangelio. ¿Habrá una urgencia mayor?

La Voluntad de Dios es mi casa.

SEGUNDA PARTE

EL EVANGELIO INCENDIARIO

CAPÍTULO 5

LOS NUEVOS ELISEOS
DE DIOS

La Gran Comisión de Cristo no es un pedazo de papel que llegó hasta nuestros pies después de volar durante siglos. Es Jesús, de pie en medio de la iglesia por siempre, diciendo: "Id...yo estoy con vosotros todos los días".

Suponga que Jesús se lo dijera a usted personalmente; ¿le prestaría más atención? Tan solo imagine que tiene una visión del Señor en su iglesia, como la que experimentó Juan en Patmos. Suponga que Jesús habla a todos y les dice: "Id por todo el mundo y predicad el evangelio a toda criatura... Y estas señales seguirán a los que creen" (Marcos 16:15, 17). ¿Qué haría usted? ¿Seguiría viviendo con su acostumbrada actitud de negocios? ¿O se esforzaría con mayor urgencia por testificar de Cristo?

LA GRAN COMISIÓN PARA CADA GENERACIÓN

Si alguien se pregunta si la Gran Comisión es relevante hoy, tal vez debiera preguntarse si lo es arar y cosechar, ¡o si lo es el levantarse de la cama! Relevante no es la palabra. La tarea es *urgente*. Se supone que sea nuestra existencia. Un cristiano es un testigo. El término "cristiano" surgió porque identificaba de forma fácil a los creyentes; son personas que siempre hablan acerca de Cristo. La empresa cristiana no es para lucrar sino para testificar. Testificar es el mercado del pueblo del Reino de Dios.

Los mandamientos escritos de Cristo en la Biblia son tan apremiantes e imperativos como si Él nos los hubiera dicho de manera personal en una visión. La Gran Comisión es "nuestro bebé", y nuestro trabajo en esta tarea no es opcional. El Señor no pregunta: "¿Le importaría ayudarme? Quisiera invitarlo". Él dice:

> No me elegisteis vosotros a mí, sino que yo os elegí a vosotros, y os he puesto para que vayáis y llevéis fruto, y vuestro fruto permanezca.
>
> —Juan 15:16

En este versículo, Jesús no habla de elección para salvación, sino de elección para servir. No servimos a nuestra discreción. La Gran Comisión es como un llamado a alistarse, no una sugerencia para que la consideremos. "Id por todo el mundo y predicad el evangelio a toda criatura". Vamos porque se nos ha ordenado ir. De hecho, la orden de Cristo es mucho más que eso. Jesús nos convierte en testigos. Él cambia nuestra naturaleza por su espíritu dentro de nosotros. Él no nos dijo:

"¡Testifiquen!" Él dijo: "Me seréis testigos". Fue una palabra creadora. Dios dijo: "Sea la luz", y la luz brilló irrumpió sobre nosotros. Él nos escogió y entonces nos hizo portadores de luz.

"Porque somos hechura suya, creados en Cristo Jesús para buenas obras" (Efesios 2:10). Estas buenas obras deben mostrar "las abundantes riquezas de su gracia" (v. 7). Si no mostramos al mundo las riquezas de su gracia, sería una conducta ajena a nuestra nueva naturaleza en Cristo. Lo que ha plantado el Espíritu Santo dentro de nosotros es el Espíritu de testigos. Pero podemos descuidarnos y permitir que se apague la luz dentro de nosotros por nuestra negligencia. Dios purgará las ramas que no llevan fruto.

Tenemos una maravillosa garantía: Cuando vamos como Él ha ordenado, Él va con nosotros. ¡El evangelismo y el testimonio son la forma de asegurar que Él está con usted! Suponga que no obedecemos; ¿seguirá estando con nosotros? Bueno, algo es seguro: La unción del Espíritu viene solo con la obediencia. La unción y la Gran Comisión van juntas. Esto es lo que quiero que usted comprenda ahora.

TRANSFERENCIA DE MANDATO

Hay una palabra del Señor para nosotros hoy. Su voz llegó a mí desde un lugar de la Biblia que no se menciona mucho.

> Y le dijo Jehová [a Elías]: Ve, vuélvete por tu camino, por el desierto de Damasco; y llegarás, y ungirás a Hazael por rey de Siria. A Jehú hijo de Nimsi ungirás por rey sobre Israel; y a Eliseo hijo de Safat, de Abel-mehola, ungirás para que sea profeta en tu lugar.
>
> —1 Reyes 19:15–16

Había que ungir a tres hombres: Hazael, Jehú y Eliseo. Esto es sencillo y no hay nada notorio. Sin embargo, lo que en realidad sucedió es otro asunto. Este gran profeta Elías dejó de cumplir dos terceras partes de la orden de Dios. Nunca ungió a Hazael ni a Jehú. De hecho, ni siquiera leemos que haya ungido a Eliseo, pero Elías sí fue y lo encontró. Cuando su manto reposó sobre Eliseo, Eliseo recibió una "doble porción" del espíritu de Elías. Es decir, el mismo Espíritu que había ungido a Elías ungió a Eliseo para llevar a cabo la misma comisión. Luego, fue Eliseo quien ungió a Hazael y a Jehú.

Ahora vemos un hecho muy importante; la transferencia de la comisión de Elías junto con su poder a Eliseo. Eliseo recibió la envestidura de Elías, pero esa unción fue para cumplir la tarea de Elías. La comisión y autoridad de Dios permaneció cuando Elías partió, cayendo sobre Eliseo. El mandato era transferible.

Este es un principio divino. El llamado de Dios y su poder son transferibles. La Gran Comisión, y las promesas que vinieron con ella, convirtieron a los discípulos en lo ellos fueron al final. La misma comisión y las mismas promesas pasaron a nosotros, para que podamos hacer, y ser, lo que los primeros discípulos hicieron, y fueron. ¡Somos los herederos de los apóstoles!

Pero la comisión de Cristo para nosotros es mucho más importante que la comisión de Elías, y la unción prometida es aún mayor. Leamos otra vez:

> Por tanto, id, y haced discípulos a todas las naciones, bautizándolos en el nombre del Padre, y del Hijo, y del Espíritu Santo; enseñándoles que

> guarden todas las cosas que os he mandado; y he aquí yo estoy con vosotros todos los días, hasta el fin del mundo. Amén.
>
> —Mateo 28:19-20

Note que la comisión incluye "hasta el fin del mundo". Eso implica ahora, mañana y más allá. Esto significa que, si Jesús se apareciera y nos hablara hoy, diría lo mismo. Él nunca ha cambiado.

Las personas quieren saber lo que el Señor le está diciendo a la Iglesia. Él, sin dudas, tiene muchas cosas que decir, tal y como lo hizo en las "Cartas de Jesús" en el libro de Apocalipsis, los capítulos dos y tres. Pero si no estamos ocupados haciendo lo que ya nos ha dicho que hagamos, Él solo tiene una cosa que decir: "¡Empieza de una vez!". Así que, "oiga lo que el Espíritu dice a las iglesias". ¿Por qué esperar por otra carta cuando aún no ha abierto la primera?

Jesús no tiene otra palabra adicional que decir mientras sus órdenes explícitas se llevan a cabo. Muchos están esperando a que Dios hable, pero solo si Él dice lo que ellos desean escuchar. Esperan y esperan a que Dios les dé una nueva dirección. Pero, ¿cómo saber que Él tiene una nueva dirección para ellos?, ¿o que tiene una nueva y gran revelación?, ¿o que les dará instrucciones radicales? La palabra de parte de Dios que tengo es que Él desea la dirección antigua; una Iglesia que testifique, con evangelismo en y a través de las iglesias. Permítame expresarlo de la forma más clara posible: ¡Hasta que no llevemos a cabo esta orden principal, todo lo demás es irrelevante!

Debemos tener una actitud humilde, y orar para que el manto de los hombres y mujeres de Dios del pasado descanse sobre nosotros. No habría iglesias si no fuera por la liberación del poder del avivamiento de Dios a través de ellos. Muchos eran verdaderos Elías. Se apropiaron de la Gran Comisión y se convirtieron en las más brillantes luminarias de Dios. Juan tuvo la palabra más actual del Señor cuando dijo:

> Hermanos, no os escribo mandamiento nuevo, sino el mandamiento antiguo que habéis tenido desde el principio.
>
> —1 Juan 2:7

Jesús no siguió dando nuevos edictos, como hacen algunos gobernadores hoy. Lo que dijo una vez, lo dijo de una vez por todas. ¡Su Palabra sigue siendo su voluntad! "Porque yo Jehová no cambio" (Malaquías 3:6).

Cualquier "cosa nueva" que Él dice ya está en su Palabra. No hay secretos ocultos para santos superiores. Su orden es tan solo: "¡Id!".

Un motorista esperando en un semáforo estaba distraído cuando la luz cambió de rojo a verde. Un chofer colérico detrás de él salió de su vehículo y le gritó: "¡Esa luz dice: 'avanza'! ¿Estás esperando por el Ministro de Transporte para que te lo confirme?". Nosotros también tenemos luz verde de parte de Dios. ¡Salgamos!

NO ES ROPA DE SEGUNDA MANO

No se nos dice que Elías haya instruido alguna vez a Eliseo para que ungiera a Hazael y a Jehú. Aunque heredó la comisión de Elías, Dios debe habérselo dicho a Eliseo de forma personal. Aunque estamos vinculados con generaciones de personas que pertenecieron al pueblo de Dios antes de nosotros, es el Señor mismo quien nos transfiere la Gran Comisión.

Jesús sigue señalando a la Gran Comisión original, pero nos ofrece dirección específica y personal como nuestra parte en este gran plan. Dios siempre opera con originales. Su mandato es directo y no por tradición. No somos copias de copias sino originales *del* original, Jesucristo.

"¿Y cómo predicarán si no fueren enviados?" (Romanos 10:15). El Espíritu Santo nos guía. Él es el Espíritu de testimonio; testificar es su propósito. La Gran Comisión está vinculada al Espíritu Santo. Cuando Cristo nos bautiza en el Espíritu, Él pone en nuestras manos sus instrucciones para llevar el evangelio al mundo entero.

Todo viene de parte del Maestro mismo, no de forma general, sino individual. Solo Jesús es el que Bautiza, y nosotros lo complacemos cuando nos involucramos en la obra que Él nos mandó a realizar. Cristo ha reservado para sí la tarea de bautizarnos, como individuos, en el Espíritu Santo. No acudimos a hombres por sus poderes. Cada uno puede recibir su propio bautismo de Espíritu Santo directo del Señor. No se nos llama por la voluntad de hombres, sino por la voluntad de Dios. Pablo comienza siete de sus epístolas con ese mismo énfasis. Junto con el llamamiento viene el poder, la facultad para hacerlo.

Podemos poner nuestras manos sobre las personas para que reciban el bautismo en el Espíritu Santo, tal y como hicieron los apóstoles. Pero solo Jesús es quien bautiza. Jesús dijo: "Os he puesto [establecido, ordenado]" (Juan 15:16).

Si la unción tuviera que transferirse de mano en mano desde el Día de Pentecostés, o si solo pudiera pasarse por medio de los primeros apóstoles, la iglesia hace mucho se habría convertido en una de las causas perdidas de la historia. Pero podemos tener aceite fresco del Señor. Las vírgenes prudentes no compartieron, ni podían hacerlo, su aceite (Mateo 25:8–9). Cada uno de nosotros debe tener su propio aceite, directo de Jesús.

EL ACUERDO GLOBAL

La Gran Comisión a los discípulos se transfiere a cada uno de nosotros hoy de forma personal, y viene con la unción individual del Espíritu Santo. La orden y el poder forman parte de un acuerdo global. Jesús les dijo a sus discípulos que permanecieran en Jerusalén hasta ser revestidos con poder (Lucas 24:49), de modo que pudieran testificar en todo el mundo. Separe la comisión de la capacidad para realizarla, y tendrá o poder sin propósito, o propósito sin poder. Las herramientas de poder vienen con el trabajo. Vaya con las manos vacías y logrará muy poco progreso.

UNO CON LOS APÓSTOLES

He estado deseando con mucho gozo escribir el siguiente pasaje. Si usted lo comprende, ¡nunca será el mismo! Comencé con la explicación de lo que Elías había puesto sobre Eliseo. ¿Se dio cuenta de que la Biblia habla de que la misma envestidura vino sobre Juan el bautista? Leemos que él vino "con el espíritu y el poder de Elías" (Lucas 1:17). Lo que hizo de Elías un gran profeta, y lo que hizo de Eliseo un gran profeta, fue también lo que hizo de Juan el bautista un gran profeta. Jesús llamó a Juan, el mayor "entre los que nacen de mujer".

Pero ahí no acabó el asunto. El mismo Espíritu que estuvo sobre Elías hizo de los apóstoles lo que fueron. De nuevo, no todo termina allí. El mismo Espíritu Santo descansó sobre los mártires y los padres espirituales, así como sobre aquellos que los siguieron. ¿Se ha desvanecido ahora? No. La emocionante verdad es que el Espíritu que los hizo a ellos uno con Elías nos hace uno con ellos. Él sigue aquí y estamos incluidos en su compañía. El Espíritu de Elías y Eliseo, de Juan, de los apóstoles y de la iglesia primitiva nunca ha partido. Ha estado entre los hombres desde aquel entonces, generación tras generación. Y este mismo Espíritu Santo es ahora nuestra herencia. Hemos nacido para pertenecer a su compañía.

Estamos en el equipo de avivamiento de Dios, justo al igual que Whitfield, Wesley, Evans, Wigglesworth, Price y Jeffreys. Compartimos la plataforma, mano a mano con todos los ungidos de Dios. Nosotros, sí, nosotros, venimos con el Espíritu Santo, el Espíritu y el poder de Elías. Lo que perteneció a los grandes hombres de Dios en el pasado es nuestro, y lo que es nuestro fue una vez de ellos. El Espíritu Santo es el Espíritu de los profetas, derramado hoy sobre toda carne.

Estos creyentes fueron todos Elías, y nosotros ahora somos sus Eliseos. Lo que hicieron ellos, debemos hacerlo nosotros. Jesús dijo: "otros labraron, y vosotros habéis entrado en sus labores" (Juan 4:38). Nos identificamos con todos ellos. Ellos nos trajeron la llama de Pentecostés justo desde el aposento alto en Jerusalén, y ahora nosotros la llevamos más allá. Lo que los inspiró a ellos nos inspira a nosotros; el mismo evangelio, el mismo Libro, el mismo amor, el mismo Cristo y la cruz del Calvario, y el mismo Espíritu Santo.

Los hombres de los avivamientos históricos han pasado. Todos han muerto con la excepción de la figura principal, Jesucristo. El que se encontró con Saulo en el camino a Damasco, y con Pedro en Galilea, ¡está aquí! ¡Él está con nosotros! Sigue bautizando en el Espíritu Santo.

Muchas veces con la misma unción, vendrán las mismas

persecuciones. La Gran Comisión, la unción y la oposición vienen todas juntas. Como siempre, los seguidores de Jesús enfrentarán calumnias y burlas por parte de los sabios de este mundo. Ellos le verán a usted, como creyente, un poco desconectado de la actualidad si no sigue tras ellos en su incredulidad y en lo que ellos llaman ciencia del racionalismo bíblico. Los que aceptan este racionalismo comienzan con un credo sin milagros, y luego aplican las tijeras a las Escrituras para hacerla apropiada.

Si compartimos la obra de Cristo, compartimos sus sufrimientos. Pero "si sufrimos, también reinaremos con él" (2 Timoteo 2:12). Si somos objeto de burlas por nuestra fe en Dios, reinaremos por nuestra fe en Dios. Cuando las personas dicen las mismas cosas sobre usted que dicen sobre las personas de Dios en el pasado, ¡regocíjese de que se le identifique con ellas! Cuando se le trate como trataban a los creyentes del Nuevo Testamento, esto prueba que pertenece a esa gloriosa compañía del Nuevo Testamento. Cuando usted cumple la misma comisión que ellos, con la misma autoridad, usted también tendrá los mismos enemigos. Cada vez que el diablo lo trate como su enemigo, ¡regocíjese! Él lo está tratando con el mayor respeto y los mejores cumplidos posibles. Lo está poniendo en el mismo rango de aquellos que él odió en el pasado, los amados siervos del Dios Altísimo.

LA PROFECÍA DE DAVID LIVINGSTONE

En 1986 tuvimos una de nuestras más grandes cruzadas evangelísticas en Blantyre, Malawi en el este de África. Blantyre recibe su nombre por la ciudad en Escocia donde nació el gran misionero David Livingstone. Livingstone plantó una misión cristiana en la zona y fundó una ciudad que tiene ahora trescientos mil habitantes, lo que la convierte en la ciudad más grande de Malawi en la actualidad. Permítame citar de su diario:

> Somos como voces gritando en el desierto; preparamos el camino para un glorioso futuro. Los futuros misioneros recibirán la recompensa con conversiones en cada sermón. Somos sus pioneros y ayudadores.
>
> Que ellos no olviden a los guardianes de la noche, nosotros, quienes trabajamos cuando todo estaba oscuro y no había evidencia alguna de éxito en lo que se refiere a conversiones que animaran nuestros pasos. Ellos sin dudas tendrán más luz que nosotros; pero debemos servir al Maestro con ardor y proclamar el evangelio como lo harán ellos.

Livingstone murió en 1873. Así que estamos a más de cien años de su muerte. ¿Y qué de la palabra profética de Livingstone? ¿Fue solo un profundo deseo? Me regocijo al decirle lo que vimos. La semilla que se sembró hace tanto tiempo está ahora lista para la cosecha. Por ejemplo, nosotros mismos vimos a 150,000 personas en una sola reunión. Las personas de Malawi escucharon al mismo Dios de Livingstone, el mismo Salvador de Pablo, el mismo evangelio de Pedro. Estuvimos allí dieciséis días y fuimos testigos de la respuesta de diez mil personas al mensaje de Livingstone al predicarlo nosotros por él y por Jesús. Resonó por todo el país. El Espíritu Santo habló a mi corazón y dijo: "Ustedes están caminando sobre las lágrimas de las generaciones anteriores".

De repente, lo vi todo. En Dios estamos vinculados a un único y poderoso movimiento evangelístico que incluye a sus obreros primeros y postreros. Todos somos uno, pertenecemos al equipo de ellos y ellos pertenecen a nuestra campaña evangelística. Estamos cosechando con gozo donde ellos sembraron con lágrimas antes que nosotros. No estamos teniendo esta cosecha porque somos superiores a esos preciosos hombres y mujeres que fueron antes, sino solo porque ha llegado el tiempo de la cosecha. Jesús dijo:

> Y el que siega recibe salario, y recoge fruto para vida eterna, para que el que siembra goce juntamente con el que siega... Yo os he enviado a segar lo que vosotros no labrasteis; otros labraron, y vosotros habéis entrado en sus labores.
>
> —JUAN 4:36–38

Este es el tiempo de la cosecha; ¡créalo! Las multitudes del mundo se han multiplicado. La oportunidad es muy vasta, apasionante. Y nosotros, usted, todos nosotros, somos los privilegiados escogidos para la cosecha. El saber lo mucho que ya se había hecho mucho antes de que nosotros entráramos en escena, nos debe mantener con humildad en tiempo de éxito. No debemos fallarles a los segadores. Se nos ha confiado una gran labor. Le debemos a ellos meter la hoz, o, mejor aún, ¡usar una cosechadora!

Los Elías, los Pablos, los Justinos Mártir, y los Livingstones, todos ellos confiaron a nosotros el futuro. Esperaban que nosotros aprovecháramos todo lo que ellos laboraron. ¡No podemos sentirnos orgullosos, solo privilegiados!

UNA MEMORABLE REUNIÓN

En 1961, a los veintiún años de edad, completé mis estudios bíblicos universitarios en el Reino Unido. Ahora podía ir a casa en el norte de Alemania. La ruta me llevó hasta Londres. Mi tren no debía salir hasta la tarde, así que tenía tiempo para visitar algunos lugares de interés. Caminé a donde me llevaban los pies, sin un plan, y de algún modo me hallé vagando al sur del río Támesis en las placenteras avenidas de Clapham.

Entonces, en una esquina, detrás de una elevada cerca de madera, vi un nombre en la placa de una puerta, "George Jeffreys". Acababa de leer un libro de este evangelista, y no podía imaginar que tuviera por accidente la oportunidad de estar ante la casa donde ese mismo hombre pudiera estar. George Jeffreys salió del avivamiento de Gales y, junto a su hermano Stephen y otros miembros de la familia Jeffreys, habían introducido el mensaje pleno del evangelio de forma pública al pueblo de Gran Bretaña. Su trabajo sacudió ciudades enteras, y decenas de miles de personas habían presenciado poderosos milagros. Entusiasmado me aventuré por la entrada a la casa y toqué el timbre. Una señora apareció y yo le pregunté: "¿Esta es la casa de George Jeffreys, a quién Dios usó de forma tan poderosa?" Para deleite mío, ella confirmó que sí lo era. Le pregunté, esperanzado, "¿Podría, por favor, ver al Señor Jeffreys?" La respuesta fue firme: "No, eso no es posible".

Pero entonces esa voz profunda, con musicalidad galesa, de la que se dice que tuvo a miles fascinados con su autoridad, se oyó desde adentro: "Déjalo entrar". Emocionado, entré, y allí estaba él. Tenía setenta y dos años, pero a mí me pareció como un hombre de unos noventa.

"¿Qué deseas?" Fueron sus palabras para mí. Me presenté,

y luego hablamos sobre la obra de Dios. De repente, el gran hombre se arrodilló, me haló para que lo hiciera junto a él, y comenzó a bendecirme. El poder del Espíritu Santo entró en aquella habitación. La unción comenzó a fluir y, como el óleo de Aarón, pareció correr desde mi cabeza y llegar "al borde de [mis] vestiduras" (Salmo 133:2), por así decirlo.

Salí de aquella casa deslumbrado. Cuatro semanas más tarde, George Jeffreys murió. Había sido guiado a verlo justo antes de que muriera. Pero sabía que había tomado parte de esta antorcha evangelística del Espíritu Santo. El Señor, estoy seguro, había arreglado ese encuentro. ¿De qué otra manera me hubiera podido encontrar yo con esa casa en una ciudad de diez millones de personas, cuando George Jeffreys ni siquiera estaba en mi mente? Cualquier cosa que me haya hecho esta experiencia, una cosa sí puedo afirmar. Ver a este hombre de Dios me hizo entender que nosotros edificamos sobre las personas que estuvieron antes que nosotros. La ciudad de Dios se edifica sobre el fundamento de los apóstoles.

Podemos compararlo con una carrera de relevo. Un hombre corre con un testigo, otro hombre lo toma, y corre, y luego otro y otro. Ellos comparten la carrera y la victoria. Si uno deja caer el testigo, o incluso corre un poco mal, los esfuerzos del resto se hacen inútiles, y todo el equipo pierde.

En el libro de Hebreos, leemos acerca de una "nube de testigos": los santos de Dios. Ellos están observando las almenas de gloria, animándonos. Estamos corriendo para ellos. Debemos hacer un poco más de lo que ellos hicieron, no un poco menos. Esta es la última vuelta antes de que Jesús venga. No podemos descansar en sus lauros. La gran línea final está a la vista. ¿Ve ahora lo que significa el siguiente pasaje?

> Y será predicado este evangelio del reino en todo el mundo, para testimonio a todas las naciones; y entonces vendrá el fin.
>
> —Mateo 4:14

¿Cuál es el tema del momento, o el eslogan para hoy? No nuestro tema, por supuesto, sino el tema de Dios. Es el "evangelismo por fuego" el que es en sí mismo y por sí mismo una iniciativa para el avivamiento. Es evangelismo por los dones, el poder y la manifestación del Espíritu Santo; ¡Pentecostés es avivamiento!

¿Le parece difícil ganar almas para Jesús y por eso ha dejado de intentarlo? Bueno, ¡este problema debiera ser el primero en su agenda! ¿Qué está primero en la agenda de la iglesia, o en la agenda de sus conferencias, o en su agenda personal? ¿Ya es una determinación que no se puede hacer nada porque los tiempos son difíciles? Dios tiene un camino para usted, por medio de su Espíritu.

El Dr. David H. C. Read escribe sobre un joven ministro en un área difícil de Nueva York, que llegó ante un policía local con sus angustias por las dificultades que enfrentaba. El oficial trató de animarlo diciendo: "El hecho es, reverendo, que este no es el tipo de distrito para una iglesia cristiana". Estas palabras lo despertaron. ¿Qué otra cosa, pensó, se supone que haga una iglesia cristiana si no es operar donde la necesidad es tan grande?

A los que dudan les gusta ser inteligentes. Ellos analizan la situación y señalan las imposibilidades con un lenguaje impresionante. Ellos "demuestran" que no se puede hacer nada, y usan palabras como pluralismo, hedonismo, aislacionismo, y narcisismo, para tratar de mostrar, con términos altilocuentes, que no hay esperanza ante la situación. Por la manera en que ellos hablan, usted podría pensar que Dios no ha tomado nada de eso en consideración.

Los que dudan están equivocados. Este es el tiempo de cosecha de Dios. Algo hay que hacer. Dios lo ha preparado todo; "No con ejército, ni con fuerza, sino con mi Espíritu, ha dicho Jehová de los ejércitos" (Zacarías 4:6). En esto debemos descansar; no en la televisión, el radio, el dinero o la educación, a pesar de lo necesarias que sean estas cosas, sino en el milagroso poder de Jesús.

Solo tenemos una generación para alcanzar esta generación. El mandato original del evangelio es imposible sin el poder original.

La estrategia perfecta de Dios está completa. Él lo incluyó a usted en ella, y me incluyó a mí. Estamos entretejidos y enredados en sus planes que no pueden fracasar. Si lo sabemos, entonces, sin importar nada, ¡seremos capaces de hacerlo!

CAPÍTULO 6

EL MENSAJE INCOMPARABLE

¡N0 DISCUTA, BRILLE! Usted no puede conquistar las tinieblas discutiendo con ellas. Tan solo encienda la luz. El evangelio es poder, el poder de la luz. Predíquelo. Entonces estará enchufado y se encenderá la luz.

Los cables de alta tensión de Dios extraen la corriente del Calvario, de la resurrección y de su trono. El "evangelio... es poder de Dios" escribió el apóstol Pablo en Romanos 1:16. Él lo sabía. Lo había probado. El mundo en sus días no podía estar peor. Era cruel, corrupto y cínico. Con todo, el evangelio lo cambió, y puede hacer lo mismo otra vez hoy.

CÓMO LOGRAR QUE EL EVANGELIO DE PODER ACTÚE EN EL MUNDO

Un predicador me dijo que deseaba un transformador para reducir la atracción emocional del evangelio, para cambiar el mensaje de alto voltaje a bajo voltaje. Pero la conversión de los pecadores requiere el poder pleno del evangelio. Predique para convencer y convertir. Su trabajo no es entretener, no es hacer que las personas sonrían y vayan a casa sintiéndose bien. La salvación no es un jarabe para sedar. ¡Salve almas, no las acaricie! La felicidad que las hará reír vendrá después.

Lea acerca del encuentro de Felipe el evangelista con el etíope eunuco (Hechos 8). El etíope "estaba sobre todos [los] tesoros" de la reina. Era un hombre de negocios, no disponía de tiempo para conversaciones triviales. Felipe no se molestó en preguntar cuál era su necesidad, él la conocía bien; el eunuco necesitaba a Cristo. La salvación es la necesidad de toda persona, así que Felipe de inmediato "le anunció el evangelio de Jesús" (Hechos 8:35).

Jesús es el comienzo y el final de cada sermón evangelístico, el alfa y la Omega de todo testigo. No somos traficantes de doctrina. No somos arribistas de religión. No somos fanáticos. Somos testigos de Cristo. *Él es el mensaje.*

¿Qué predicaba Jesús? Predicaba acerca de sí mismo. En el camino a Emaús, mientras caminaba con Cleofas y un amigo, Él les explicó a través de todas las Escrituras "lo que de él decían" (Lucas 24:27). Todas sus enseñanzas van a su propia persona. Tome una, por ejemplo. Después que salió de Nazaret y comenzó su maravilloso ministerio, el Evangelio de Lucas nos dice que Jesús regresó un día y fue a la sinagoga. Durante veinte años había asistido a esa sinagoga cada semana. La costumbre era permitir a hombres conocidos leer las Escrituras, y quizá comentarlas después. Como es natural, cuando presentaron a Jesús otra vez en la sinagoga, lo invitaron para que lo hiciera.

El mensaje del evangelio se encuentra en el Antiguo Testamento. De hecho, el Antiguo Testamento está lleno del evangelio. Lucas nos dice que Jesús leyó de Isaías 61:1–2.

> El Espíritu del Señor está sobre mí, por cuanto me ha ungido para dar buenas nuevas a los pobres; me ha enviado a sanar a los quebrantados de corazón; a pregonar libertad a los cautivos, y vista a los ciegos; a poner en libertad a los oprimidos; a predicar el año agradable del Señor.
>
> —Lucas 4:18–19

Nadie en la sinagoga hubiera pensado mucho en eso. Ellos conocían el pasaje de memoria, y esas palabras las habían leído allí durante ochocientos años. Jesús entregó el rollo, el líder de la sinagoga lo tomó con gran reverencia, lo besó y lo guardó (para ser olvidado hasta la siguiente semana). Pero, de repente, ese rollo pareció convertirse en un cartucho de dinamita. Jesús les dijo que esa profecía era referente a Él. Eso hizo despertar enseguida a la adormecida congregación. Hay siete afirmaciones distintas en ese pasaje y todas ellas se referían a Él.

"Hoy", se atrevió a anunciar, "se ha cumplido esta Escritura delante de vosotros" (Lucas 4:21). Se proclamaba así como el Ungido, el Cristo, el que es capaz de hacer todas esas maravillas.

EL AÑO AGRADABLE DEL SEÑOR

Las primeras seis afirmaciones pueden resumirse en la final: "A predicar el año agradable del Señor". Ese "año agradable" es en realidad el año de jubileo. La palabra "jubileo" es una palabra hebrea. El concepto fue idea de Dios. El jubileo se instituyó para dar a todos un año festivo, para poner en libertad a los esclavos y cancelar todas las deudas.

Por desdicha, parece ser que la trompeta de jubileo nunca tocó. La nación nunca tuvo un año sabático, y ese fue un fallo que Dios guardó contra ellos. El Señor se habría deleitado con tal alegría; el estilo de Dios es promover la felicidad. Aunque el país no celebró el año de jubileo, Dios tenía la intención de hacerlo. Este jubileo sería mucho más grande que el de Moisés, como podemos ver. El jubileo de Moisés se describe en Levítico 25:9-17:

> Entonces harás tocar fuertemente la trompeta en el mes séptimo a los diez días del mes... Y santificaréis el año cincuenta, y pregonaréis libertad en la tierra a todos sus moradores; ese año os será de jubileo... Y no engañe ninguno a su prójimo... porque yo soy Jehová vuestro Dios

¡Proclame libertad! No predique para impresionar, por exhibirse en el púlpito, o para cautivar, emocionar o asustar a las personas. No predique para calmarlas. Usted puede predicar para lograr todo tipo de efecto, pero Jesús tan solo anunció libertad. ¡Ese día en la sinagoga, Él proclamó el inicio del jubileo! ¡Les mostró que el verdadero jubileo consistía en liberación! Sería jubileo no solo para Israel, sino para todo el mundo. Sería jubileo para las personas como los extranjeros que Él mencionó: Naamán, el sirio leproso, y la viuda de Sarepta.

La congregación de la sinagoga se maravilló ante esta nueva enseñanza. No podían imaginar al Pastor de Israel con ovejas extranjeras, y se sentían perdidos en este panorama de la perspectiva de Cristo para el mundo entero. El mundo que Él amó era demasiado grande para ellos. Esto despertó sus miedos y encendió las pasiones asesinas; sentimientos, los cuales nunca están alejadas de la superficie de las emociones de los hombres. El sermón de Jesús de seguro produjo una respuesta:

¡Los miembros de la congregación intentaron lanzarlo por un precipicio!

Con todo, su mensaje era maravilloso: ¡Libertad, liberación, sanidad y no deudas! Pero cualquiera que fuera la reacción, Jesús predicó su evangelio. Así también debemos hacerlo nosotros.

Tener deudas en aquellos días era una tragedia. Los padres y sus familias se convertían en esclavos y nunca podían alcanzar la libertad. Solo el jubileo podría liberarlos. Los deudores podían ir a casa. Si alguien no regresaba a casa, era su problema. La ley decía: "¡Ve!" Cualquier esclavo, después del jubileo, seguía siendo esclavo por decisión propia.

Jesucristo ha proclamado el jubileo para toda la raza humana. Todo lo que conocía Israel acerca del jubileo se convertía ahora en una pobre imagen del verdadero jubileo del Reino de Dios. Libertad para las personas, anulación de las deudas del pecado, liberación para el espíritu, alma y cuerpo. No hay esclavos sudorosos en ese Reino. No hay grilletes. Nadie guiado por el mal. ¡Aleluya! ¡Qué jubileo! Isaías lo describe:

> ...se les dé gloria en lugar de ceniza, óleo de gozo en lugar de luto, manto de alegría en lugar del espíritu angustiado...Reedificarán las ruinas antiguas, y levantarán los asolamientos primeros, y restaurarán las ciudades arruinadas...comeréis las riquezas de las naciones...tendrán perpetuo gozo...Nunca más te llamarán Desamparada...He aquí viene tu Salvador...Y les llamarán Pueblo Santo, Redimidos de Jehová.
>
> —Isaías 61-62

En Nazaret, el Señor convirtió esas Escrituras en una proclamación real de una nueva dispensación. Anunció una amnistía para todos los prisioneros del diablo. "Llevó cautiva la cautividad" (Efesios 4:8).

"El pecado no se enseñoreará de vosotros", explica Pablo en Romanos 6:14, porque "cuando vino el cumplimiento del tiempo, Dios envió a su Hijo, nacido de mujer y nacido bajo la ley, para que redimiese a los que estaban bajo la ley, a fin de que recibiésemos la adopción de hijos". (Gálatas 4:4-5).

EL JUBILEO ES AHORA

Este es "el año agradable del Señor". La alta tecnología no ha eliminado la necesidad de liberación. En cada nación, abundan los esclavizados; esclavos de todo hábito desdeñable, esclavos del temor, esclavos de la duda, esclavos de la depresión. El diablo nunca deja a nadie con libertad condicional. En todas partes las personas son propensas al fracaso, propensas al pecado, defectuosas en lo moral y atadas en lo espiritual. Qué ridículo. La trompeta de jubileo ya ha sonado. Los esclavos han sido liberados.

¡Predíquelo! Las personas lo han olvidado. Han olvidado que Cristo vino. Esta no es la era antes de Cristo. No estamos esperando que Cristo venga a conquistar. La guerra terminó. La libertad es nuestra. Jesús abrió el reino de libertad y tocó la trompeta de emancipación cuando gritó en la cruz: "Consumado es".

Las personas que debieran estar más claras llaman a esta era "postcristiana". ¡Como si la obra de Cristo fuera solo para la era pasada! Esto es cien por ciento falso. Cristo abrió las puertas de la cárcel para siempre, no solo para un determinado período en el pasado. La obra de Jesús no se puede agotar o deshacer. Es la mayor fuerza redentora que obra hoy en la tierra. Nunca más pueden las puertas de la cárcel retener a los seres humanos. Cuando Jesús abre una puerta, ningún hombre puede cerrarla. "Si el Hijo os libertare, seréis verdaderamente libres" (Juan 8:36). Entonces, ¿por qué hay millones que languidecen sin necesidad en los campos de concentración del diablo? Hoy es el día de perdón. El conquistador ha derribado las puertas, ha llegado la liberación.

El más famoso dentro de los artistas de la evasión fue Houdini, un destacado en el mundo del espectáculo. Los policías lo encerraban en una celda y, mientras ellos salían, él se soltaba y los seguía en pocos segundos. Excepto una vez. Pasó media hora y todavía seguía Houdini bufando ante la cerradura. Entonces un policía vino y le dio un suave empujón a la puerta y se abrió. ¡La puerta nunca estuvo cerrada! Engañaron a Houdini, que trató de abrir una puerta que ya estaba abierta.

Cristo ya pasó por en medio del castillo del gigante de la desesperación. Él tiene las llaves de la muerte y el infierno, y ha abierto las puertas. Entonces, ¿por qué hay millones sudando e intentando todo tipo de trucos para salir de sus malos hábitos y su cautiverio? Se unen a nuevas sectas o a viejas religiones paganas, escuchan nuevas teorías, y van a los psiquiatras. Pero, ¿por qué? Jesús liberó a los hombres. Lo hace todo el tiempo.

¡Ese es el evangelio! Usted no predica acerca de él, o presenta su contenido para discusión. El evangelio no es un tema de discusión. Es una proclamación de liberación. ¿Diálogo? El evangelio no está abierto a modificaciones. Es obligatorio, un edicto real y divino. Algunos sistemas y teorías de liberación no son otra cosa que más esclavitud, llenos de responsabilidades y demandas para toda la vida. Solo Jesús salva.

Recuerdo a un hombre que me dijo que él también era un "consejero espiritual". Sin embargo, no creía que Jesucristo es el Hijo de Dios, ni que la Biblia es la Palabra de Dios. Me pregunté, entonces, cómo aconsejará este "consejero" a alguien.

"¿Vienen ellos a usted, y luego se van con los corazones quebrantados?", le pregunté. "Oh no", me aseguró, "yo solo los tranquilizo".

Lo miré a los ojos y le dije: "Señor, un hombre en un barco que se hunde necesita más que alguien que lo tranquilice. No lo calme, porque ya se está hundiendo. Cuando Jesús llega a un hombre en un naufragio, no le lanza una pastilla de diazepam y le dice: 'Perezca en paz'. Él le extiende sus manos con sus cicatrices de los clavos, lo levanta, y le dice: 'Porque yo vivo, [tú] también [vivirás]'" (Juan 14:19).

Este es el evangelio de Jesucristo que debemos predicar. Jesús es el Salvador de nuestro mundo. Este mensaje es vida, paz, y salud para el espíritu, alma y cuerpo.

CÓMO LA UNCIÓN QUIEBRA EL YUGO

Jesús dijo: "El Espíritu del Señor está sobre mí, por cuanto me ha ungido". Él es el "Ungido" de esta nueva dispensación. Es así como lo entendió el primer predicador del evangelio, el apóstol Pedro. Él le dijo a su audiencia (los primeros europeos en escuchar el evangelio): "Dios ungió con el Espíritu Santo y con poder a Jesús de Nazaret, y…éste anduvo haciendo bienes y sanando a todos los oprimidos por el diablo, porque Dios estaba con él" (Hechos 10:38).

La expresión "el Ungido" es la misma que "Cristo". Decir, "Jesucristo" es decir, "Jesús el Ungido".

Ahora, ¿fue ungido solo mientras estuvo aquí en la tierra? Si fuera así, no deberíamos seguirle llamando "Cristo". Pero si Él es el mismo, entonces sigue siendo el "Ungido" hoy. Eso es exactamente lo que Él es, tal y como se dice de Él en Hebreos 13:8: "Jesucristo es el mismo ayer, y hoy, y por los siglos". No solo "Jesús", sino "Jesucristo, el Ungido".

Esto es lo que leemos también en Juan 1:33: "Sobre quien veas descender el Espíritu y que permanece sobre él, ése es el que bautiza con el Espíritu Santo". El Espíritu Santo *permanece* con Él, y es por esto que aún bautiza en el Espíritu Santo. Este fue un aspecto importante en el primer sermón de Pedro en Hechos 2:36: "A este Jesús a quien vosotros crucificasteis, Dios le ha hecho Señor y Cristo". La predicación de Pedro fue después de la muerte y la ascensión de Jesús. A partir de esa ocasión en Hechos, y por todo el Nuevo Testamento hasta Apocalipsis, a Jesús se le llama "Cristo". Seis veces en los primeros diez versículos del primer capítulo de 1 Corintios, el énfasis está en "el Señor Jesucristo". Y en la misma epístola, Pablo dijo: "Pues me propuse no saber entre vosotros cosa alguna sino a Jesucristo, y a éste crucificado" (1 Corintios 2:2). Al igual que sigue siendo nuestro Señor crucificado, sigue siendo nuestro Ungido.

Si Jesús ya no libera, ya no sana, ya no salva, ya no echa fuera demonios, ya no bautiza en el Espíritu, entonces tenemos a un Jesús que ya no es "Cristo", porque ese es el significado verdadero del título y el nombre "Jesucristo". Él es "el mismo ayer, y hoy, y por los siglos" (Hebreos 13:8). Si Él ha cambiado, entonces se le olvidó decírnoslo a nosotros. ¡Pero no tenemos evidencia de algo como eso! ¡Aleluya!

Aparte del significado exacto de su título, también debemos tener muy en cuenta lo que Jesús fue y es. Nos ocuparemos de ese tema en el capítulo siguiente.

CAPÍTULO 7

JESÚS: ¿CON MANTO O DESNUDO?

Cuando las personas van a la iglesia desean a Jesús. No política. No sentimentalismo. No al hombre de Galilea como un personaje distante e ideal. No desean un fantasma, un mito. Si han leído la Biblia, desean encontrarse al mismo Jesús en toda su gloriosa vitalidad. Predique a ese Jesús, y el Espíritu Santo estará comprometido a revelarlo. Él se manifestará en medio de la multitud, tal y como prometió.

En nuestras cruzadas, tanto en África como en otros lugares, hemos visto al Ungido Jesús obrando en todo aquello para lo cual fue ungido. Lo hemos visto manifestarse en el mundo hoy con las alas del cielo. Ha reunido a multitudes tan grandes que solo se han podido contar por el área que ocupaban. Millones han alcanzado salvación, sanidad y el bautismo en el Espíritu Santo en una misma ocasión.

CÓMO SABER QUÉ CRISTO PREDICAR

Cuando veo ocurrir milagros, milagros de sanidad, milagros de vidas transformadas, milagros de purificación de pecadores, reconozco quién está obrando. Es el Ungido. Estas maravillas son sus huellas, su sello. *Este* Cristo es el Cristo que debemos predicar, el Cristo de ayer, hoy y siempre. Cada vez que utilizamos su nombre, Jesucristo, es una declaración de que Él está ungido para liberar. Cuando hay maravillas, esa es la manera de saber que Él es el verdadero Cristo. Los milagros son su identificación, su código genético.

¿Cómo supo Juan que era Jesús, en la oscuridad parcial de una brumosa mañana? Jesús estaba en la orilla mientras Juan estaba sentado en un bote a unos cien metros. No obstante, él reconoció a Jesús (Juan 21:7). ¿Cómo? Reconoció lo que Jesús hizo.

Jesús llamó a los discípulos, les dijo que lanzaran sus redes, tal y como les había dicho que hicieran la primera vez que se encontraron. Ellos tuvieron una vez más gran captura de peces, tal y como había sucedido tres años atrás. "Debe ser el mismo Jesús", fue la conclusión de Juan, y gritó: "¡Es el Señor!". Las acciones de Cristo revelaron su personalidad. Pero, ¿cómo pueden las personas saber que es el mismo Jesús si no hace las mismas cosas? ¿Cómo pueden conocerlo si ni siquiera se le predica como el que hace maravillas y transforma la vida de los hombres? ¿Cómo puede alguien atreverse a llamarlo Cristo y decir que Él no hace milagros? Su unción garantizaba que Él era un hacedor de milagros.

Jesús es *Jesucristo*, el Jesús Ungido. Es a Él a quien debemos predicar. ¡Jesús solo puede ser lo que usted predica que es!

El Espíritu Santo solo puede bendecir lo que usted dice

acerca de Jesús. El Espíritu no puede bendecir lo que *no* dice acerca de Él. Si predicamos hoy a "este mismo Jesús", el mismo "Jesús, el que predica Pablo", el Espíritu de Dios lo confirmará. Predique a un Jesús limitado y no podrá ser Él mismo. Él no salva a menos que usted lo predique como Salvador. Él no sana a menos que usted lo predique como el Sanador. Cuántos son culpables de desnudar a nuestro precioso Señor. Los hombres lo desnudaron una vez en su crucifixión. La incredulidad lo desnuda de nuevo de su poder. En más de una iglesia Él ya no es poderoso para salvar y sanar. Para usar una expresión de Pablo, está "estrecho" en nuestras vidas, lo cual quiere decir "encerrado sin espacio para obrar" (2 Corintios 6:12).

CÓMO HACER DEL EVANGELIO BUENAS NUEVAS

Un niño en una escuela preguntó una vez: "¿Cómo puede usted llamar a algo buenas nuevas si ya tienen más de dos mil años? Jesús es historia, no una buena nueva". El niño cometió un error. Solo las personas muertas son historia. Jesús está vivo y activo en todo el mundo. Es una figura mundial, y todas las figuras mundiales son buenas nuevas, de manera especial Él.

La palabra "evangelio" viene de la palabra griega *evangelion*, que quiere decir buenas nuevas, o buenas noticias. El evangelio no es solo lo que Jesús hizo sino también lo que hace. Hechos 1:1 declara: "En el primer tratado...hablé acerca de todas las cosas que Jesús comenzó a hacer y a enseñar". Él comenzó a hacerlo, y aún lo está haciendo. Él está haciendo buenas nuevas hoy.

Dos mil años no es nada para Él. El sol es viejo, pero está activo. La Biblia es antigua, pero poderosa. Si un directorio telefónico contiene los números correctos, no importa cuán viejo sea. Cuando tomo la Biblia y la uso, paso por el trono de Dios. El evangelio es la Palabra de Dios.

Una de las más grandes mentes de los tiempos modernos fue la de Immanuel Kant (1724-1804), el gran filósofo alemán. Él dijo: "La existencia de la Biblia es la bendición más grande que ha experimentado la humanidad". Lo es, si se predica. Pero la ocupación principal de algunos en la iglesia es dedicar tiempo para tan solo tratar de averiguar quién la escribió y cuándo, como si eso fuera lo importante. Mientras tanto, millones mueren de hambre espiritual y se pierden por la eternidad.

CÓMO HACER QUE EL EVANGELIO SUCEDA

Si el evangelio se deja solo como una idea, entonces "la letra mata". Pero cuando se predica bajo el poder del Espíritu Santo genera poder, "el Espíritu vivifica". Bajo las condiciones adecuadas, siguiendo la fórmula correcta, comienza un proceso; algo sucede. Si usted toma la verdad de Jesús y la predica con el poder del Espíritu, está utilizando la fórmula de Dios. Tal fórmula produce resultados. Cuando el Espíritu Santo y la predicación del evangelio se unen, se produce una explosión de poder. Se desata la energía divina. Pablo usó la palabra *energemata* (1 Corintios 12:10), que es "energía para realizar trabajos". Cuando ocurre una explosión como esta, el evangelio es buena nueva.

Cuando esa fuerza celestial se derrama sobre nosotros, hay efectos muy poco ortodoxos y muy interesantes. ¡Hay avivamiento! ¡Desaparece la atmósfera de cementerio! Las reuniones dejan de ser un mero formalismo o ritual. Este poder no es una fuerza ciega. ¡Es Jesús obrando de nuevo!

El hecho maravilloso acerca de la cristiandad es que millones de "creyentes" están en medio de un arduo batallar como si Cristo no hubiera existido. Hablan de Él, pero solo como el más prominente ausente del mundo. Actúan como si su primer advenimiento hubiera sido infructífero. Tratan de ser valientes por sí mismos y lo intentan, pero fracasan. Por lo general, es por ignorancia del evangelio y su poder. Por esta ignorancia debemos culparnos nosotros, la Iglesia.

No obstante, hay huellas de Cristo por todas partes. Está la Iglesia. Milagros modernos. Biblias. Festivales cristianos. Sus dichos son parte de nuestro lenguaje. Todo esto es lo mejor de la civilización, nuestras normas morales y principios los tenemos porque Él vino. Con todo, las personas se mueven a rastras por la vida como si no tuvieran la más mínima idea. Gatean en las tinieblas, temerosas del amanecer. Hablan del deseo de una nueva religión, pero nunca han probado la fe cristiana. El problema es que han elevado a la ciencia por encima de la Iglesia, pero la ciencia no tiene poder.

Sin embargo, hay una gran demanda por las cosas reales. Muchos suponen que el cristianismo ya no funciona, que la iglesia es un museo. A todos los efectos, la Biblia también pudiera haberse encontrado en la tumba de Tutankamón. ¡Como si la palabra fuera solo para el antiguo Israel! Es por esto que debemos predicar el evangelio en el poder del Espíritu, unido a señales y prodigios. Entonces Jesús saldrá de la Biblia al mundo moderno. No lo encierre en la iglesia, la iglesia no es su tumba (aunque muchas veces parece que lo es). Uno pudiera pensar que algunas congregaciones están sentadas alrededor de su ataúd.

Lo que las personas desean oír desde el púlpito es más que ensayos impecables. No se nos ha llamado a predicar sermones, sino a liberar personas. Las *personas* son la preocupación de Cristo. Él vino a liberar a los cautivos, no a renovar sus celdas o hacerlas más confortables, con buenas camas y televisión a color. Él quiere que las personas salgan. El evangelio no es renovación, decoración, o reformación, ¡es liberación! ¡Gloria a Dios porque Él aún obra! Ciento de millones en todo el mundo son testigos. Ellos testifican: "¡A mí me ha sucedido el evangelio". ¡Buenas nuevas!

CÓMO TENER EL PODER ORIGINAL

En siglos anteriores en Europa, hubo un comercio muy curioso, la venta de reliquias. Las personas pregonaban la venta de grotescos esqueletos y varios otros artículos que según ellos pertenecieron a los santos. Algunos de ellos eran vergonzosos, como un diente de Noé, o las limallas de las cadenas de Pedro en la cárcel. Pero detrás de todo esto estaba el patético anhelo de tocar la realidad y el poder de Dios. No tenían idea de cómo hacerlo. Trataban de hacerlo de segunda mano, a través de los huesos y las reliquias de apóstoles, mártires y santos. Esperaban que las bendiciones de esos creyentes se les pegaran.

Pero, ¿por qué tanta molestia? Lo real está disponible de primera mano. ¡Aleluya! Si hacemos lo que hicieron los apóstoles, podemos tener lo que ellos tuvieron. El propio Pedro lo dijo (Hechos 2:38–39). Todos podemos conocer su poder, y salir, llenos con ese poder del Espíritu Santo. ¡La marca original! Para Pablo esto significaba: "La obediencia de los gentiles, con la palabra y con las obras, con potencia de señales y prodigios, en el poder del Espíritu de Dios…todo lo he llenado del evangelio de Cristo" (Romanos 15:18–19).

Pentecostés debe repetirse en cada vida. Los apóstoles no

fueron personas extraordinarias, sino personas ordinarias con un Dios extraordinario. "Y ninguno enseñará a su prójimo, ni ninguno a su hermano, diciendo: Conoce al Señor; porque todos me conocerán, desde el menor hasta el mayor de ellos" (Hebreos 8:11).

CÓMO DESPOJAR EL INFIERNO Y POBLAR EL CIELO

Por más de seis años, dirigí una escuela bíblica por correspondencia. Eso fue en Lesoto, África, desde 1968 hasta 1974. El propósito era, por supuesto, alcanzar a los perdidos del país para Cristo. La matrícula creció hasta unos cincuenta mil estudiantes.

Mantener funcionando este proyecto demandaba mucho de mi fe. Solo era un misionero. Necesitaba una oficina y la renta mensual eran solo treinta dólares. Pero un día no pude pagar, y oré y gemí todo el día: "Amado Señor, permíteme conseguir los treinta dólares para pagar la renta". Pasaron las horas, llegó la noche, pero seguía sin dinero. Con lentitud, caminé por la calle hasta la casa donde nos quedábamos con la familia.

De repente, en medio de la calle, el poder del Señor vino sobre mí. Escuché su voz con claridad dentro de mi corazón: "¿Quieres que te dé un millón de dólares?" ¡Un millón de dólares! Mi corazón latía a toda prisa. ¡Cuántas cosas podría hacer con esa cantidad de dinero! Vaya, con un millón de dólares podría bombardear al mundo entero con el evangelio, pensé.

Pero entonces llegó una idea diferente. No soy una persona que llore fácil, pero las lágrimas comenzaron a rodar por mis mejillas, y clamé: "No, Señor, no me des un millón de dólares. Quiero más que eso. ¡Dame un millón de almas! Un millón de almas menos en el infierno y millón más en el cielo; ese será el propósito de mi vida".

Entonces el Espíritu Santo susurró muy bajo a mi propio espíritu palabras que nunca antes había escuchado: "Vas a despojar el infierno y poblar el cielo por la causa del Calvario". Ese día, una determinación se apoderó de mí. Sabía que Dios tenía planes más grandes para mi vida y me propuse cumplirlos en etapas progresivas. Dios me ha concedido bendiciones y gracia cada vez mayores.

¡Cuántas veces desde aquel entonces he visto el devastador poder del evangelio estrellarse contra las puertas del infierno, invadiendo los dominios de Satanás! Muchas veces he visto, en una semana, más de un millón de almas preciosas responder al llamado de salvación en nuestras campañas de evangelismo. A manera de broma le digo a mis compañeros que "si Jesús sigue salvando almas a ese ritmo, un día el diablo se va a sentar solo en el infierno". Me siento feliz de hacer infeliz a Satanás.

Conocedores del poder del evangelio, no tenemos necesidad de estar desesperados. Jesús es más que suficiente para cada necesidad. El mundo está enfermo, y Jesús tiene el único remedio: El evangelio. Nuestra parte es sencilla; debemos llevar esta medicina a los pacientes. Jesús dio la orden: "¡Id!". No es una sugerencia, o una recomendación, sino una orden. Es mejor que obedezcamos, o nos perderemos el gozo más grande que un hombre pueda conocer.

CÓMO TENER UN EVANGELIO EFECTIVO

El mensaje es Jesús. Lo que Él hace muestra quién es. Lo anterior es de importancia crucial. Jesús salva del pecado. No estamos moralizando. No estamos dando descripciones del pecado. Un presidente norteamericano fue a la iglesia un día, y más tarde su esposa le preguntó sobre el tema del sermón del predicador.

"Fue acerca del pecado", respondió.

"¿Y qué dijo acerca del pecado?", inquirió su esposa.

"Oh, dijo que se oponía a él", le dijo el presidente.

Las personas esperan eso. La pregunta es: ¿Qué se puede hacer al respecto? Las personas necesitan victoria sobre el pecado en sus vidas. Necesitan sentirse perdonadas y limpias. Muchos le dirán que saben que no van al cielo, pero no tienen idea de qué hacer para resolver el dilema. Debemos especializarnos en cómo sacar a las personas del lodo; cómo purificarlas por la preciosa sangre de Jesús; cómo hacer que reciban seguridad y el testimonio del Espíritu Santo. Estos son temas muy potentes.

Estoy siempre ante vastas multitudes. Decir otra cosa que no sea el evangelio sería algo malvado. Gracias a Dios que tengo un evangelio, un mensaje positivo de poder y esperanza. Al predicarlo veo cómo brota la fuente del amor de Dios. Las aguas de sanidad fluyen en todas direcciones. Su amor toca el corazón de los hombres. Hombres y mujeres se abren a Dios. Muchas veces tienen muy poco de las cosas buenas de este mundo, pero eso no importa cuando poseen las riquezas de Dios: Seguridad, paz y gozo que ninguna fábrica puede confeccionar, ninguna tienda vender, ni ninguna opulencia conseguir.

Somos embajadores de Cristo. El evangelio es una confrontación entre Dios y los pecadores. No reduzca esto a una placentera introducción. Nuestro mensaje tiene el más alto prestigio. Tenemos una palabra de parte del Rey. Esta tiene prioridad urgente. El predicador del evangelio no es recadero que trae una carta sellada, sino alguien que ha hablado con el Rey y comprende la mente del Rey. No es un mensaje para el que por casualidad esté lo suficientemente cerca como para escuchar. El evangelio no se envía solo a las personas que tienen un interés previo en la religión. Es para todos, altos y bajos, sin hacer diferencias. Dios dice: "Yo hablo", y los pecadores deben responder: "Yo escucho".

El evangelio no es una proposición o sugerencia. No es pensar en voz alta, o una discusión continua. Predicar el evangelio no quiere decir exponer la fe ortodoxa en un buen discurso, como el monólogo de un actor ante un escenario vacío. No es una alternativa; es un ultimátum de parte del Rey; de Dios. Crea o perezca, porque "Dios...ahora manda a todos los hombres en todo lugar, que se arrepientan" (Hechos 17:30). Esto es lo que afirmaba Pablo. Sus oyentes eran los encumbrados y orgullosos intelectuales atenienses. Pero Pablo les mostró que el Dios no conocido se acercaba a ellos en amor, extendiendo sus brazos en señal de bienvenida. El Espíritu Santo toma la palabra y apunta con ella como con una espada, directo a cada individuo. El evangelio es el "Yo" de Dios hablando a nuestro "yo", como una comunicación personal. Cuando se predica el evangelio, existe una confrontación entre el Señor y los pecadores, en la que Dios extiende sus brazos de amor.

Luego, proclamamos a Jesucristo el Sanador. Para nosotros, nuestro modelo es el Señor que proclamó libertad, y mostró lo que era esa libertad al sanar a los enfermos. El evangelio no es una defensa de Dios. Dios nos defiende a nosotros, que somos víctimas desventuradas del diablo si no lo tenemos a Él. La liberación incluye sanidad divina y milagrosa. Algunos han pensando que la sanidad fue un resultado incidental, un simple anexo al evangelio. ¡Nunca! Es un ingrediente del mensaje. Predicamos un evangelio pleno para un hombre pleno. La salud física es parte del paquete completo. Es el ofrecimiento especial de Dios.

El evangelio es un milagro en sí mismo, y no puedes quitar lo milagroso de él. Predicar un evangelio sin milagros trae como resultado la creación de zonas libres de milagros, que, para pesar nuestro, identifican a muchas iglesias.

No está dirigido a espíritus culpables, sino a hombres y mujeres culpables que sufren en sus cuerpos por su pecado. Jesús perdona y sana como parte del proceso. Es así que se predica: "Con demostración del Espíritu y de poder" (1 Corintios 2:4). De otra manera, ¿cómo puede ser el evangelio una demostración de poder si todo es espiritual y nada físico? Cristo es el sanador, y su sanidad se extiende en todas direcciones; hacia el espíritu, alma, cuerpo, mente y circunstancias.

La sanidad incluye la autoridad para echar fuera demonios. Los demonios algunas veces pueden estar de manera directa detrás de la enfermedad y la depresión. No toda enfermedad o debilidad es demoníaca. Jesús dejó muy clara esta distinción: "Sanad enfermos...echad fuera demonios" (Mateo 10:8). La unción de Dios descansó sobre Jesús para sanar al enfermo, y la unción de Dios descansa sobre sus siervos hoy para el mismísimo propósito. Es un error no dar el énfasis suficiente a la sanidad de los enfermos, al igual que darle demasiado. Uno siempre puede caer en uno de los extremos. Algunos evangelistas solo predican de la sanidad física. En realidad, suceden cosas maravillosas siempre que hay fe, pero las personas no escuchan el mensaje de salvación de los pecados. ¿Cuál es la utilidad de que una persona esté plena en su cuerpo, solo para terminar sus días en el infierno? Es por esto que en nuestro ministerio yo no hablo de "campaña de sanidad" sino de campañas de evangelismo. Si ponemos todo el peso en un lado del barco, este zozobrará. Predicar a un Jesús que no sana es presentar a un Jesús no bíblico, tanto como si no predicáramos a un Jesús que salva.

El tercer ingrediente es Jesús, el que bautiza en el Espíritu. Jesús el que Bautiza; pero en fuego, no en agua. Él no es solo un dador de "lenguas", o dador de dones espirituales. Él envía al Espíritu Santo. En todas nuestras cruzadas, oramos porque las personas reciban el bautismo en el Espíritu. No me avergüenzo de esta poderosa bendición. No lo mantengo en secreto hasta que las personas comprendan. Es parte del evangelio, y yo no me avergüenzo del evangelio de Cristo. El apóstol Pedro predicó el evangelio completo en su primer sermón, incluyendo el don del Espíritu Santo, y yo también lo hago. El día de Pentecostés no fue solo evangélico, ¡también fue carismático!

EL GRAN FINAL Y EL NUEVO COMIENZO

Los estadistas y líderes mundiales no saben qué hacer, a pesar de todo el conocimiento y la sabiduría de estos últimos tiempos. Los creyentes sí saben. El evangelio pleno ve a Jesús hoy, caminando a grandes pasos por los continentes para conquistar. ¡Aleluya! Él marchará en majestad, la majestad con la cual lo coronaron en el Calvario, hasta ser Rey de reyes y Señor de señores. Él ahora solo está "ausente en cuerpo". "Este mismo Jesús" que debemos predicar, regresará. Todos los pequeños reyes, señores y gobernantes serán puestos a un lado, y el mundo recibirá la luz de su excelente gloria.

Cuando los creyentes se unen hoy, disfrutan de su presencia, pero el mundo es insensible y está muerto a esa experiencia. Sin embargo, pronto Él vendrá, y todo el mundo sabrá que Él está de nuevo aquí. Él pertenece aquí. Nació aquí, vivió aquí, y murió aquí. Él vendrá otra vez a donde pertenece, a lo suyo. Esta vez, ellos lo recibirán.

Esto da la culminación a su obra. No podemos dejarlo fuera de nuestro mensaje. Para un mundo en guerra, afligido y atemorizado, este mensaje es el único mensaje a comunicar: E-S-P-E-R-A-N-Z-A. Jesús es la esperanza del mundo. Desafiamos al mundo. "Dígannos", preguntamos, "¿cómo piensan que todo estará en paz? ¿Cómo piensan que acabarán ustedes?" El mundo no tiene respuesta, no tiene alternativa. Que sea el mundo el que se avergüence, no nosotros. Los inconversos no tienen esperanza. Nosotros tenemos a Jesús. ¡Predíquelo! El mundo lo necesita.

CAPÍTULO 8

EL MOMENTO EN QUE SE DETUVO EL MILAGRO

Si el Señor quisiera apóstoles hoy, no habría carencia de candidatos. No es un título de nobleza. Pero, ¿cuántos desearían ser un apóstol si supieran lo que en realidad ellos tenían que hacer?

LA TAREA APOSTÓLICA

No creo que el apostolado signifique sentarse en el escritorio del director general. Ellos no estaban sentados sin hacer nada en reuniones de comités todo el día. Apóstol significa "enviado". ¿Qué los enviaban a hacer? Primero, los enviaban a evangelizar. Segundo, sufrían por ello. Permítame decirle, testificar y evangelizar es nuestro privilegio. Estamos haciendo lo que hicieron los apóstoles.

El Señor designó a los doce como sus primeros testigos.

Los envió para presentar el evangelio ante el mundo, y nuestra tarea es continuar esa labor. Su distinción como apóstoles fue iniciar todo el evangelismo. Jesús les dio su enseñanza, y ellos la pasaron a nosotros. Ellos fueron el fundamento. Nosotros pisamos donde ellos nos indicaron.

"Apóstol" no era un título honorífico para hacerlos famosos. Describía lo que debían *hacer* (ir), y lo que debían *ser* (blancos principales de la persecución, no de prestigio). Leemos: "Dios nos ha exhibido a nosotros los apóstoles como postreros, como a sentenciados a muerte" (1 Corintios 4:9).

Los apóstoles no eran los jefes de la iglesia por designación divina. Ellos dejaron la dirección de la iglesia a otros. En Hechos 15, el hombre encargado de estas cosas, Jacobo, no era un apóstol. Jacobo el apóstol ya había sufrido el martirio (Hechos 12). No leemos nada acerca de los apóstoles dando órdenes. Su honor especial era "haber sido tenidos por dignos de padecer afrenta por causa del Nombre" y se regocijaban por ello (Hechos 5:41). Sufrir como pioneros de Cristo fue el único estatus de rango que ellos disfrutaron.

En el Evangelio de Marcos, el título de apóstol se utilizó porque habían llevado a cabo un itinerario de predicación y sanidades. De manera constante, a través de todo el Nuevo Testamento, el apostolado significó una cosa: Predicar el evangelio. Pablo dijo: "Me envió Cristo...a predicar el evangelio". Él comenzó su gran carta a los Romanos con una clara afirmación de la obra de apóstol: "Pablo, siervo de Jesucristo, llamado a ser apóstol, apartado para el evangelio de Dios" (Romanos 1:1).

Esta era su área de autoridad. Cuando Felipe predicaba en Samaria, y otros evangelizaban en Antioquía, los apóstoles sintieron que tenían que dar su aprobación, como custodios de la verdad (Hechos 8:14; 11:22). Jesús había dicho:

> Y a ti te daré las llaves del reino de los cielos; y todo lo que atares en la tierra será atado en los cielos; y todo lo que desatares en la tierra será desatado en los cielos.
> —Mateo 16:19

Pedro no está haciendo sonar su manojo de llaves en las puertas del cielo, como una especie de recepcionista celestial. Eso no tiene sentido. La figura del lenguaje que usó Jesús significa que Pedro iba a ser el primero en predicar el evangelio el día de Pentecostés, abriendo de ese modo el Reino a los que creyeron. Las llaves de Pedro eran el evangelio.

En verdad, el Señor dejó muy claro que las llaves no eran exclusivas para las manos de Pedro (Hechos 1:8). La promesa con relación a atar y desatar era para todo el que creía y obedecía (Mateo 18:18). El poder para desatar es por la proclamación de la Palabra de Dios.

Los apóstoles se sintieron honrados de llevar adelante la tarea del evangelismo. Era un deber sagrado. Ellos eran responsables de un tesoro real. Pablo escribió de él.

> El glorioso evangelio del Dios bendito, que a mí me ha sido encomendado. Doy gracias al que me fortaleció, a Cristo Jesús nuestro Señor, porque me tuvo por fiel, poniéndome en el ministerio.
> —1 Timoteo 1:11–12

Él también declaró que era "Pablo... apóstol de Jesucristo... [quien] manifestó su palabra por medio de la predicación que me fue encomendada por mandato de Dios nuestro Salvador" (Tito 1:1–3). Entonces, cada apóstol era en esencia un evangelista. Sin embargo, no todo evangelista era apóstol. A ellos se les distingue en la Escritura cada vez que se menciona la palabra "evangelista" (Hechos 21:8; Efesios 4:11; 2 Timoteo 4:5). Pero los evangelistas comparten el privilegio principal de los apóstoles en la predicación. Ellos hacen la tarea principal de los apóstoles. Los evangelistas son una extensión del brazo apostólico.

ÉL HIZO ESPACIO PARA NOSOTROS

Los apóstoles veían su labor como algo que iba más allá de un trabajo particular. Era la misma labor que el propio Señor hacía. Ellos no solo eran "colaboradores" de unos para con los otros sino también "colaboradores suyos" (2 Corintios 5:19; 6:1). ¡Compañeros de Jesús! Parte del equipo de la campaña celestial del Padre, el Hijo y el Espíritu. La misma obra de Dios es la redención del mundo, y los apóstoles recibieron el llamado a participar. También nosotros. Dios hizo espacio para hombres comunes.

En su primera misión, ellos por celo impidieron que alguna otra persona hiciera algo, pero Jesús los censuró (Lucas 9:49–50). Incluso después, ellos pensaron que tenían el monopolio apostólico sobre el evangelismo. Sin embargo, tuvieron que reconocer los ministerios de Esteban, Pablo y los demás. Estos evangelistas estaban en una verdadera sucesión apostólica. Es un apostolado extraño el que no evangeliza. Es una sucesión apostólica extraña la que no lleva a cabo la tarea específica de los apóstoles de predicar el evangelio.

Me gustaría relatar cómo el Señor hizo espacio para mí

El momento en que se detuvo el milagro

también. Sentí que el Espíritu Santo me instaba a visitar cierta ciudad. Allí había dos iglesias, así que escribí y les pedí su colaboración. De inmediato recibí respuestas positivas. Más tarde, escuché algunos rumores negativos, pero los dejé al Señor en oración, y seguí confiado en que debía ir. Nueve mese después, mi esposa y yo llegamos el día antes de la planificada campaña evangelística. Nos reunimos con los ministros para analizar los arreglos con ellos.

Puedo pensar en varias cosas que habrían sido más útiles que esta reunión de análisis. Estuvimos girando sobre lo mismo, sin importar cuánto trataba de guiar la conversación en una dirección que fuera más provechosa.

Desanimado y triste, mi esposa y yo por fin regresamos a nuestro hotel y descansamos un poco. Debo haberme dormido apenas puse la cabeza en la almohada, porque de inmediato Dios me dio un sueño muy vívido. Era una parábola. Me encontraba con los mismos dos misioneros en un campo deportivo, imagínese, y haciendo lo último que se me habría ocurrido jamás; salto largo. Uno de los ministros lo intentó primero, corrió y saltó, pero no lo hizo muy bien. Siguió el otro, y lo hizo mucho mejor.

Era mi turno. Comencé a correr. Mientras lo hacía, sentí algo maravilloso. Una mano invisible se colocó debajo de mí y me alzó. Me moví con elegancia por el aire. Mis piernas se movían como si estuviera corriendo, pero mis pies no tocaban el suelo, y mi velocidad era increíble. Entonces toqué la línea de salto y sa-a-alté. Allí estaba yo, aterrizando al final del cajón de arena. ¡Maravilloso! ¡Record Olímpico! Cuando miré atrás, los otros dos hombres estaban muy distantes. En mi sueño, lancé mis brazos hacia arriba muy emocionado, gritando: "¡Oh, mi Dios, haz hecho espacio para mí!" Me desperté gritándolo.

Este sueño me produjo un gran consuelo de parte del Espíritu Santo, y desde aquel entonces, he sacado aliento de él. ¡Dios hace espacio para nosotros! Cuando Él nos envía a su servicio, abre puertas para nosotros. ¡Podemos ir! Es posible que tengamos que dar un salto atrevido, como en mi sueño, pero podemos dar el salto largo siempre que las manos de Dios nos sostengan. Aterrizaremos en el lugar donde Él nos quiere. ¡Llegaremos allí!

LLENAR LAS VASIJAS VACÍAS

Todos debemos colaborar dentro de la iglesia. Es posible que las iglesias no siempre quieran hacer espacio para los evangelistas. Pero yo sé que debo trabajar con las iglesias. Si trabajara de forma independiente, las personas tal vez no verían todo lo que esto implica. Pudieran pensar: "Esto es fácil para él. Él no le da cuentas a nadie que apruebe o desapruebe lo que hace". Por tanto, quisiera la cooperación de las iglesias.

Esto es una cosa. Hay otra cosa, además, que voy a explicar. Aquí hay un pasaje clave de las Escrituras. Es la conocida historia de la vasija de aceite que no se agotaba. Quisiera examinarla. Pondrá al descubierto algunos principios importantes del trabajo con Dios:

> [Eliseo] le dijo: Ve y pide para ti vasijas prestadas de todos tus vecinos, vasijas vacías, no pocas... Y se fue la mujer, y cerró la puerta encerrándose ella y sus hijos; y ellos le traían las vasijas, y ella echaba del aceite. Cuando las vasijas estuvieron llenas, dijo a un hijo suyo: Tráeme aún otras vasijas. Y él dijo: No hay más vasijas. Entonces cesó el aceite.
> —2 Reyes 4:3-6

Durante muchos años, mi esposa y yo trabajamos dentro de la estructura de una sola denominación. Dios nos bendijo y usó nuestros empeños evangelísticos. Pronto nuestras campañas de evangelismo comenzaron a crecer. Entonces, por medio de este pasaje clave, el Espíritu Santo me mostró qué hacer. Vi que el aceite no solo llenó las vasijas propias de la mujer, ¡sino que también llenó las vasijas de los vecinos!

El Señor dijo: "No tengo carga solo por las vasijas vacías de tu casa (esto es, mi denominación), sino también por las vasijas vacías de las casas de tus vecinos. Ve y búscalas y llena también sus vasijas".

"Oh", respondí, "mis vecinos nunca me dejarán llenar sus vasijas vacías. Pensarán que quiero robarlas". Yo sabía que los pastores se ponen nerviosos cuando otros predicadores atraen personas, se le llama robo de ovejas. El Señor respondió: "Construye una atmósfera de confianza. Entonces ellos te prestarán las vasijas para que las llenes".

Esa reunión en la mañana con el Señor cambió toda mi perspectiva. De hecho, cambió mi dirección. Cayó sobre mí una carga por iglesias *fuera* de la denominación a la cual pertenecía.

Pero un hombre nunca debe convertirse en ley para sí mismo, sin importar cuál sea su estatura, posición o trabajo. "Ni el ojo puede decir a la mano: No te necesito" (1 Corintios 12:21); ¡ni tampoco puede una mano decirle a todo el cuerpo que ella (la mano) puede controlarse sí misma! Ni siquiera los apóstoles tuvieron esa actitud.

Cada obrero necesita a la iglesia como un marinero necesita un barco. El evangelista no puede salir a navegar en sus propias aguas. Dios ha puesto a los evangelistas en la iglesia. Un evangelista puede sentirse bendecido e independiente en lo financiero, pero eso no quiere decir que debe cantar un solo sin el respaldo de la iglesia. No debe encogerse de hombros y mostrar impaciencia, sin importar cuánto arda su ser por ganar el mundo para Dios.

INSTRUCCIÓN DESDE EL CIELO PARA RECIBIR INSTRUCCIÓN EN LA TIERRA

Analicemos el caso de ese gran siervo, Pablo. Como Saulo el perseguidor, iba por el camino a Damasco, cuando una voz le habló desde el mismo trono de Dios:

> Repentinamente le rodeó un resplandor de luz del cielo; y cayendo en tierra, oyó una voz que le decía: Saulo, Saulo, ¿por qué me persigues?
> —Hechos 9:3-4

Él reconoció que era una visitación divina. Con su profundo interés religioso como un "hebreo de hebreos" que creció a los pies del gran rabino Gamaliel, debía haber deseado muchas veces un contacto directo como este con el cielo. En su inquisitiva mente se amontonaban muchas preguntas. Ahora había llegado el momento de la verdad. ¿Qué aprendería? ¿Qué revelaciones de la voluntad y el propósito de Dios estaban a punto de ser suyas?

De hecho, no le dijeron nada. Nada excepto: "Levántate y entra en la ciudad, y se te dirá lo que debes hacer" (Hechos 9:6).

En la ciudad, estaban las mismas personas que él había venido a llevar a prisión por su "herejía" de tener fe en Jesús como el Cristo. Ahora se les enviaba a ellas, porque las necesitaba, y estaba a punto de convertirse en una de ellas. Su primera instrucción vendría de estas personas, no de parte de ángeles, o de voces del cielo. Pablo aprendió su primera verdad cristiana, que los creyentes no son una colección de elementos al azar, sino un cuerpo vivo, la iglesia, y Dios no permitió que él la ignorara. "Entra en la ciudad". El Señor se aseguró de su vinculación terrenal.

Pablo fue y se sometió al ministerio de otros. Debiéramos aprender de la sabiduría y la humildad de este hombre. Un resplandor del cielo, una iluminación para el alma, una revelación de la verdad, y ya hay algunos hombres y mujeres deleitándose en sí mismos, ajenos a todo consejo o supervisión. Piensan que no necesitan preocuparse por los que están "en la ciudad", pero debieran ser más sabios, ya que en la ciudad se les ayudará y "se [les] dirá lo que [deben] hacer". Pablo tomó la dirección correcta desde el comienzo de su vida cristiana, y para él la iglesia de sus compañeros de fe vino a ser fortaleza y sabiduría, como él para ellos. El resultado es historia; ¡gloriosa historia!

De hecho, dependemos unos de otros, y si los evangelistas necesitan las iglesias, las iglesias necesitan los evangelistas. Las manos necesitan al cuerpo y el cuerpo necesita las manos. Nos complementamos unos a otros como sucede con el esposo y la esposa. Si las iglesias ignoran a los evangelistas, les ponen grilletes. Si los evangelistas ignoran la iglesia, son como un chaleco salvavidas sin una cuerda para poder halarlo.

Eso fue lo que aprendí aquella mañana. Por lo tanto, conocedor del llamado de Dios, consulté con los líderes de mi denominación, y compartí la visión de Dios con ellos. Dios me hizo hallar favor. Estuvieron en total armonía conmigo, y con su bendición estuve libre para evangelizar más allá de sus fronteras y de un lado a otro de todas las fronteras de las denominaciones. Desde ese momento puedo testificar con toda certeza que he visto el aceite del Espíritu Santo llenar muchas vasijas y muchas iglesias, trayendo multitudes de preciosos hombres y mujeres a conocer a Jesús. ¡A Dios sea la gloria!

EL MOMENTO EN QUE SE DETUVO EL MILAGRO

Al final el milagroso aceite de la viuda se detuvo. ¿Por qué? ¿Acaso dijo Dios: "Ya eso es suficiente para ustedes hoy. No puede seguir por tiempo indefinido"? Por supuesto que no. Él estaba aún derramando hasta que no pudo encontrar más vasijas. La viuda dijo: "Rápido, tráiganme más tazones o jarras de cualquier lugar. Parece que esto no tiene fin", pero Dios sobrepasó la capacidad de ellos para recibir. Entonces el milagro se detuvo.

Siempre habrá aceite. Zacarías vio unas lámparas de oro, que nunca se apagaban, porque el aceite para ellas fluía de tubos que venían directo de dos olivos (Zacarías 4). En el Espíritu Santo, tenemos la fuente de toda nuestra necesidad. Siempre que haya corazones vacíos, y siempre que vayamos a donde Dios quiere y nadie limite nuestros movimientos, el aceite seguirá fluyendo, por siempre y para siempre.

Algunas personas reciben el bautismo en el Espíritu Santo y se preocupan de que en caso de que la experiencia sea temporal, el aceite cese. La unción permanece para siempre (1 Juan 2:27). Pero si operamos solo con las vasijas en nuestra propia pequeña cocina, el fluir pronto cesará.

Es inútil orar por el derramamiento del Espíritu semana tras semana, solo para nuestra pequeña iglesia, cuando el mundo entero se encuentra fuera esperando que lo llenen. "Hay quienes reparten, y les es añadido más", proclama Proverbios 11:24. Cada iglesia debe ver sus paredes tan anchas como el mismo planeta, y su techo que cubra a todas las personas de la tierra. ¡Llame al avivamiento mundial su avivamiento! El alcance de la iglesia puede ser universal, cuando la asamblea trabaja al lado de hombres que Dios ha dado a la Iglesia universal. Tal iglesia fluirá con bendiciones del Espíritu Santo.

Si nos encerramos en nosotros mismos, y no nos relacionamos con aquellos a quienes Dios ha establecido en la Iglesia, en esta caso evangelistas, no estaremos al corriente, estaremos fuera del río de Dios. Una asamblea no debe ser un club privado. En Alemania, la maravillosa y antigua catedral de Colonia tiene una nota para los turistas que dice: "Esta iglesia no es un museo". Lo que debe ser cada iglesia es una central de misiones.

USAR CUCHARADITAS

En mi imaginación, pienso en los hijos de aquella mujer en Israel apresurados por las calles preguntando a todos: "¿Tiene una tinaja, o un tazón, o cualquier cosa que me preste para echar aceite, por favor?" Fueron de allá para acá. Quizás algún censurador se quejó: "¿Cuántas cosas más van a pedir prestadas? ¿Qué andan haciendo ustedes y su mamá?" Otros pueden haber retenido sus vasijas más grandes por miedo a perderlas, como aquellos a quienes, cuando se les pide una taza de azúcar, la dan con mucho cuidado, una cucharadita a la vez. Los que las retuvieron o no quisieron prestar sus vasijas, ayudaron a detener el flujo. Tal egoísmo detuvo el milagro. Podemos ayudar al milagro de la bendición del avivamiento, o podemos limitarlo a cucharaditas en nuestra pequeña cocina.

Es necesario que todos nosotros trabajemos con otros.

Algunos pueden criticar, pero no debemos desanimarnos. Los hijos de la viuda solo sonrieron; ellos sabían lo que su madre tenía en mente, y siguieron pidiendo vasijas prestadas para el aceite.

Dios quiere ungirnos, no con una gota de aceite, sino con ríos de aceite. Cuando Jesús convirtió el agua en vino en Caná, no llenó unos pocos vasos, sino que fueron unos seiscientos litros, suficiente para que les durara el vino unas cuantas semanas; suficiente para que se bañaran en vino si querían, tanto que la pareja no sabría qué hacer con todo aquello. Jesús alimentó a multitudes y recogió doce canastas con lo que sobró.

Si una iglesia en extremo precavida no brinda su ayuda porque los evangelistas podrían escapar con sus vasijas, no habrá abundancia para ellos. Desde que obedecí a la voz del Espíritu, hemos visto abundancia. Yo, "[enviado] por el Espíritu Santo", comencé a trabajar en armonía con todo el cuerpo de Cristo. Fue como abrir las compuertas de una presa, y todos hemos disfrutado del fluir y de las perennes aguas del río de Dios. Una vez que comenzamos a calcular y a proteger nuestra pequeña parcela, el río se desvía. ¡Las personas que viven en una isla se quedan solas! ¿Deseamos inundaciones de bendiciones? ¡Entonces dejemos que se desborde el río!

LA INICIATIVA DEL EVANGELISTA

Algunas veces uno tiene enemigos reales, enviados por Satanás. Esto es oposición demoníaca. Entonces la unción de Dios "rompe el yugo" y esa unción se convierte en la protección de los siervos de Dios. Muchas veces, en medio de la batalla dentro de las puertas del enemigo, me he dado cuenta de que estoy rodeado por las fuerzas del diablo, pero esas legiones de maldad también están cercadas, ¡por los ángeles de Dios!

Sé que, si no tuviera la unción, estas fuerzas caerían sobre mí como una jauría de lobos, listos para devorarme en minutos. Enemigos, críticos, los que disuaden, de seguro vendrán, pero el hombre ungido es invencible.

El diablo está rugiendo como león, leemos, lo cual me recuerda el león que vino rugiendo hacia Sansón para devorarlo. Sansón se enfrentó a su joven predador en su camino a Timnat (Jueces 14:5–6). El león no conocía a Sansón, el juez ungido de Israel. Se encontró con la sorpresa de su vida; su última sorpresa. El rugido de un león por lo general aterra a los seres humanos y los hace dar la vuelta y salir corriendo. Entonces es fácil para el león caer sobre ellos y atraparlos. Pero cuando Sansón escuchó los rugidos, algo sucedió que era del todo desconocido para el león: "El Espíritu de Jehová vino sobre Sansón".

Cuando el Espíritu de Jehová viene sobre los hombres, comienzan a suceder cosas nuevas. Las personas comienzan a resistir al diablo, y él huye de ellas. ¿Usted es tímido? Por el Espíritu, usted puede ser osado. Somos como ovejas en medio de lobos, pero las ovejas están al ataque. Tenemos poder para pisotear escorpiones, para caminar sobre olas tormentosas. Experimentar el Espíritu nos hace estar por encima de la duda y el intelecto. Cuando vivimos en Él, tenemos autoridad, ponemos a los demonios en fuga y traemos libertad para el cuerpo, el alma y el espíritu.

Así que Sansón, la pretendida víctima del león, no huyó. Perseguir víctimas que huyen les da a los leones apetito para el desayuno. Sin embargo, este hombre se volvió hacia el león. La feroz bestia se encontró con un hombre feroz. Con un gruñido, el león trató de escabullirse, pero ya era muy tarde. Manos poderosas lo alzaron. Más tarde, su cuerpo muerto se convirtió en una colmena. Sansón, a mano limpia, "despedazó al león como quien despedaza un cabrito".

La iglesia no se diseñó para fines defensivos. Hay que invadir las puertas del infierno. La ofensiva es la mejor defensa. En lugar de esperar y evitar las embestidas del diablo, dé un giro a la batalla, ¡y lance una invasión hacia el territorio del diablo!

Jesús vino al mundo, no para defender el cielo, sino como un hombre de guerra conquistador para destruir las obras del diablo. Cristo llevó la batalla al campo del enemigo, invadió el infierno, puso al descubierto a los enemigos sin darles tregua, los persiguió, acorraló a Satanás, no tuvo clemencia ni misericordia de él, aplastó la cabeza de la serpiente, y dejó al diablo derrotado e inservible. Satanás no está "sano y salvo sobre el planeta tierra". ¡Jesús le ha provocado una herida mortal!

Es esto lo que hace el evangelismo, en el nombre de Jesús. Dondequiera que esté la viscosa huella de la serpiente, allí debe seguirla el pueblo de Dios con sus espadas afiladas. No debemos darle descanso, porque somos "más que vencedores por medio de aquel que nos amó" (Romanos 8:37). La mejor forma de defender la verdad es declararla sin compromiso. No se nos ha llamado para disculparnos por lo que Dios ha dicho, sino para proclamarlo. "La espada del Espíritu...es la palabra de Dios" (Efesios. 6:17). Como dijo David de la espada con la cual mató a Goliat: "Ninguna como ella" (1 Samuel 21:9). Para derrotar al diablo, predique el evangelio. Nunca lo va a asustar con gritos y ruido. Use su espada.

LA DETERMINACIÓN DEL EVANGELISTA

Alguien le preguntó a un evangelista: "¿Por qué siempre predica, 'Usted debe nacer de nuevo'?"

"Porque", explicó él, "¡usted debe nacer de nuevo!"

Ningún evangelista busca un mensaje que predicar. "¡Ay de mí si no anunciare el evangelio!" No necesita reunirse con otros evangelistas y decir: "Vamos a discutir lo que debemos predicar", porque todos los evangelistas están libres de dudas en ese aspecto. "Arrepentíos, y creed en el evangelio" (Marcos 1:15). No tiene sentido reconsiderarlo, ya que no hay posibilidades de un mensaje mejor. El evangelista es un hombre con una urgencia que lo controla, no un hombre indeciso. Lo que importa es el evangelio y ninguna otra cosa sobre la tierra, ni la fama, ni el dinero, ni la popularidad, ni la vida misma.

LA PRIMERA META DEL EVANGELISTA

El evangelista es un don dado *a* la Iglesia (Efesios. 4:11) *para* el mundo (Lucas 24:47). El verdadero evangelista no está interesado en edificar su propio imperio. Su meta es doble. Primero, su trabajo solo tiene sentido en conexión con la edificación de las iglesias locales de Jesucristo. Todo lo que él hace debe tener esto como meta: que las personas lleguen a la iglesia, donde se predica la Palabra viviente de Dios. Las más grandes y exitosas campañas evangelísticas pierden casi todo su significado cuando no se encausan en el contexto de la iglesia y su crecimiento. Las campañas de evangelismo sin iglesias locales son solo una especie de show porque se pierde el propósito divino.

Jesús contó la historia del buen samaritano, la cual es una lección para los evangelistas. Un hombre cayó en mano de ladrones en su camino de Jerusalén a Jericó. El samaritano lo encontró y cuidó de él. Otros, los sacerdotes y los religiosos, también pasaron por allí. Luego de curar sus heridas, con aceite y vino, y montarlo en su propio burro, el samaritano lo llevó a un mesón. Allí, en el mesón, lo atendieron y fortalecieron (Lucas 10:33-35).

Después de haber comenzado a levantar personas caídas que han recibido heridas en su vida, necesitamos hacer que otros ayuden. El samaritano encontró esta ayuda en un mesón, donde alimentaron y cuidaron a la víctima para que recuperara la salud. El evangelista la encuentra en la iglesia. Allí los convertidos pueden nutrirse y edificar su fe. Allí pueden convertirse en verdaderos discípulos. Gracias a Dios por los mesones a lo largo del camino. Gracias a Dios por los evangelistas que salen a encontrar a las víctimas del diablo. La iglesia/mesón que se ocupa de los convalecientes nuevos convertidos tendría poco trabajo sin los evangelistas samaritanos.

Es como pescar. En nuestras campañas de evangelismo, siempre veo que nosotros, los evangelistas, traemos nuestras redes pero usamos los botes de las iglesias locales. Junto a ellas, nos ponemos en marcha y traemos una importante captura de peces. Luego nos vamos. Tan solo entregamos la captura allí. Vaciamos nuestras redes, las reparamos y las secamos, y nos vamos y damos una mano en cualquier otro lugar. Los evangelistas no ganan nada para ellos, salvo el gozo y la recompensa de ver cómo se edifica por todos lados el Reino de Dios.

LA SEGUNDA META DEL EVANGELISTA

En segundo lugar, la meta del evangelista es proclamar. Él proclama el evangelio, ya sea que las personas escuchen o no. "Y será predicado este evangelio del reino en todo el mundo, para testimonio a todas las naciones; y entonces vendrá el fin" (Mateo 24:14). Un pastor local no puede funcionar de esta forma. Es evidente que Dios depende de otros siervos. Todos debieran cooperar en cuerpo y alma con el hombre que tiene la visión y la tarea de la proclamación.

QUÍMICA ESPIRITUAL

Para empezar, el evangelio es solo *nuevas* si se predica, y es solo *poder* si se predica. Predicar el evangelio es química espiritual. La oración trae poder, pero la predicación lo desata. Predicar el evangelio es como conectarse con la fuente de poder. El evangelio no puede usarse mientras no se comunica. La proclamación es parte del plan divino. Las personas no se salvan de otra manera. Este es el proceso sobrenatural. Dios lo instituyó para toda la humanidad. "Agradó a Dios salvar a los creyentes por la locura de la predicación" (1 Corintios 1:21). A Dios le plugo que el hombre tuviera que lanzar la red al mar para sacar los peces de allí, porque lo peces por lo general no están saltando en la orilla.

Jesús dijo: "Traed de los peces que acabáis de pescar" (Juan 21:10). Primero, captúrenlos. Segundo, tráiganlos. Si las iglesias nunca alzan un dedo excepto para dejar predicar al evangelista, y luego no hacen nada para traer lo que se pescó, el proceso que ideó el Señor se rompe y se corta el circuito.

Sin embargo, como indicó Cristo, en algunas ciudades no se recibirá la Palabra, con todo es necesario proclamarla (Mateo 10). Esto lo ilustró Jesús con la parábola del sembrador (Mateo 13:3–23). No todas las semillas tienen el mismo resultado, y algunas no tienen ninguno. ¿Por qué? No hay nada malo con la semilla (la Palabra) ni con el sembrador (el propio Cristo), sino que el problema está en el lugar donde cae la semilla. En algunos lugares, no produce nada por causa del terreno. Para el sembrador, el suelo duro como piedra e infértil es frustrante. No se desaliente. Pruebe en algún otro lugar.

Cuando un hombre trabaja sin resultados, necesita ayuda, no críticas. En la idea del mundo el éxito llama al éxito, y en la iglesia el exitoso recibe alabanza. Tenemos un llamado a tener éxito, y el éxito no siempre es la prueba de que se está respondiendo bien al llamado. "Que prediques la palabra; que instes a tiempo y fuera de tiempo; redarguye, reprende, exhorta con toda paciencia y doctrina" (2 Timoteo 4:2).

Sin embargo, el fracaso no es la regla. El Señor nos envió al campo de la cosecha, no para malgastar valiosas horas en una franja de concreto o en un desierto, sino para traer las gavillas (Mateo 10:14–15). Espere hasta que caigan las lluvias y el terreno se ablande. Cualquier cosa que suceda, debemos ir al mundo y predicar el evangelio a toda criatura. Algunos no escucharán, otros sí. ¡Cuando se predique el evangelio para testimonio a todo el mundo, entonces Jesús, el Señor de la cosecha, vendrá! Así que a trabajar. ¡Apresuremos su venida!

TERCERA PARTE

MOTIVACIÓN PERSONAL

CAPÍTULO 9

LA LECCIÓN DE NATACIÓN DE EZEQUIEL

¿**Cómo puede evangelizarse** el mundo entero de forma efectiva? El Señor debe haberlo visualizado como algo posible, porque Él nos dio la orden: "Haced discípulos a todas las naciones" (Mateo 28:19). ¡Las naciones! Estoy seguro de que Dios tiene grandes planes para alcanzar a la humanidad. Voy una y otra vez a la Palabra, tratando de comprender esta idea, y le pido al Señor que abra mis ojos.

En una oportunidad llegué a un pasaje conocido de la Escritura, sin dudas se ha predicado mucho de él, pero el Espíritu del Señor fue sobre mí e hizo resaltar en mi mente una verdad en este pasaje. Está en el libro escrito por Ezequiel, uno de los profetas del Antiguo Testamento. Hágame el favor de leer conmigo Ezequiel 47:3–7:

> Y salió el varón hacia el oriente, llevando un cordel en su mano; y midió mil codos, y me hizo pasar

por las aguas hasta los tobillos. Midió otros mil, y me hizo pasar por las aguas hasta las rodillas. Midió luego otros mil, y me hizo pasar por las aguas hasta los lomos. Midió otros mil, y era ya un río que yo no podía pasar, porque las aguas habían crecido de manera que el río no se podía pasar sino a nado. Y me dijo: ¿Has visto, hijo de hombre? Después me llevó, y me hizo volver por la ribera del río. Y volviendo yo, vi que en la ribera del río había muchísimos árboles a uno y otro lado.

En la primera parte de este pasaje, llevan a Ezequiel de tierra seca a las aguas de este glorioso río. Muchos están de acuerdo en que esto es una figura de la inundación vivificante del Espíritu Santo. ¡Qué experiencia ir de la sequedad y la falta de vida de la religión fría a la arremolinada realidad del Espíritu Santo! ¡Qué emoción llegar a conocer esta cara de la salvación! Esta emoción es única e inexplicable; no es de extrañar que el movimiento carismático/pentecostal continúe creciendo por todo el mundo.

En esta memorable visión, el Señor me mostró lecciones que es imprescindible que conozcamos si no queremos volvernos estancados en el sentido espiritual.

LA ALTURA HASTA LOS TOBILLOS ES EL MÍNIMO DE DIOS

Cuatro veces, el ángel midió con cuidado mil codos, guiando a Ezequiel paso a paso. La primera etapa lo llevó a aguas que estaban "hasta los tobillos".

El contacto directo con el poder del Espíritu Santo es del todo maravilloso, ¡pero no olvide que la altura "hasta los tobillos" es el mínimo de Dios! Es una tragedia que tantos cristianos parecen estacionarse en esta posición. Es un sano consejo nuca seguir a un vehículo estacionado, porque no va a poder llegar a ningún lado. No siga a un pastor estacionado, ni tampoco a un miembro de iglesia estacionado. Lo que quiero decir es, no se acomode al mínimo de Dios. Sin dudas usted puede comparar su experiencia con personas que ni siquiera están a la altura de los tobillos, pero mejor compare su posición no con lo poco profundo, sino con la profundidad a la cual puede llegar.

En una oportunidad me invitaron a hablar en una reunión de oración a personas que no creían en el bautismo en el Espíritu Santo. Hice lo mejor que pude, pero me fue muy difícil. Las personas se sentaron allí, sin decir palabra, mirándome con grandes ojos. Alguien hizo una pequeña oración, y eso fue todo. Mientras salía de aquella reunión, pensé: "Debe ser muy difícil nadar en diez centímetros de agua". Esta, por desgracia, es la condición de muchos cristianos. Reman y trabajan, sin embargo no hacen progresos, solo porque están varados en el fondo. No es de extrañarnos que las cosas sean tan duras y difíciles para ellos.

Charles Haddon Spurgeon escribió: "Algunos cristianos navegan en su bote en aguas espirituales tan bajas que la quilla va rozando la grava todo el trayecto hasta el cielo, en lugar de moverse con la marea alta".

Hay muchos obreros frustrados. Son devotos, trabajan casi a punto de desfallecer. Sin embargo, muy poco sucede. ¿Por qué? Porque tan solo están remando en la orilla. Son personas del tipo "hágalo usted mismo". Hacen lo mejor que pueden, y luego "lo riegan con oración". No han seguido las instrucciones del Señor en Lucas 5:4: "Boga mar adentro". Hoy Jesús sigue parado en la orilla y nos anima a bogar mar adentro, a dejar nuestras aguas no profundas, pero, ¿quién se atreverá?

¿Cuál es la vía de Pentecostés? Jesús prometió que haríamos cosas mayores porque Él enviaría al Espíritu Santo (Juan 14:12-17). Esto quiere decir que Él haría el trabajo. El Señor no nos alcanza un tubo de pasta de dientes del cual podamos escurrir una pequeña gota de poder una o dos veces al día, tan solo para nuestra subsistencia espiritual. La vida cristiana normal es esta: "Será como árbol plantado junto a corrientes de aguas" (Salmo 1:3).

Digo esto a manera de grito: *¡El éxito del cristiano está en la plenitud del Espíritu Santo!* Por la gracia de Dios, se me ha mostrado el secreto: Moverse a las aguas más profundas del Espíritu Santo. Una vez en ese desbordante caudal, usted cambiará de inmediato.

EL MÉTODO PERSONAL DE DIOS

Al visualizar esta escena con Ezequiel, me pregunté por qué el hombre con el cordel para medir llevó a Ezequiel solo mil codos cada vez, en cuatro etapas. Cuando el Señor habla, yo soy del tipo de persona que le gusta saltar. Entonces, ¿por qué no dar un único paso de cuatro mil codos? El Espíritu Santo me enseñó esta lección de natación espiritual.

El Padre comprende muy bien a cada uno de sus hijos. Él no nos "lanza al final profundo". El crecimiento y la madurez espirituales llevan tiempo. Su obra es individual y preciosa. El ángel recibió la instrucción de medir primero y luego moverse. De la misma manera, nuestro bendito Señor mide nuestra capacidad individual; y luego nos guía. Si a Ezequiel lo hubieron llevado los cuatro mil codos a la vez, tal vez si hubiera ahogado. A pesar de haber ido a aguas más profundas en cuatro etapas, él hizo progresos.

El Señor nos lleva con amabilidad. Él desea que vayamos, pero no que nos apresuremos sin reflexionar. No debemos tener ni los pies fríos, ni la cabeza caliente.

APRENDER A NADAR

Un día Dios me dijo: "¿Sabes lo que quiere decir nadar?" Bueno, pensaba que sabía porque soy un buen nadador. Pero, ¿sabía? El Espíritu Santo me hizo ver algo que no había apreciado antes.

Él dijo:

> Cuando nadas estás en otro elemento, y operan nuevas leyes. Tienes que dejarte llevar y descansar por completo sobre las aguas del río. Esas aguas te llevarán.

Ahora lo veo. Estoy nadando en el Espíritu Santo. Sus aguas me llevan. El Espíritu me levanta. Nadar quita el peso de sus pies. Le da un día feriado a su espalda y sus articulaciones van de vacaciones. Él hace el trabajo. ¿Cuál, entonces, es el verdadero impedimento? El verdadero impedimento es descansar en su propia persona, dependiendo de sus propias energías y habilidades y estar caminado con pesadez por toda la orilla justo al lado de las mismas aguas que pudieran estarlo llevando en su seno.

Muchos están trabajando para Dios, cuando es Dios el que quiere trabajar para ellos. Él no quiere que trabajemos tan duro que caigamos muertos por Él. Una vez vi una lápida con el nombre de un hombre y este epitafio: "Su vida solo consistió en trabajar". Yo meditaba: "Ese es un epitafio para un caballo, no para un hombre".

Dios no tiene la intención de usarnos como bestias de carga, o que trabajemos como robots. Él pudiera haber creado caballos de carga en abundancia, si eso es lo que hubiera querido. Cuando el Señor pensó en usted y en mí, tenía en mente algo diferente a esclavos. Nuestro Padre quiere hijos e hijas con los que pueda tener compañerismo, disfrutar de un banquete y compartir todo lo que tiene. "Todas mis cosas son tuyas" (Lucas 15:31).

Es tiempo de cambiar la imagen negativa de la vida cristiana. ¿Siente usted que convertirse en un cristiano tan solo le ha hecho bajar la cerviz? ¿Que nunca se siente del todo bien? ¿Siente como si no hubiera en su vida suficiente oración, o trabajo, o amor, o Biblia? ¿Las responsabilidades lo abruman? ¡Debiera permitir que lo sostenga el Espíritu en el glorioso río de Dios! ¡Hay aguas en las que puede flotar! En Él, usted es más que vencedor.

Somos como José, a quien sacaron de la celda de una cárcel para gobernar. Ese es el principio de las transacciones de Dios a lo largo de todas las Escrituras. No estamos para *soportar*, sino para *disfrutar* nuestra vida cristiana. No quiero llegar al cielo solo para descubrir que me las arreglé con el cinco por ciento de lo que Dios quería que tuviera. Eso no es virtud. Estoy interesado en el otro noventa y cinco por ciento. Necesitamos comprender la mente y el llamado de Dios. Como Él guió a Ezequiel del mínimo al máximo, así también el nos guía, si se lo permitimos.

UN RÍO DE VIDA

En la Biblia no existen términos náuticos. Apocalipsis 21:1 declara que "el mar ya no existía más", pero leemos en Apocalipsis 22:1: "Me mostró un río limpio de agua de vida, resplandeciente como cristal, que salía del trono de Dios y del Cordero". Ahí está la diferencia entre un mar y un río. En la Escritura, el mar simboliza las masas de la humanidad y la maldad, "sus aguas arrojan cieno y lodo" (Isaías 57:20). Es además depositario de los desechos del hombre. Las mismas viejas aguas regresan día tras día, la marea trae la basura que pensábamos que habíamos escondido.

Sin embargo, un río es diferente. Hay frescura constante, porque el río nunca tiene la misma agua. Dios tiene algo nuevo cada mañana.

UN RÍO DE PODER

En su visión, Ezequiel se movió hacia aguas más profundas. "Midió otros mil, y era ya un río que yo no podía pasar, porque las aguas habían crecido de manera que el río no se podía pasar sino a nado" (Ezequiel 47:5). El río no era para caminar sino para nadar. Todo el que descubra este secreto verá transformación en su vida y ministerio.

Hace unos pocos años, un ministro del evangelio del todo frustrado vino a visitarme. Acababa de ver a un psiquiatra y me dijo que ya no podía seguir con la carga de su iglesia de cincuenta miembros. Era demasiado.

"¿Eres bautizado en el Espíritu Santo?", le pregunté.

"No", respondió, "mi denominación no cree en eso".

Dediqué algún tiempo a explicarle esta maravillosa verdad y oré con él después de ello. Por la tarde, él se fue, pero en verdad no fue manejando a casa, ¡fue *nadando* a casa! Dios lo había hecho.

¿Cuál puede ser en realidad el máximo de Dios? De seguro no reclamo haber llegado al máximo de Dios, ¡pero estoy sin duda alguna en la transición! Soy como el apóstol Pablo, que va "por fe y para fe" y "de gloria en gloria" (Romanos 1:17; 2 Corintios 3:18). Esa es la progresión del Espíritu Santo.

LA SORPRESA QUE VINO DESPUÉS

Después que Ezequiel nadó, regresó a la ribera del río. Esto no es, en términos del Nuevo Testamento, un anticlímax, porque una vez que hemos estado en el río, el río está en nosotros, y "ríos de agua viva" fluyen de nuestro corazón (Juan 7:38). Esta experiencia transformó tanto al profeta, que cuando subió a la ribera, miró con asombro. "En la ribera del río había muchísimos árboles a uno y otro lado" (Ezequiel 47:7).

¿Qué tenía esto de especial? ¿Por qué miró con asombro? Era especial y miró de ese modo porque ahora vio algo que no estaba allí cuando él entro al río; ¡árboles! Esta es la gran verdad del capítulo: Mientras Dios cambiaba a Ezequiel en su río, Él cambió al mismo tiempo todo el paisaje alrededor de Ezequiel. Las condiciones cambian con las personas ungidas y las iglesias ungidas.

Supongo que si Ezequiel hubiera estado físicamente en Israel y hubiera tratado de plantar árboles en ese lugar, habría fracasado de forma deprimente, incluso aunque la hubiera regado con sus lágrimas. Dios le mostró a Ezequiel que Él puede hacer en segundos lo que las personas no pueden hacer en años. ¡Esa es nuestra fe para hoy! "No con ejército, ni con fuerza, sino con mi Espíritu, ha dicho Jehová de los ejércitos" (Zacarías 4:6).

Las personas que fluyen en y con el Espíritu Santo tienen razones para estar sorprendidos cada día, porque el Señor hace maravillas cada día. ¡Alabe al Señor, porque en Dios nada decrece! Todo se hace más maravilloso cada día.

ENERGÍA DIVINA

Otro detalle a destacar es este: Estos mismos árboles ya tenían frutos maduros. Mientras Ezequiel descubría la profundidad del río del Espíritu Santo, Dios había plantado y hecho crecer los árboles en un abrir y cerrar de ojos. Él es el creador del tiempo y puede reducirlo cada vez que lo desea. "Su fruto será para comer", leemos en el versículo 12. Fue como si el fruto estuviera haciéndole señas: "Ezequiel, ven acá. ¡Ya no hay que cocinar más! Dios ha puesto la mesa para ti. ¡No más comida para llevar! ¡Una dieta balanceada espera por ti!"

¡Qué maravilloso! De repente, el hombre de Dios está en colaboración con el Espíritu Santo. Ya no hay más intrigas hasta el punto de echar humo, no más andar a tropezones en la oscuridad. Esta es la maravilla de una vida y un ministerio en el Espíritu Santo. Es así como ganaremos nuestro mundo para el Señor. ¡El evangelismo del Espíritu Santo ganará a nuestra generación para Dios! Todo comienza cuando somos obedientes a las iniciativas del Espíritu Santo, y lo seguimos hacia las profundidades, donde hay aguas en las que nadar.

EN NUESTRO ELEMENTO

El cristiano que no está en el río del Espíritu Santo está fuera de su elemento. Es como el proverbial pez fuera del agua. No se nos ha llamado para ser moradores del desierto, como lo fue el pueblo de Israel por cuarenta años, aunque el Señor le había prometido una tierra de ríos. Cristo ha prometido ríos a los creyentes, no como una rara excepción, sino como parte de su ambiente natural. No debemos ser personas que se sientan en los bancos, admiradores de las aguas que corren, sino más bien hombres de río.

Muchas veces las personas me han dicho que, dadas sus circunstancias, no pueden vivir una vida cristiana victoriosa. Un joven en África explicó que sus abuelos y sus padres eran todos médicos hechiceros, y que era imposible que él viviera con Jesús en ese lugar.

Sin embargo, ninguno de nosotros podría ser victorioso en ningún lugar de este mundo pecaminoso, si no fuera por el Espíritu Santo. A cualquier lugar que vamos, Él está ahí. Nos movemos en Él y vivimos en Él (Hechos 17:28). Él es nuestro medio. Somos bautizados en Cristo. Nadamos en el río de Dios, no en una pequeña piscina que Él creó para nosotros y que es probable que se seque por completo algún día.

También nos podríamos hacer la pregunta: "¿Puede el hombre vivir en la luna?"La respuesta es tanto "No" como "Sí". No puede vivir en la luna si va allá tal cual es. Sin embargo, si llega a la luna vestido con un traje espacial adecuado, puede vivir allá. El traje espacial contiene el mismo aire que se encuentra en la tierra. Al usar estos trajes espaciales, los astronautas pueden caminar, pasear y saltar sobre la superficie de la luna.

Usted no puede esperar una vida cristiana exitosa si no está en el Espíritu, porque es así como Dios lo ha preparado para vivir. Dondequiera que estemos, podemos, y debemos estar en el Espíritu, y este es el hecho importante. Sin importar cuán horrible sea el lugar, aun cuando esté como aliento del infierno, estamos cubiertos de Dios y podemos respirar el aire del cielo. "El que habita al abrigo del Altísimo morará bajo la sombra del Omnipotente" (Salmo 91:1).

Cuando estamos en el Espíritu somos invencibles, invulnerables, vamos de victoria en victoria, nuestra vida está escondida con Cristo en Dios. El hombre moviéndose en el Espíritu; la iglesia moviéndose en el Espíritu; obreros, evangelistas, pastores y maestros moviéndose en el Espíritu: Esa es la única fórmula que conozco para el éxito. En el Espíritu de Dios podemos ganar el mundo para Jesús.

CAPÍTULO 10

EL PODER DE LA PASIÓN

En los labios de Jesús, la ley se convierte en amor. Están los Diez Mandamientos, sin embargo su primer y único mandamiento es: "Amarás al Señor tu Dios...y el segundo es semejante: Amarás a tu prójimo como a ti mismo" (Mateo 22:37–39). La voz del Sinaí añora. Israel no comprendió bien a Dios desde el comienzo. Horeb tronaba, pero era de pasión.

DERECHOS DE AMOR

¿Quién era en realidad este Dios cuyas palabras se grabaron con fuego en las rocas? Él se identifica a sí mismo y establece sus derechos a dar mandamientos. Él tiene derechos de amor: "Yo soy Jehová tu Dios, que te saqué de la tierra de Egipto, de casa de servidumbre" (Éxodo 20:2). ¡Ese es Él! Sus leyes son leyes de amor. El Dios que es "fuego consumidor" (Deuteronomio 4:24) es también un fuego consumidor de compasión. Él descendió a liberar de la esclavitud a una desagradecida muchedumbre de esclavos. Estaba decidido a darles una nacionalidad y un nuevo país. Tal tarea exigió mucho de su paciencia inagotable.

LA IMAGEN DEL AMOR

Cuando Dios creó al hombre, Él sabía el resultado de tal creación. El Dios de todo conocimiento sabía lo que sucedería. El primer hombre que nació asesinó a su hermano. Sin embargo, Dios tenía una estrategia maestra. Comenzaría con Eva, y seguiría con todas las mujeres. El instinto de ellas sería programado de antemano. Dentro de su naturaleza se pondría un corazón de madre, la forma más pura que puede tomar el afecto. Es un afecto que nunca espera recompensa. Sale de ella y llega hasta la familia y establece normas protectoras. Entonces comenzaría el gran plan secreto de Dios a desarrollarse de forma lenta y a revelarse, a través de todas las andanzas y desgracias de Israel. Al final, se revelaría en el Hijo de su seno. "Porque de tal manera amó Dios al mundo, que ha dado a su Hijo unigénito" (Juan 3:16).

La propia imagen de Dios en el hombre fue la imagen de amor, hasta que las tormentas de pecado agitaron las aguas, y se desvirtuó el reflejo. Pero Dios no fue burlado. Él invirtió todo lo que tenía para todo ser viviente. El evangelio bendijo los oídos de los hombres; el evangelio fue su corazón, un remedio para la atribulada ansiedad de sus criaturas.

POR NOSOTROS
Y PARA NOSOTROS

El evangelismo se resume en esto: Dios nos ama a través de su evangelio. En cada mensaje que se predica debe estar presente el amor. Somos personas que amamos a personas por el amor que Dios nos ha dado. A través de los siglos, hombres y mujeres apasionados han vivido y han muerto para predicar a Cristo y su salvación a toda tribu y nación. De la misma fuerza divina, han venido las mejores obras de los hombres: Iglesias, obras de caridad, hospitales y orfanatos, incluso la civilización misma.

Cuando la presencia de Dios partió del monte Horeb en el Sinaí, ¿qué quedó? La primera respuesta la encontramos en Éxodo 21:5–6, otra ley de amor relacionada con los esclavos. Un esclavo no tenía ningún estatus, ni derechos, pero un siervo hebreo tenía el derecho de dejar a su amo después de cumplir con su período de servidumbre de siete años. Sin embargo, si un siervo se casaba mientras estaba en servidumbre, la ley no le permitía llevársela con él. Solo podía conservar a su esposa y sus hijos si permanecía con su amo toda la vida. Si decidía esto, "entonces su amo lo [llevaba] ante los jueces, y le [hacía] estar junto a la puerta o al poste; y su amo le [horadaba] la oreja con lesna, y [era] su siervo para siempre" (Éxodo 21:6). La cicatriz que quedaba sería una señal externa de que el hombre había decidido quedarse con su amo. También le diría a todos: "Amo a mi esposa y he entregado mi vida *por* ella de modo que pueda entregar mi vida *para* ella".

LA EPOPEYA DE AMOR DE DIOS

Este siervo es una parábola que ilustra el amor de Dios para la humanidad. Él se dio a sí mismo *por* nosotros de modo que pudiera darse a sí mismo *para* nosotros. Dios es amor. Es por eso que nacimos, para amar y ser amados. Conocer el amor de todos los amores es el secreto de todos los secretos. Conozca esto, y usted posee la respuesta para el sentido de la vida. Un evangelio sin amor es una contradicción. Es como un mar sin agua, el sol sin luz, la miel sin dulzor, el pan sin consistencia. El evangelio no es más que la expresión del infinito amor de Dios.

Desde Génesis hasta Apocalipsis, la epopeya de amor se mueve desde la eternidad hasta la eternidad: "Con amor eterno te he amado", nos dice Dios (Jeremías 31:3). Oseas escuchó el clamor de Dios. Ya Israel estaba errante en las tinieblas de su larga histórica noche, y a Oseas se le permitió captar el eco de la angustia divina. "¿Cómo podré abandonarte, oh Efraín? ¿Te entregaré yo, Israel?... Mi corazón se conmueve dentro de mí; se inflama toda mi compasión" (Oseas 11:8). La única explicación que tenemos de cuando Jesús sanó al enfermo, o hizo cualquier otra cosa, es siempre la misma: Tuvo compasión. El amor lo es todo. De hecho, lo es todo en todo el universo de Dios.

TORRENTES DE AMOR

No creo que algún ángel le haya preguntado alguna vez al Señor por qué hizo criaturas como nosotros, con nuestra libertad para escoger el mal y con nuestro poder para quebrantar su corazón. Los ángeles anhelan considerar estas cosas. Sin importar el dolor, Cristo se entregó por completo en un abrumador torrente de amor, por aquellos que nunca podrían merecerlo: Sus jurados enemigos, personas como usted y como yo antes de nacer de nuevo, los anticristos. Ahora, gracias a ese amor, estamos entre aquellos que somos "aceptos en el Amado" (Efesios 1:6).

El infierno es un lugar horrible y misterioso. No es un tema para que lo disfrutemos. No se supone que estemos poniendo a los hombres en el extremo del abismo para verlos retorcerse, solo porque son enemigos de la justicia. Se nos habla de este posible destino de los pecadores para despertar nuestra más profunda compasión y para que esta nos mueva a preocuparnos y advertir a los incautos.

LA EXPRESIÓN DE AMOR EN SU ROSTRO

Jesús dijo más acerca del infierno que ninguna otra persona en la Biblia. De hecho, casi todo lo que se dice en las Escrituras del infierno es algo que Él dijo. Me gustaría poder haber escuchado la forma en que hablaba acerca del infierno. ¿De qué manera habrá dicho: "Ay de vosotros", incluso a los fariseos? ¿Cuál fue el tono de su voz, la mirada en sus ojos, sus gestos de agonía para sus creaturas? De seguro, ningún actor podría imitarlo, porque sus advertencias fluían de la profundidad de un corazón divino imposible de sondear. Solo su amor en nuestro corazón hace posible que nuestras voces tengan la compasión de sus advertencias.

MOVIDO POR AMOR

El amor fue la motivación del Hijo de Dios que vino a vivir ente nosotros. Mire estas conocidas palabras de la Escritura: "Por el gozo puesto delante de él sufrió la cruz, menospreciando el oprobio" (Hebreos 12:2). Los que conocen de ellos nos dicen que la palabra "por" en "por el gozo", es una preposición que podría traducirse mejor como "en vez de". Esto no quiere decir "para buscar el gozo", sino "para sacrificar el gozo". Después de la cruz solo recuperó lo que ya era suyo. Él, el tres veces bendito Dios, había cambiado su corona por una cruz. Una vez más, leemos en Juan 13:1:

Antes de la fiesta de la pascua, sabiendo Jesús que su hora había llegado para que pasase de este mundo al Padre, como había amado a los suyos que estaban en el mundo, los amó hasta el fin.

¿Qué fue lo que hizo? Tomó una toalla y lavó los pies de los discípulos. Luego permitió a Judas salir a traicionarlo. Fue hasta el Calvario, y se convirtió en el rescate para todos los cautivos del diablo. ¿Por qué? Se nos dice en el mismo versículo: "Como había amado a los suyos que estaban en el mundo, los amó hasta el fin". Jesús no regresó al Padre con su tarea inconclusa. Él le dio una nueva definición a la palabra amor al ir a la cruz. Antes de la cruz, el amor no tenía una vara de medir adecuada. Después de la cruz, la cruz misma se convirtió en la forma suprema para poder medir el amor.

EJEMPLO DE COMPASIÓN

Me siento fascinado por la palabra *compasión* en la Escritura. De esta palabra se pueden escribir libros enteros. Es la única palabra que se usa solo cuando se tiene en mente a Dios y a Jesús. Significa "sentimientos hacia el necesitado". Esta es una ocasión en la que se usó.

Hubo una vez un padre que esperó y esperó, siempre observando el camino (Lucas 15:11–32). Uno de sus dos hijos había abandonado la familia y el hogar para pasar un buen tiempo en un país lejano. Tonto muchacho. Ese padre es una figura de nuestro Padre celestial. Día tras día, el padre miraba con detenimiento a la colina distante por la cual pudiera reaparecer su muchacho. Cuando llegó la esperada ocasión, el padre corrió; ¡corrió! Me pregunto si los días en que podía correr ya habían pasado. El amor impulsó al padre para llegar hasta su hijo antes de que el muchacho tuviera oportunidad de arrepentirse y alejarse del hogar. El padre daba diez pasos por cada uno que daba el hijo.

¡Qué historia! La más grande contada jamás, con excepción de la historia del propio Jesús. Hay mucha enseñanza en ella. Por ejemplo, ese hijo había estado trabajando entre cerdos, y había regresado a casa con las únicas ropas que le quedaban, los sucios harapos que todavía tenían el hedor de la cochiquera. Sin embargo, el padre "se echó sobre su cuello, y le besó". ¡Abrazó a ese maloliente y bueno para nada! Un profundo afecto y una gran compasión vencieron la repulsión.

EL AMOR RESTAURA RELACIONES

¿Es tan sorprendente que el hijo mayor repudiara esta sucia trampa? Él le dijo al padre con desdén: "Este tu hijo". La respuesta que recibió fue: "Este tu hermano". El amor restaura todas las relaciones. Ese es el evangelio. El hermano mayor acusó al joven de malgastar el dinero con prostitutas. Esto era lo que él suponía. No se había mencionado nada de esto antes, y el padre no quiso conocer si su suposición era verdadera o falsa. Él no preguntó cuáles habían sido sus pecados. Solo vio la difícil condición de su hijo. Ahí estaba un hombre perdido, muerto, con necesidad de que lo volvieran a amar y lo restituyeran a la vida. Podría tomar tiempo, pero había regresado. Era todo lo que el hijo pródigo podía hacer, y ahora el padre podía perdonar. Esto proveyó una oportunidad para la restauración. Esto es el evangelio, y un ejemplo de compasión.

Comprendo mejor esta historia cuando me doy cuenta de que la palabra "compasión" implica una reacción física. Tienen que ver con los órganos vitales, cuando un sentimiento pasa por todo nuestro cuerpo y nos deja conmocionados en nuestro interior. Decimos: "Se me revolvió el estómago", o, "se paralizó mi corazón". Ese es el significado de la palabra que describe los sentimientos de Jesús cuando Él miraba a las personas. Se sentía movido a compasión (Mateo 9:36). No era un mero acto condescendiente de caridad. Era el irresistible instinto de una madre o un padre que arrebata a un hijo del peligro. En un sentido, Jesús no podía ayudarse a sí mismo. "A otros salvó, a sí mismo no se puede salvar" (Mateo 27:42).

Eso y solo eso ofrece la explicación al hecho de que se atribulara a sí mismo con la enfermedad del mundo entero y el mar de las dolencias humanas, aceptadas desde hace mucho como un hecho inalterable de la vida. Las enfermedades a veces se ven incluso como juicio de Dios. Es muy cierto que ocurrieron muchas cosas como resultado de las milagrosas sanidades de Cristo a los enfermos: La gloria de Dios, la confirmación de su condición de Hijo divino, pero esa no era la razón por la cual sanaba. Su propósito al sanar era sanar; tan solo eso. Yo no toco el piano para probar que tengo dedos, aunque eso es cierto, sino porque me encanta la música. El propósito de la música es música. El propósito de la bondad es bondad. Las consecuencias son meros efectos secundarios, bastante vinculados a su razón.

¿Qué podría ganar Jesús de sus obras de misericordia? Él no las necesitaba para beneficio personal. ¿Por qué fue a Betesda entre esa miseria de humanidad? ¿Por qué fue a Naín a encontrarse con un hombre muerto? O, hasta pudiéramos preguntarnos, ¿para qué vino a la tierra? No existía posible beneficio o ventaja para sí. La verdad es que Jesús tuvo una atracción fatal por los miserables. Esto lo condujo a una muerte cruel, pero esto no lo tuvo en consideración. Él traería su toque de sanidad a vidas destrozadas sin importar las consecuencias.

Podemos leer eso en los ojos de Jesús, los de la multitud eran como ovejas sin pastor "y tuvo compasión de ellos, y sanó a los que de ellos estaban enfermos" (Mateo 14:14).

Luego llamó a sus discípulos y los envió para hacer un trabajo similar. Su trabajo llegó a ser el trabajo de ellos; mostrar compasión. Era su compasión entregada por los discípulos. ¿Lo sintieron ellos así? ¿Lo sentimos nosotros? Los discípulos regresaron entusiasmados y animados porque descubrieron que tenían poder, y que los demonios se les sujetaban (Lucas 10:17). Ellos no mencionaron a aquellos que habían liberado, y nunca hicieron referencia a alguna satisfacción que hubieran recibido porque aquellos hombres y mujeres preciosos eran ahora libres.

Si nos desanimamos cuando los afligidos siguen afligidos, también Jesús. De hecho, nunca nos sentiríamos así si Él no lo sintiera, porque Él nos hizo de esa manera. Él sana para aliviar las consecuencias del pecado, perdona también el pecado, y por la misma razón salva. No hay otra forma en que pueda encontrar satisfacción. La más profunda satisfacción para el Señor está en amar, cuidar, salvar y sanar. Él no obtiene nada de ello.

UN HORNO DE AMOR

Dios es fuego consumidor. Él es todo amor, un horno que arde para sus criaturas. Cada vez que llevamos el evangelio, debe ser porque nos interesa. No debemos sanar por el hecho de ver un prodigio. Dios no está interesado en el mundo del espectáculo. Él no vino a la tierra a hacerse famoso. Si lo hizo, su audiencia solo le obsequió unos clavos.

Él hizo árboles, y los hombres los despojaron de su gracia y los convirtieron en una horrorosa cruz para exhibirlo en su humillación. Él creó al hombre y, por tanto, a Judas Iscariote. La madera que lo cargó, el hierro que lo horadó, el Judas que lo traicionó; Él los hizo en el principio, conociendo a plenitud los usos que tendrían. Sin embargo, Él siguió haciendo árboles, y siguió haciendo el hierro para el beneficio de los hombres, sin considerar el costo para sí.

AMOR SIN FUNDAMENTO

Nuestras motivaciones deben ser las de Él. El amor de Dios derramado en nuestros corazones por el Espíritu Santo lo hace posible. Él nos ama para amar a los demás. Es posible que existan motivaciones deficientes detrás de nuestro ministerio. Al final, nuestra obra se probará con fuego, y lo que se hizo por uno mismo será heno, madera, y hojarasca, en vez de joyas de amor, de oro y plata (1 Corintios 3:12–13).

¿Es tal vez usted una persona que anhela el poder para hacer milagros solo para exhibirse? ¿Es usted un "cazador de demonios" que busca oportunidades de exhibición? ¿Quiere que lo conozcan como una persona de oración, o de gran fe, o de gran espiritualidad? Jesús dijo que tales personas ya tienen su recompensa (Mateo 6:2).

El amor no puede tener razones. Es lo mejor que puede existir. Cuando Dios habló a Israel, le dijo que lo había amado sin buscar razón alguna. No fue por ser una gran nación. Ellos eran una nación incluso menor que las naciones que expulsarían de Canaán. El Señor les dijo que los amaba por causa de su amor por ellos; ¡lo cual no es razón ninguna! La razón para amar es el amor, y eso es lo que es Dios (Deuteronomio 7:7–8). El amor no es Dios, pero Dios es amor.

Jesús me asombra. Él sanó al hombre en el estanque de Betesda. Luego salió sin siquiera decir quién era. ¿Qué provecho tuvo de esta sanidad? Ni gloria, ni fama; más bien le trajo problemas y persecución (Juan 5). Él tomó a un hombre sordo y lo condujo de la mano hasta las afueras de la ciudad para que nadie lo viera realizar el milagro. Hizo lo mismo con un hombre ciego. Él restauró a otros, y les dijo que no dijeran ni una sola palabra. Solo hay una explicación para toda su obra, y es que amaba a las personas.

PROFUNDA COMPASIÓN

Es posible tener el ministerio de Cristo, pero solo hasta el grado de su compasión. Una consideración final me estremeció. Cuando Jesús estuvo ante la tumba de Lázaro, ¿por qué fue que lloró? Pensé: "¿Pero si Él sabía que iba a ser uno de los más grandes milagros, una resurrección, levantar a alguien de los muertos? ¡Debía tener un rostro radiante!". Pero en vez de esto leemos: "se estremeció en espíritu y se conmovió". Incluso lloró. Entonces dijeron los judíos: "Mirad cómo le amaba…Jesús, profundamente conmovido otra vez, vino al sepulcro" (Juan 11:33–38).

La respuesta es que Jesús vio en esta escena de tristeza la agonía del dolor por todas las pérdidas de un ser querido. La muerte no solo afectó a su amigo Lázaro. No fue por sus propias circunstancias que Él mostró sentimientos tan profundos. "Él no tuvo lágrimas por sus propios pesares pero sudó gotas de sangre por los míos", escribió el compositor de himnos Charles H. Gabriel. Jesús vio cada funeral en ese momento, y el rey del terror que persigue a la humanidad con la muerte. Es por tener esta profunda compasión que hasta descendió a las cavernas de la muerte y la conquistó.

Este es el amor, el evangelio, y lo que como iglesia debemos ser. Este es el evangelio que el mundo necesita.

CAPÍTULO 11

EL UNGIDO
NO PROFESIONAL

Hay un episodio en la Biblia que escuchamos una y otra vez cuando éramos niños. La escuchamos tantas veces, que pensamos que es solo "cosa de niños", pero contiene algunas de las palabras más poderosas de Dios en toda la Escritura. Es la historia del enfrentamiento entre David y el gigante guerrero, Goliat que se nos cuenta en 1 Samuel 17.

Debemos recordar que no aprendemos las lecciones de Dios solo con la cabeza. Nuestro coeficiente de inteligencia no tiene nada que ver con espiritualidad. David había descubierto verdades siendo un simple muchacho. Él fue una de las genialidades espirituales inspirada por Dios. Existen verdades muy significativas en esta narración de la maravillosa acción de David en el valle de Ela. Hay elementos clave que son las verdaderas lanzas y espadas de la batalla espiritual. Vemos que la obra y la guerra cristianas se ilustran en este famoso episodio. Es posible la victoria al seguir estas verdades. No son secretos de David, sino los secretos de Jehová de los ejércitos.

No pretendo que estos puntos sean difíciles de distinguir, aunque tan solo nombrar los factores implicados no es suficiente. Puedo hacer eso ahora mismo. El poder de David descansa en dos elementos de igual importancia: La fe y la unción. Sin embargo, no lo podemos dejar ahí. Hay cuatro tipos de personas en esta historia, y podemos identificarlos de esta manera:

- El ungido no profesional; David
- Los profesionales no ungidos; los asustados guerreros de Israel
- El profesional ex ungido; el rey Saúl
- Los profesionales antiungidos; Goliat y los filisteos

EL UNGIDO NO PROFESIONAL

David no era un guerrero profesional, pero era un hombre ungido. No pertenecía al ejército de Israel. Ni siquiera tenía que ver algo con él. La Escritura se asegura de aclarar esto. Su trabajo era en casa, cuidando las ovejas. Él se coló en medio del ejército, un acto de impresionante audacia. Su unción de parte de Dios era su credencial para hacer lo que hizo. En realidad, él solo llevaba un presente especial, una cesta de comida, de parte de su padre para sus hermanos mayores.

El ungido David solo era un mandadero; un mandadero ungido. Los ungidos del Señor deben estar dispuestos a ser mandaderos. Si somos fieles en lo poco, el Señor nos hará estar sobre lo mucho. La unción de Dios puede reposar sobre los obreros más humildes.

Es probable que David nunca hubiera visto una batalla o un campo de batalla antes de llegar al valle de Ela. Él vino con una ilimitada en el Señor. Entre los hombres del ejército de Israel, sin embargo, solo encontró guerreros asustados. Era notable la ausencia de fe y victoria en el espíritu del ejército. Él percibió angustia y calamidad.

En el momento en que abrió su boca para hacer una pregunta, se encontró con su hermano mayor, Eliab. David era un jovencito de diecisiete años, y Eliab era un profesional, un capitán del ejército. Eliab era también el hombre que Samuel no había ungido. Era un profesional no ungido. Representaba a todo el ejército de profesionales no ungidos, y ¿quién sabe cuántos hoy creen que están en el ejército de Dios? Dicho sea de paso, Eliab tenía fe; si se le puede llamar así, pero eso lo veremos luego.

De seguro iba a haber fricción entre el ungido y el no ungido. David era como papel de lija para Eliab, lo irritaba. Quiero destacar algunas diferencias entre estos dos tipos de personas, los Eliab y los David.

LA DIFERENCIA ENTRE EL UNGIDO Y EL NO UNGIDO

David vio a Goliat y escuchó las blasfemias que salían de su boca. Eliab escuchó con un corazón tembloroso. Algo diferente le sucedió a David. La unción del Señor comenzó a intensificarse dentro de él. En ese mismo momento, los corazones de los profesionales no ungidos de Israel estaban helados de miedo. Esta ha sido siempre una notable distinción entre los dos, y lo sigue siendo hoy. La unción da gran denuedo, quita el miedo de las personas. La unción marca la diferencia entre la fe académica y la fe que arde. Permítame advertirle; un tipo de fe siempre irrita a la otra.

Eliab sin dudas tenía razones de su lado, que lo dejaron considerando el balance entre las fuerzas filisteas y las israelitas. No vio otros recursos. Eliab era capaz de hacer evaluaciones profesionales de las situaciones del combate, y vio que Israel no tenía oportunidad de ganar. Esta mentalidad de oficial profesional lo ponía a él junto a Goliat para establecer una comparación, y lo veía como un poderoso gigante. David, en contraste, era un hombre de fe activa, y en su mente ponía a Goliat al lado del Dios de Israel y veía al filisteo como un enano. Es asombroso lo que sucede cuando se contrasta la fe y el temor. David sabía que tenía al Señor de su lado, y sentía una pasión e indignación santas dentro de su alma. Esto era porque la unción le daba recursos que eran desconocidos para los demás. Sus ojos internos de fe estaban sobre Jehová. Hizo más que solo esperar y orar. La unción de Dios lo hizo estar sediento de victoria, y estaba entusiasmado y con gran expectativa. La unción era la "garantía" de lo que vendría.

Por supuesto que Eliab era un hombre inteligente. Había incluso impresionado a Samuel, el profeta. Al principio, Samuel había pensado que este hombre sería un buen rey, pero el Señor había dicho: "No mires a su parecer, ni a lo grande de su estatura, porque yo lo desecho" (1 Samuel 16:7). ¿Por qué? Lo veremos.

A los ojos humanos, David no era digno de tener en cuenta; solo era un jovencito, un vivaracho adolescente. El tipo de persona que dudaríamos de escoger hasta para repartir los himnarios. Pero el Señor dijo: "Levántate y úngelo, porque éste es". El futuro rey de Israel era un desconocido muchacho de cara rojiza de la tribu de Judá. Sin embargo, la piedra preciosa para Judá en el pectoral del sumo sacerdote era también roja.

El favor de Dios para con David nunca le había ganado el favor de sus siete hermanos no ungidos. Ahora, en la zona de batalla, Eliab habló por todos cuando lleno de ira le preguntó a David con quién había dejado "aquellas pocas ovejas en el desierto". David no había desatendido sus ovejas. Las había dejado en manos de un guardián. La unción de Dios no le permite a alguien descuidar sus deberes. David era un hombre conforme al corazón de Dios que cumplía la voluntad de Dios, incluso en los negocios habituales de los deberes de cada día. David, el ungido no profesional, no podía molestarse con los miserables detalles de Eliab; eso para él era irrelevante y sin sentido.

La unción del Espíritu Santo dentro de él llegó ahora a su punto de ebullición. Él ignoraba todo protocolo. Si nadie en el ejército podía enfrentar a Goliat entonces él, un simple don nadie, lo enfrentaría, y lo enfrentaría en el nombre del Señor. ¡David sabía que el Dios de Israel era incapaz de estar inactivo! El ejército consideró a David un intruso, pero era la persona que Dios tenía para estar allí.

CARA A CARA CON EL EX UNGIDO

Quizás David sobrepasó los límites al cuestionarse la política del ejército, pero en resumidas cuentas lo llevaron hasta la tienda del rey Saúl. Tal vez fue un malentendido, pero él dijo que ya era hora de que alguien enfrentara al campeón de Gat. La unción, más que la misma fe de David, lo había hecho hablar.

David reconoció a Goliat como su enemigo, no solo como

el objetivo del ejército para ese día. Aquí estaba el enemigo mortal de cada hombre, mujer y niño en la tierra. Deshacerse de él era la función de todos, fueran o no del ejército. Esto sigue siendo verdad hoy con relación al diablo. El reino de Dios no puede estar en manos solo de profesionales a quienes se les paga de los fondos de las iglesias. Se necesita de ungidos no profesionales. El diablo es una amenaza para todos.

La batalla necesita suministros y dinero, algunos de los cuales David había traído, aunque los dólares no son sustitutos de la dedicación. David no podía seguir dando vueltas por ahí. ¿Para qué estaba ungido? Todos sabían que era necesario hacer algo, pero, ¿quién lo haría? Manos deseosas hacían avanzar a David. Sin dudas, Goliat podía destrozarlo, pero esto acabaría con el punto muerto. David no era importante. Él podía ofrecerse como el cordero del sacrificio. Entonces Israel podría proseguir con la batalla principal. Entremos ahora en la tienda del rey Saúl y veamos qué sucedió.

Es obvio que tiene que haber parecido un chiste a Saúl y a sus generales cuando vieron a un inexperto muchacho del campo entrar y proponerse como el defensor de Israel. El hecho es que, cuando Samuel el profeta ungió a David, el rey Saúl se convirtió en el ex ungido del Señor. Ahora el ungido y el ex ungido estaban cara a cara, frente a frente. Saúl se volvió a David con mirada risueña. David estaba de pie, estremecido bajo la poderosa unción del Espíritu Santo. El ex ungido se había convertido en el líder de la opinión de los no ungidos; y no hay nada más fatal que esta combinación. Saúl dijo: "¡No puedes pelear con Goliat! ¿Sabes a lo que te enfrentas? ¿Has visto lo grande que es? Tú no sabes nada acerca del arte del combate. Él ha sido un guerrero toda su vida".

Siempre hay algunos que tratan de sacar a otros, y siempre hay algunos que tratan de meter a otros para que hagan lo que a ellos no tienen el deseo de hacer. Eliab quería dejar fuera a David, pero esto no se puede hacer con el fuego. Saúl quería que David fuera a pelear en lugar de hacerlo él. Si el ejército hubiera votado, habría sido un 99.9 por ciento en contra de David. Digo 99.9 por ciento porque creo que David habría votado por él. Pero David no estaba esperando una elección por vías democráticas, ni estaba pensando en popularidad. Jesús dijo: "¿Cómo podéis vosotros creer, pues recibís gloria los unos de los otros?" (Juan 5:44).

EL EX UNGIDO

Ahora, el capitán de todos los ex ungidos es el ex ungido Satanás, quien fuera una vez el "querubín grande, protector". Esto es algo muy impresionante, como leemos en Ezequiel 28:14–17 (NTV):

> Yo te ordené y te ungí como poderoso ángel guardián. Tenías acceso al monte santo de Dios y caminabas entre las piedras de fuego. Eras intachable en todo lo que hacías, desde el día en que fuiste creado hasta el día en que se encontró maldad en ti... Tu corazón se llenó de orgullo debido a tu gran belleza. Tu sabiduría se corrompió a causa de tu amor por el esplendor. Entonces te arrojé al suelo.

Además, Isaías dice:

> ¡Cómo caíste del cielo, oh Lucero, hijo de la mañana!... Tú que decías en tu corazón: Subiré al cielo; en lo alto, junto a las estrellas de Dios... y seré semejante al Altísimo.
> —Isaías 14:12–14

En realidad, en cierto sentido, el diablo tenía fe. Según Santiago: "También los demonios creen, y tiemblan" (Santiago 2:19). Sin embargo, la unción se había apartado de Satanás y solo había dejado la cubierta de maldad de lo que había sido un ser ilustre.

Ahora, el rey Saúl era un reflejo patético de la misma condición. Al igual que Satanás perseguiría a Jesús para matarlo, Saúl pronto estaría persiguiendo al ungido David. En ambos casos, estaba un reino en juego. El ex ungido siempre va a perseguir al ungido del Señor. Satanás consideró el ser igual a Dios como algo a qué aferrarse (comparar con Filipenses 2:6), pero Jesús, "*siendo en forma de Dios*", no lo hizo. "Sino que", continúa el apóstol Pablo, "se despojó a sí mismo... se humilló a sí mismo, haciéndose obediente hasta la muerte, y muerte de cruz. Por lo cual Dios también le exaltó hasta lo sumo, y le dio un nombre que es sobre todo nombre" (Filipenses 2:7–9). ¡Gloria a Dios por Jesús!

Cuando David se encontró con Saúl, fue con intrepidez. Era cierto que nunca había peleado como un soldado profesional, pero sí había luchado con bestias salvajes. Los predadores siempre estaban tras su rebaño. Un león y un oso habían tratado de atacar a sus ovejas y habían terminado muertos. Goliat era como una máquina de guerra, un tanque humano, pero desde el punto de vista de David, era un blanco demasiado grande para fallar. Con Dios, David se sentía como toda una división acorazada. "Contigo desbarataré ejércitos, y con mi Dios asaltaré muros" (Salmo 18:29).

Con David, era Dios o nada, y Goliat había impugnado el honor de Dios. Había también desafiado, no solo a los hombres o al ejército de Israel, sino a Dios. Había "provocado al ejército del Dios viviente" (1 Samuel 17:36). Ese fue el error de Goliat; un error que resultó ser para él algo más que un dolor de cabeza, ya que perdió su cabeza. Lo que tenía que hacer David era cualquier cosa que fuera necesario hacer. Dios lo ayudaría a vencer. La fe le dijo que podía y la unción comunicó toda la carga necesaria a su ímpetu para hacerlo.

LA ARMADURA DE SAÚL

Ahora bien, era Saúl quien debía haber peleado con Goliat. Se nos dice que de hombros arriba sobrepasaba a todos en Israel. Además, él era el rey, el que había conocido la unción de Dios. También estaba el poderoso Abner. En lugar de hacerlo ellos, ambos dejaron que David lo hiciera. De hecho, lo primero que hizo Saúl, como hacen los profesionales no ungidos muchas veces, fue burlarse un poco de este muchacho de campo que creía que Dios podía darle la victoria sobre el más grande guerrero dentro de las fuerzas filisteas. En la mente de Saúl, David era un ingenuo. ¿David un libertador? Eso no era más que un absurdo.

El rey Saúl sonrió, guiñó un ojo a su valiente comando general, y le ofreció a David que utilizara su propia armadura real. Eso debió ser divertido. ¡Qué gran papel haría David; la mitad de la talla de Saúl, desfilando entre los dos ejércitos con ese equipamiento demasiado grande para él!

Primero, la chaqueta de cuero. Los hombros, con capas de

cuero y bronce, sobresaliendo unos quince centímetros por encima del cuerpo de David, enterrándolo. La cota de malla le pesaba demasiado. El casco de bronce; David le daba vueltas a la cabeza de un lado a otros y el casco seguía hacia adelante. El cinturón era talla 44; la cintura de David era solo talla 29. La espada de Saúl era tan grande que le arrastraba por el suelo y amenazaba con hacer tropezar al pequeño David. Sí, Goliat se moriría, ¡pero de risa!

CUANDO LA UNCIÓN LLEGA AL PUNTO DE EBULLICIÓN...

"Dadme un hombre" había rugido Goliat (1 Samuel 17:10). Él había esperado por la respuesta de Israel. Tendría que ser el hombre de guerra más grande, suponía él. Entonces, por fin llegó el héroe, saliendo de entre las filas de los poderosos guerreros de Israel. ¡Goliat apenas podía creer lo que veían sus ojos cuando un mozalbete en sandalias, vistiendo una túnica, se acercaba corriendo por el campo! Sus armas eran una vara de pastor en una mano y una honda en la otra. Goliat sintió que era un insulto preparado; ¿pensaba Israel que estaban solo ahuyentando a un perro, para enviar así a un muchacho con una vara y una honda?

La fe de David debe haber sido evidente con su sola presencia. Sin embargo, Goliat estaba en contra del mismo Espíritu de Dios. Invisible dentro del corazón de aquel muchacho pastor, la unción llegó a su punto de ebullición. Ya no había más tiempo de espera. Note que 1 Samuel 17:48 dice que David "corrió" hacia el campeón filisteo, como una flecha que salía del arco del Dios Todopoderoso. Los profesionales no ungidos miraban desde un lugar estratégico y seguro.

Goliat rugió con una ronca advertencia ante la llegada de David. En contraste vino la voz del dulce cantor de Israel, el tenor musical quien apaciguara luego a Saúl en sus ataques de locura. Quizás Eliab o algún otro burlón le gritaron: "Cántale, David, tal vez se eche a llorar y se vaya a casa". Las palabras no apaciguaron a Goliat.

De todas formas, los miles de Israel estaban de pie, observando y gritando. Los soldados habían gritado mucho. Eran buenos en eso. Golpeando las lanzas contra los escudos, cientos de ellos hicieron juntos un alboroto aterrorizante. Pero Goliat era uno de esos testarudos que no se marcharía.

Tome en cuenta que, si era un asunto de fe, todo el ejército tenía fe. David no creía en nada que ellos no creyeran. Ellos tenían el arco del pacto. No solo eso, sino que los israelitas era el pueblo escogido de Dios. Cantaban acerca de eso. Hasta entonaban en un salmo: "Jehová el poderoso en batalla". Iban apagando el sonido con sus pies marcando el ritmo hasta el punto de estremecer la tierra. Todo eso, pero nadie hacía nada por luchar. Tenían fe, pero no actuaban en correspondencia. El ungido David, sin embargo, sintió que el Espíritu de Dios lo estremecía.

El ejército del Señor, ¿es así en la actualidad? ¿Acaso su ejército hace cualquier cosa menos luchar? Cualquier cosa menos evangelizar. Israel pasó el tiempo organizándose, y eso fue todo. Pulían sus armas, y discutían sobre quiénes debían ser los líderes. Sin duda alguna, analizaron la estructura, política y métodos del ejército. El ejército del Señor puede ser así, preocupado sobre todo en pulir los por tanto y por cuanto de su constitución, discutiendo del orden en la iglesia, diciendo ser "un pueblo de poder", como Israel al enfrentar a

Goliat. Con todo, no hace nada en verdad agresivo por Dios, no se hace un evangelismo real.

LA BALA DE DIOS

David hizo lo que cualquiera de esos hombres debió, y en realidad pudo haber hecho. Él luchó. Pero note: Convirtió sus creencias pasivas en fe activa. Porque creyó, pudo enfrentar al gigante. No utilizó armas profesionales, sino solo lo que acostumbraba a usar; una honda y una piedra. Con una experiencia aguzada por los años en lanzar piedras con la honda mientras cuidaba a sus ovejas, es probable que David "le hubiera dado a un pelo a cincuenta metros", pero enfrentar a un gigante era otra cosa.

Ahora, este es el punto principal del asunto. No confunda presunción con fe, y recuerde, para hacer la obra de Dios, usted debe tener la unción de Dios. No es coincidencia que el único creyente en el ejército dispuesto a enfrentar al enemigo fuera el que tenía la unción de Dios.

Eso es lo que Dios desea; hombres de fe y de unción. El hombre ungido hará coincidir su acción con sus creencias. Ese es el hombre cuya fe le hará intentar lo imposible, haciendo lo que nunca haría si no creyera en Dios.

Todos nosotros podemos hacer cosas habituales y confiar en Dios. David hizo lo extraordinario y confió en Dios. Es así como se ve la fe, cuando viene con la unción del Espíritu. ¡Creemos lo imposible; y lo hacemos!

No tengo idea de cuán duro puede golpear una piedra lanzada desde una honda. Sí sé que cuando la lanza un ungido, esta puede viajar como una bala. Esa piedra se hundió en la frente de Goliat, lo tiró al suelo, y el joven vencedor administró el "golpe de gracia" con la propia espada de Goliat.

Sepa esto. Su palabra, si es la Palabra de Dios, lleva mucho más peso que todo argumento. Atrapa a las personas por los lugares donde no están protegidas. Descanso en ello cuando predico a miles de personas, todas ellas diferentes. Dios conoce bien qué palabra alcanzará a cada uno. El enemigo profesional se ha preparado para todo tipo de peligro, pero se le olvida prepararse para una piedra lanzada por una honda. Dios tiene muchas sorpresas para atacar al diablo. Él no sabe a quién o qué medios Dios va a utilizar. Cuando nos movemos en el Espíritu Santo, siempre encontramos los talones de Aquiles del diablo, y así podemos derrotarlo.

David, el ungido no profesional, se apegó a su modo de actuar de fe activa y obtuvo un maravilloso éxito. Luego todos los valientes, profesionales no ungidos de Israel cobraron ánimo. Persiguieron a los filisteos, ¡que ya estaban huyendo! ¡Este debe ser algún otro tipo de fe!

POR ÚLTIMO: EL UNGIDO PROFESIONAL

No sería justo dejar de mencionar lo siguiente. David pronto llegó a ser un "profesional" también; un ungido profesional. ¡Alguien que hace algo por mucho tiempo estará calificado en algún momento! Pero, a pesar de descansar en conocimientos superiores, o en viejas rutinas y rituales, él mantuvo una frescura espiritual a través del Espíritu Santo, como dijo Dios en el Salmo 132:17–18:

> Allí haré retoñar el poder de David; he dispuesto lámpara a mi ungido. A sus enemigos vestiré de confusión, mas sobre él florecerá su corona.

La "lámpara" era el Espíritu de revelación, el Espíritu Santo. David recibió nueva capacidad espiritual todo el tiempo. Él descansaba en la unción del Espíritu Santo, y por tanto en su Señor y Dios. Dios no obra milagros para salvarnos de problemas, sino para glorificar su nombre.

Crea. Actúe. Asegúrese de su unción, y diga al Señor con el autor del himno: "Mándame a correr y haré cosas imposibles". ¡Dios se mueve con aquellos que se mueven!

CAPÍTULO 12

LAS ARMAS
DE NUESTRA MILICIA

Hoy estamos viendo naciones enteras sacudidas por el poder de Dios. Esto no es obra del hombre, sino de Dios. Las personas preguntan: "¿Cuál es el secreto de su éxito?" Así, al menos, es como ellas lo dicen. El hecho es que nada puede estar a la altura del evangelio.

El entretenimiento, la política y otras atracciones pueden arrastrar multitudes, pero nada atrae como el evangelio. Este no ofrece popularidad barata, sin embargo su maravilloso poder está reuniendo a millones alrededor del mundo en maravilloso compañerismo. ¿Cómo sucede esto? La respuesta es: El tipo de evangelismo que vence al mundo es el evangelismo del Espíritu Santo.

El evangelismo del Espíritu Santo utiliza las armas que Dios ha dado para esta tarea, es decir los dones del Espíritu. Los dones del Espíritu son tan importantes que he escrito

"*Mighty Manifestations*" [Manifestaciones poderosas], un libro que explica los propósitos de los dones y cómo fluir en ellos.

La predicación ungida, junto con música y cantos ungidos, no son las únicas explicaciones para nuestro éxito, estoy seguro. Debemos tener algo más como hicieron los primeros discípulos. El Nuevo Testamento habla de manifestaciones, que eran cosas para ver. Son verdades hechas visibles.

¿Qué son las obras de Dios? No son solo conversiones, ni siquiera sanidades. Ellas incluyen revelación, profecía, conocimiento sobrenatural, sabiduría, discernimiento, sueños, visiones y autoridad sobre los poderes de Satanás. Todos estos son aspectos de nuestras cruzadas y reuniones, que han ayudado a atraer a cientos de miles. Las personas despiertan a la realidad de las cosas espirituales cuando ven algo que está más allá de meras palabras. Los dones del Espíritu suplen esta parte de la experiencia.

En este capítulo, quiero enfatizar en las gloriosas posibilidades de estas armas, los dones. Por estos medios que Dios ha dado, el alma tímida puede llegar a ser audaz, y la persona defensiva puede convertirse en agresiva. La intención del Señor es que portemos las credenciales de un embajador. A aquellos a quienes Él envía, también les da poder y autoridad.

Muchos creyentes anhelan esos dones espirituales pero están, quizá, nerviosos acerca de su uso. "¿Y si estoy equivocado?", razonan. El peor error es no emplear las armas del Señor. Recuerde algunos pasajes clave de las Escrituras.

Esfuérzate y sé valiente.

—Josué 1:7

> En el temor de Jehová está la fuerte confianza.
> —Proverbios 14:26

> Esfuérzate en la gracia que es en Cristo Jesús.
> —2 Timoteo 2:1

> Procurad los dones espirituales...procurad profetizar.
> —1 Corintios 14:1, 39

Con relación a la demostración de los dones espirituales, hay un pasaje del Antiguo Testamento que me ha fascinado desde hace mucho tiempo. Si lo pone junto a la verdad del Nuevo Testamento, nos da una clara figura de cómo Dios sí cambia las cosas para sus enemigos:

> Y descendió a él [Eliseo] Joás rey de Israel, y llorando delante de él, dijo: ¡Padre mío, padre mío, carro de Israel y su gente de a caballo! Y le dijo Eliseo: Toma un arco y unas saetas. Tomó él entonces un arco y unas saetas. Luego dijo Eliseo al rey de Israel: Pon tu mano sobre el arco. Y puso él su mano sobre el arco. Entonces puso Eliseo sus manos sobre las manos del rey, y dijo: Abre la ventana que da al oriente. Y cuando él la abrió, dijo Eliseo: Tira. Y tirando él, dijo Eliseo: Saeta de salvación de Jehová, y saeta de salvación contra Siria; porque herirás a los sirios en Afec hasta consumirlos.
> —2 Reyes 13:14-17

COMODIDAD AUTOCOMPASIVA

Joás, el rey de Israel, era joven e inexperto cuando el desastre amenazó su reino. El ejército sirio se había movilizado contra él y él sabía que no podía reunir tropas para igualarlo. Tenía visiones aterradoras de derrota y de su propio encarcelamiento. Incluso la posibilidad de la muerte lo perseguía. Se sentía enfermo de tanta preocupación.

Joás fue uno de los reyes malos de Israel, pero en el tiempo de la prueba, él también se acordó del profeta del Señor, Eliseo. El rey decidió visitar a Eliseo, quien tenía en ese momento unos ochenta años. Se acercó al anciano profeta con adulación, describiendo lo útil que había sido Eliseo para Israel con la frase: "Carro de Israel y su gente de a caballo". Y "llorando delante de él", para que Eliseo pudiera ver sus lágrimas, gritó: "Padre mío, padre mío...". ¡Fue un tremendo show! El hecho era, sin embargo, que Joás no estaba llorando porque Eliseo se estaba muriendo, sino porque él también podía morir.

Eliseo tan solo le dijo al rey que tomara un arco y unas saetas. Creo que también pudo haber dicho: "Toma tu pañuelo". Él había visto el accionar de Joás muchas veces para dejarse conmover por su drama.

Aún más significativo, Dios no estaba impresionado. Llegó la hora de decir que Dios sabe cuando las personas están llorando solo porque sienten pena por ellas mismas.

Algunas personas parecen necesitar mucho más del tiempo de otras personas. De hecho, muchas veces es difícil saber cuál es su problema, si en verdad se conocen a ellas mismas. Algunas veces pudieran ser víctimas de lesiones mentales en su niñez. Pero los líderes que se especializan en consejería pueden experimentar que tales pacientes brindan amplias oportunidades de practicar. Existe el peligro de que las horas que dedican a estos encuentros puedan profundizar el problema en sus consciencias, logrando incluso que esas personas sientan que son sufrientes muy especiales, más allá de la capacidad normal del Señor de ayudarlos. Nada es demasiado difícil para Dios.

Nuestro trabajo no es consentir a los cristianos que sienten lástima de ellos mismos, sino despertarlos, no para darles un sedante, ¡sino un estimulante! Las personas necesitan salir de ellos mismos, y ver de nuevo las necesidades de un mundo que muere. ¡Tenga cuidado! Esta es una táctica gastada del diablo: Dedicar tiempo valioso a personas que nunca resuelven sus problemas personales. Tiempo precioso gastado en conversaciones que podía haberse invertido en ganar a los perdidos.

Eliseo sabía cómo enfrentar esta situación. Él sabía que las lágrimas del rey no eran por el profeta de Dios, ni por la nación de Israel, sino por su propia preservación. Por la palabra del Señor, por lo tanto, sin formalidades ante la presencia real, Eliseo fue directo al punto.

"Toma un arco y unas saetas". Quizás fue brusco, pero cuando los enemigos están invadiendo, la respuesta tiene que ser esa; arco y saetas. Se necesitaba una mente con pensamiento militar. Joás debía olvidarse de él y portarse como un hombre.

¿UN SANTO TEMBLOROSO O TRIUNFANTE?

¿Dónde están sus armas? Pablo escribió: "Que avives el fuego del don de Dios que está en ti" (2 Timoteo 1:6). Su instrucción fue: "Aviva". Esta palabra está relacionada con el fuego;

alimentar la fogata, para hacer que ardan las brasas. Significa "atizar", "producir una llama plena". ¡No enfriar! ¡Avivar ese fuego! Use el abanico sobre las brasas moribundas.

Joás era un rey débil, como vamos a ver, con poco fuego en su interior. Fue gritando a donde estaba Eliseo: "Padre mío, padre mío" cuando estaba asustado, en vez de reunir a su ejército y sacar las armas de la armería. Eliseo habría apreciado la acción mucho más.

Nosotros tenemos nuestras armas, y el diablo ha hecho su mayor esfuerzo para impedir que los cristianos las usen. Cuando Dios abrió su armería y mostró los dones del Espíritu en los inicios del siglo veinte, sonaron alarmas en la Iglesia. Los dones, que se describen en 1 Corintios 12–14, se asumieron como naturales, no sobrenaturales. La Iglesia por mucho tiempo le había dado preeminencia a los dones y habilidades naturales en detrimentos de los dones sobrenaturales. Fue necesario hacer una revisión de exposición bíblica. Aunque los dones naturales son valiosos, nunca pueden tomar el lugar de los dones que otorga el Espíritu Santo, y más importante, nunca deben confundirse con ellos.

Muchos clérigos y médicos se han opuesto a la sanidad divina. Han usado mucho a aquellos que están "decepcionados" y que no reciben sanidad inmediata. Han olvidado por conveniencia que los médicos decepcionan a millones. Casi todos los que están en el cementerio han visto antes a un médico, ¡sin embargo nadie sería tan tonto como para demandar que cierren todos los hospitales! Otros objetan la sanidad divina solo porque algunos no reciben sanidad, y entonces no ministran a ningún enfermo. ¡Esto deja a todos sin sanidad! ¿Dónde está la compasión, o la obediencia a las Escrituras?

Otros dones han estado bajo fuertes ataques. Cuando la

"palabra de ciencia" se restauró por evangelistas pentecostales y carismáticos, muchos catalogaron sus obras como "espiritualismo". ¿Por qué debía Dios dejar de hacer estas cosas poderosas? De hecho, el espiritualismo y la clarividencia son solo la falsificación diabólica de lo que Dios quiere hacer. Los dones del Espíritu Santo son mucho más grandes que cualquier cosa que el ocultismo pueda fabricar. Debe existir lo real cada vez que existe lo falso.

Algunos cristianos han permitido que sus arcos y sus saetas (sus dones, sus armas espirituales) se llenen de polvo en una esquina por causa de los críticos. Otros han recibido heridas, tal vez por comentarios de otros creyentes, y de esta manera han dejado caer sus dones de profecía, o lenguas, o interpretación. Los han "perdido", aunque Dios nunca los reclama, "porque irrevocables son los dones y el llamamiento de Dios" (Romanos 11:29). Es necesario recuperar estos dones. Escuche la voz del Señor: Regrese al día y al lugar en que dejó esos dones espirituales, y pida al Señor que lo perdone. No se desespere; los dones todavía están ahí, aunque inactivos. Seque sus lágrimas de desesperación y tristeza, ¡y "tome su arco y sus saetas" de nuevo!

ESPERAR POR EL MOMENTO DE DIOS

Cuando entro a una reunión, llevo mi arco y mis saetas conmigo. El arco ya está tensado, porque estoy orando en mi corazón: "Señor, ¿cuál es el blanco que has seleccionado? ¿Dónde está la palabra de ciencia? ¿En qué dirección está fluyendo la unción del Espíritu Santo? ¿Dónde está el milagro crucial para hoy?" Esto es lo que quiero decir con que mi arco ya está tensado. ¡Estoy en posición de equilibrio para lanzar ante la orden del Espíritu Santo!

El rey Joás fue un personaje digno de lástima. De seguro recibió entrenamiento como guerrero, no obstante no tomó de buena gana su arco y sus saetas. No podía ver de forma apropiada, por causa de todo su cobarde llanto. Tenía tanto miedo de las amenazas del enemigo que sus manos temblaban. Entonces, sucedió algo maravilloso que lo cambió todo.

Eliseo puso sus manos sobre las manos del rey. Esta es una figura de aliento de cómo Dios cuida de nosotros. No somos nosotros quienes operamos los dones del Espíritu, sino la mano de Dios sobre nosotros. Por ejemplo, Esdras siempre repetía que: "La buena mano de nuestro Dios [estaba] sobre nosotros" (Esdras 7:6, 9, 28; 8:18). Esdras no fue el único que recibió fortaleza. La Biblia está llena de testimonios de esos "[fortalecidos] en el Señor, y en el poder de su fuerza" (Efesios 6:10). ¡Gloria a Dios! Es emocionante.

Tener los dones, el arco y las saetas de Dios, es una cosa. Usarlos es otra. Los "profetas" no deben abrir su boca solo porque son profetas. Existe un momento para la orden de Dios, ese toque de Dios sobre la mano.

Hay una historia africana sobre un elefante que encontró el nido de un avestruz. La mamá avestruz se había ido al río a tomar agua. El elefante vio los huevos al descubierto, y grandes lágrimas de elefante corrieron por su torso. "¿Cómo puede ser tan irresponsable una madre y dejar sus huevos sin protección? Bueno, en lo que regresa, voy a ayudar". Por lo tanto, el elefante, con preocupación maternal, se sentó sobre el nido. El devastador resultado, por supuesto, fue huevos revueltos. Tenía un corazón compasivo, pero ni una pisca de sabiduría en su cerebro de elefante. ¿Hay algunos cristianos así?

El toque de Eliseo confirió fortaleza. Se enjugaron los ojos del rey, y el temor lo abandonó. Llegó a él confianza divina. Esa misma puede ser nuestra experiencia. Ha sido la mía muchas veces. De repente, sé que el enemigo está derrotado. Estoy seguro de que algo milagroso va a ocurrir. La unción está ahí, quebrando el yugo. Podemos fortalecernos "en el Señor, y en el poder de su fuerza" (Efesios 6:10).

"ABRE LA VENTANA"

Luego Eliseo le dijo a Joás: "Abre la ventana que da al oriente". Así que, usted tiene las armas, que son dones, y tiene la unción. ¿Ahora qué? No puede tirar las saetas a través de una ventana cerrada, entonces ábrala, comience a alistarse y busque la oportunidad. Prepare las cosas. Despeje el camino para la acción. Lo que quiero decir es, escuche al Espíritu Santo en este asunto, como Joás escuchó a Eliseo. Pudiera significar dejar fuera algunos arreglos habituales, "canales oficiales", y hasta quizá algunas cortesías, pero si Dios dice que lo haga, entonces hágalo; ¡recuerde siempre la historia del elefante y la avestruz! Cuando Jesús habla, no deje que nadie lo detenga.

Yo tenía unos quince años la primera que Dios puso sus manos sobre mí y me usó de una manera especial. Estaba en una reunión de oración en la iglesia de mi padre en el norte de Alemania. Estábamos todos arrodillados cuando el poder de Dios vino sobre mí, y sentí como si tuviera mis manos cargadas de electricidad. Escuché de forma clara la voz del Señor que dijo a mi corazón: "Levántate y pon tus manos sobre la hermana C".

Casi me desmayo, pensando en las consecuencias, porque mi padre era un hombre muy estricto. ¿Cómo podía levantarme así como así y poner las manos sobre esa señora? Cuando vacilé, el Señor pareció subir el voltaje y yo sentía que me estaba muriendo. Lentamente, levanté mi cabeza y miré a la hermana C. Me moví tan despacio como pude para que nadie me detectara. Entonces di un salto rápido y puse mis manos sobre su cabeza. En ese momento, sentí el poder de Dios a través de mis manos hacia su cuerpo.

Sin embargo, mi padre me vio y su rostro mostró que no estaba complacido. Fue directo a donde estaba ella.

"¿Qué le hizo Reinhard?"

"¡Oh!", respondió ella, "Cuando Reinhard puso sus manos sobre mí, fue como si una corriente fluyera por mi cuerpo, ¡y estoy sanada!"

Al ir a donde ella estaba como Dios me mandó, aprendí esta lección: "Abre la ventana". Cuando Joás lo hubo hecho, pudo recibir el siguiente mandato.

¡DISPARE!

Es interesante que Eliseo no dijo: "¡Apunten!" No había nada a qué apuntar. ¡Dios solo quería que él disparara! ¡Las saetas de Dios son autodirigidas, y nunca fallan el blanco! Son como los misiles cruceros preprogramados. Van a dar el golpe, y ningún corazón puede evadirlas. Todo lo que Dios quiere que hagamos es obedecer.

Cuando Dios da una palabra de ciencia, no necesito comprenderla. Dios conoce mejor que yo. Mi deber es soltar la saeta desde el arco y así se convertirá en "saeta de salvación". Solo el Espíritu de Dios puede llegar a las profundidades del espíritu del hombre. Él no va a errar. El Espíritu está familiarizado con la historia de todos y con nuestros más secretos pensamientos. Desde el punto de vista racional, no es prudente disparar a través de una ventana abierta sin ver el blanco. Sin embargo, cuando lo hacemos, los resultados son asombrosos.

Mi hermano y yo estuvimos implicados en una experiencia sobrecogedora como esta. Crecimos juntos como hijos de padres piadosos, pero él no quiso seguir a Jesús. Cuando nos convertimos en adultos, él tenía planificada su carrera y su vida. El tiempo pasó. Yo no sabía que su esposa lo había abandonado, ni que su mejor amigo había muerto de cáncer. La vida de mi hermano perdió todo significado para él. Entonces una noche tuvo un sueño muy intenso. Parecía estar caminando por un puente alto cuando se resbaló, y sintió que caía, gritando. Se despertó, empapado en sudor.

Luego él me dijo: "Por primera vez en mi vida, sentí un deseo ardiente de orar a Dios, recordando la Escritura que había aprendido cuando niño: 'Invócame en el día de la angustia; te libraré'" (Salmo. 50:15). Caí de rodillas y dije: 'Señor, tú sabes que yo ni siquiera sé si tú existes, pero mi hermano Reinhard es tu siervo. Dame una señal a través de él de que estás vivo'".

Esa noche yo estaba a unos diez mil kilómetros de distancia en Sudáfrica. No sabía nada sobre sus problemas, ni que estaba considerando poner fin a su vida, porque había muy poca comunicación entre nosotros. Sin embargo, en las primeras horas de la madrugada, tuve un sueño terrible. También vi un puente alto y a mi hermano caminando por él en medio de una especie de niebla. El puente no tenía pasamano y yo temía que él pudiera perder la orientación y caer. Caminó hacia la niebla. Lo que me temía, en mi desesperación, grité su nombre. El siguiente sonido que escuché fue el de una voz que gritaba desde las profundidades. Era la voz de mi hermano.

Me desperté, mojado del sudor, y pregunté: "¿Señor, qué esto?" Él me respondió: "Tu hermano está en el puente a la eternidad. Si no adviertes a los impíos, voy a demandar su sangre de tus manos". El temor de Dios cayó sobre mí. En seguida le escribí una carta. Es cierto, tuve que batallar en mi corazón antes de hacerla, pero le conté sobre mi sueño. Le supliqué que recibiera a Jesucristo como su Salvador personal.

Un día antes de Navidad, en 1987, recibí su respuesta. Jesús había salvado de manera maravillosa su alma. ¡Aleluya! Sabía que le había perdonado sus pecados. Él escribió: "Camino con el Señor cada día. Él ha solucionado todos mis problemas". Cuando recibí esa carta, no pude controlar mis emociones y comencé a llorar de alegría.

¡Qué maravilloso es el Espíritu Santo! ¡Cuán efectivos son sus dones! Ellos son las poderosas armas de Dios. Le hacemos el juego a Satanás cuando nos da vergüenza hablar de ellos o nos disculpamos por usarlos. ¿Y si no hubiera escrito esa carta? ¿Y si nunca hubiera abierto la ventana que da al oriente, y lanzado esa saeta a la oscuridad? No lo hice guiado por una decisión racional, sin embargo la saeta encontró su blanco.

En el nombre de Jesús le digo: ¡Abra su ventana! ¡Eche a un lado sus temores! Que su obediencia en fe domine sobre su nerviosismo. ¡Salga y permita que Dios tenga una oportunidad maravillosa a través de usted! Y que su sabiduría sea: "La sabiduría que es de lo alto [que] es primeramente pura, después pacífica, amable, benigna, llena de misericordia y de buenos frutos, sin incertidumbre ni hipocresía" (Santiago 3:17).

¡GOZO!

Cuando Joás lanzó esa saeta por la ventana abierta, algo le sucedió a Eliseo. Él gritó: "Saeta de salvación de Jehová, y saeta de salvación contra Siria; porque herirás a los sirios en Afec hasta consumirlos" (2 Reyes 13:17). Joás lo creyó, y salió adelante en la fortaleza de esa confianza. Él venció a los sirios en tres ocasiones, y recuperó las ciudades perdidas de Israel.

Un encuentro poderoso con Dios cambió el rumbo de ese rey. Esto es lo que se necesita, un encuentro con Dios. Los hombres y mujeres que Dios usa han tenido ese tipo de encuentro con Él. Han salido de la rutina religiosa para entrar en el fluir del Espíritu Santo. Uno puede tener ese encuentro, pero usted tiene que sentir la necesidad apremiante de abrirse paso. Lo esencial es la unción de Dios. Mientras no la tenga, todo lo demás es presunción. Cuando usted tiene sus órdenes, es presunción no obedecer.

PUNTO DE EBULLICIÓN

La historia de Joás y Eliseo es extraordinaria. Lo que sucedió, como acabo de describir, nos da estas grandes verdades. No obstante, todavía queda una faceta de ella. Joás lo pudo haber hecho aún mejor. Seguimos leyendo y vemos que el profeta Eliseo le dijo que tomara las saetas y golpeara la tierra. Él lo hizo, tres veces, con indiferencia. "El varón de Dios", leemos, "enojado contra él, le dijo: Al dar cinco o seis golpes, hubieras derrotado a Siria hasta no quedar ninguno; pero ahora sólo tres veces derrotarás a Siria" (2 Reyes 13:19).

A pesar de que las manos del profeta estuvieron sobre las suyas, al final se mostró el carácter del rey. Joás no era valiente. Solo tres indecisos toques en la tierra eran algo típico de su poca fuerza de voluntad. Un hombre de intenciones poderosas hubiera hecho bien esa pequeña tarea, y habría golpeado con vigor la tierra una y otra vez, con una buena paliza.

Dios ama las almas vigorosas que ponen todo lo que tienen en lo que hacen, aunque sean órdenes pequeñas. Ninguna orden de Dios es un asunto al que podamos restarle importancia. "Todo lo que te viniere a la mano para hacer, hazlo según tus fuerzas" (Eclesiastés 9:10). Lo que usted es no se muestra solo en las grandes batallas, sino también en las pequeñas. No matará a un Goliat si sale corriendo ante un oso o un león.

Dios puede hacer mucho por usted, si rinde por entero su ser a Él y a sus mandamientos. "Haced todo lo que os dijere" (Juan 2:5).

Considere a José. En casa de Potifar, en la cárcel, o a cargo de las cosechas de Egipto, él puso todo lo que tenía en su trabajo. De esa manera llegó a ser el amo de Egipto. Haga lo que pueda, cuando pueda, y todo lo que pueda, dondequiera esté, y Dios lo pondrá sobre mucho.

Cuando puse mis manos sobre aquella hermana en la reunión de oración de mi padre, tuve la oportunidad de echar un vistazo a algo importante. Los dones del Espíritu no son para tenerlos de reserva para una ocasión futura, sino para usarlos hoy.

Con la mano de Dios sobre usted, "¡tome el arco y las saetas!, ¡abra la ventana!, ¡DISPARE!".

CUARTA PARTE

ÉXITO

CAPÍTULO 13

¿IMPOTENTE O IMPORTANTE?

La señal del Cristo vivo es una tumba vacía, no una iglesia vacía. Las misiones de los barrios pobres no son el ideal por el cual Jesús murió.

Algunos piensan que una iglesia exitosa, una que atrae a todo tipo de personas, no puede ser espiritual. ¿Cuál es nuestra visión? ¿Está Dios con la espalda contra la pared, o Dios es una causa benéfica? Una iglesia que se las arregla con lo que puede, siempre está desgastada, raspando tan solo el fondo del barril.

Desde Génesis hasta Apocalipsis, no vemos una imagen como esta. Los siervos de Dios fueron a las naciones. Cambiaron el curso de la historia. Pablo hizo que Félix temblara. Él le pudo decir al gobernador romano Festo, al rey Agripa y a la reina Berenice, y a numerosos altos oficiales: "No se ha hecho esto en algún rincón" (Hechos 26:26). Jesús desafió a todo Israel y sus gobernantes, y, luego de ascender a los cielos, el mundo entero enfrentó el mismo desafío. Pablo incluso pudo testificar ante el mismo emperador Nerón.

¿Es su Dios algo nulo? ¿Es impotente? ¿O es importante y omnipotente? Mi Dios no es el Dios de un pequeño gueto de creyentes del que nadie se da cuenta. El Dios al cual sirvo es el gran YO SOY, el que humilló a Faraón.

La Biblia es una historia de éxito. La idea de un evangelio que no progresa es diametralmente opuesta al evangelio que leo en las Escrituras. La Biblia establece ante la Iglesia un plan para el avance ante toda oposición y maldad.

Hemos visto mucha oposición en este mundo. Al diablo como rey en algunas áreas sin que nadie lo desafíe. Nos hemos topado con todo tipo de antagonismo, falsa religión, brujería, crimen y pecado en todas sus variedades. Sin embargo, el evangelio ha desbaratado al diablo. Multitudes que no se pueden contar siguen ahora al conquistador rey Jesús. Los gobiernos han apoyado nuestras cruzadas evangelísticas, y hasta nos han dado acompañamiento policial hacia y desde los aeropuertos así como a los lugares de las cruzadas.

En los siguientes tres capítulos, quiero animar las ansias de la bendición por el trabajo de Dios. Cualquier otra cosa y no sería Palabra de Dios. La Biblia nunca nos anima a disminuir. Los siervos de Dios están comprometidos con el triunfo. Pentecostés es avivamiento.

Si lee los libros de Éxodo, Deuteronomio, Josué, Samuel, Reyes y Crónicas, descubrirá los principios del éxito; y los del fracaso. Estaremos viendo estos pasajes. Primero, iremos a Josué, que debería llamarse "el libro del éxito", y luego iremos a pasajes relacionados con Jonatán, José, Balaán y otros.

CAPÍTULO 14

SIETE PASOS PARA EL ÉXITO

A<small>LGUNOS TIENEN DESEOS</small>. Otros, como Josué, tienen propósitos. Toda una generación en Israel deseaba, y morían aun deseando. Tenían un hueso de la suerte, pero les faltaba fibra. Josué convirtió "deseos" en tierra, ciudades, casas y posesiones. El incrédulo Israel se lamentaba y moría en el desierto. El creyente Josué comía y bebía en Canaán, la tierra prometida.

Cuando Dios dijo: "Pasa", incluso después de cuarenta años, ¡Josué aún tenía que levantarse e ir! Su orden de ir no había pasado. Dentro de tres días él iría. Israel se había dado por vencido. Para ellos, la tierra prometida era la tierra de fantasía. Josué haría que un sueño de cuatrocientos cincuenta años se volviera realidad.

Una vez que Dios lo comisionó, Josué no esperó. El momento justo había llegado, pero entonces el momento justo siempre estuvo allí para Josué. No era un asunto de golpear el hierro mientras estaba caliente, sino de golpearlo *hasta* que estuviera caliente. Él no esperó por un día especial. Josué hizo del día una ocasión. Durante cuarenta años Josué había alimentado una victoria solo esperando que sucediera. Sucedió como él lo decidió. La puerta de la historia se abrió ante su toque.

Mire los siete factores detrás de su éxito, expuestos en el primer capítulo del libro de Josué. Todos los siete factores para la victoria están en su propio corazón, no en sus circunstancias. Esa es la diferencia entre lo que le sucede a algunos, y no a otros. El éxito está en la Palabra de Dios; no en nuestras circunstancias.

> Jehová habló a Josué hijo de Nun, servidor de Moisés, diciendo: Mi siervo Moisés ha muerto; ahora, pues, levántate y pasa este Jordán.
>
> —Josué 1:1–2

¡Qué momento para ir! Comenzó con un funeral. El hombre que debía guiarlos había muerto. "ahora, pues, levántate", instruyó el Señor. Pudieran haber esperado que Dios dijera: "Mi siervo Moisés ha muerto, así que no puedes ir ahora. Mejor regresan a Egipto". Era una hora desastrosa. Sin embargo, un tiempo como ese es la hora de Dios. Él se revela al hacer cosas en horas desastrosas, sacando vida de la muerte.

¡Y Josué! Moisés fue uno de los hombres más grandes de todos los tiempos, creció como príncipe, un genio, líder de nacimiento, organizador, escritor, una personalidad que fue portadora en sí del aura de Dios como ningún otro hombre en la tierra. ¿Cómo podía Josué compararse con ese gigante? ¿Cómo reaccionaría Israel? Tal vez con, "¿quién se cree este

Josué que es? ¡Vaya, si solo fue el siervo de Moisés! ¿Él nos va a guiar?"

Moisés debió haberlos guiado hasta Canaán, pero nunca lo hizo, a pesar de su estatura mental y espiritual. ¿Cómo podría lograrlo un hombre inferior? Para Josué, la respuesta era que él podría hacer lo que Moisés no hizo porque ya Moisés había logrado lo que Josué no podría haber hecho. Como Moisés había estado delante de él y realizado su poderosa obra, Josué podía ahora tomar la tierra. Moisés había hecho todo lo que le fue posible. Si Josué no daba el paso final hacia Canaán, le fallaría a Moisés.

Grandes hombres han pasado antes que nosotros. Es fácil sentirnos demasiado pequeños para ocupar sus lugares. Las personas se preguntan: "¿Dónde están los nuevos Pablos y Pedros, los Luteros y los Wesleys de hoy?" Dios no quiere a esos hombres hoy. Él nos quiere a nosotros; tal y como nos hizo.

Josué era el hombre para Canaán. Los grandes del pasado lo han dejado todo listo para nosotros; para el empuje final antes de la venida de Jesús. No debemos decepcionarlos.

Los que fueron antes que nosotros lucharon por la libertad, por la Biblia, por la verdad, por el Espíritu Santo. Podemos continuar donde ellos lo dejaron. Jesús dijo: "Las obras que yo hago, [usted] las hará también; y aun mayores hará, porque yo voy al Padre" (Juan 14:12).

Los gigantes cristianos hicieron su trabajo, y ahora nosotros hacemos el nuestro. Ellos no evangelizaron el mundo, pero lo abrieron para ello. Pablo está muerto. Livingstone está muerto. Dios nos está diciendo: "Ahora levántate, ve y posee la tierra". ¡Lo que ellos no pudieron hacer, nosotros lo podemos hacer! ¡Aleluya! La visión en sus corazones es lo que vemos ahora ante nuestros ojos; el mundo para Jesucristo. Debemos echar fuera nuestros sentimientos de inferioridad. Algunos comparan a los cristianos de hoy con los cristianos del pasado. Recuerde siempre esto: En toda época, la grandeza de un hombre descansa solo en Dios. Es por esto que Josué pudo hacer lo que no hizo Moisés; porque él tenía el Dios de Moisés.

PASA 1:
COMPRENDA QUE
SU GRANDEZA ESTÁ EN DIOS

Este es el primer paso: Comprender su grandeza en Dios. Dos veces en la Biblia leemos: "Para Dios todo es posible" (Mateo 19:26; Marcos 10:27). En varias traducciones inglesas la preposición es "con" en lugar de "para". Podemos decir que no es "para" Dios, sino "con" Dios que todas las cosas son posibles. [En todas las versiones consultadas en español se usa la preposición "para" y no "con"]

¿Qué le había prometido Dios a Josué? "Yo os he entregado... todo lugar que pisare la planta de vuestro pie" (Josué 1:3).

Josué entró a Canaán bajo las promesas de Dios. Dios no solo se lo había dicho a Moisés. Él les había dado la tierra a Abraham, Isaac, Jacob, y José. Israel heredó la promesa. Sin embargo, esa promesa no vería su cumplimiento en los descendientes físicos de estos grandes hombres. Solo aquellos que eran descendientes de "fe" de Abraham podían reclamar la tierra prometida.

Una generación completa de la descendencia física de Abraham murió del lado equivocado de la frontera, en incredulidad. Dos hombres fueron verdaderos hijos de Abraham: Caleb y Josué. Los que no tuvieron fe murieron todos en el desierto; se desheredaron ellos mismos. Los dos hijos de fe vivieron y entraron luego; como líderes de la segunda generación que sí creyó. ¿Cómo? Tomaron la tierra poniendo sus pies en ella. No estuvieron conformes solo con el título de propiedad. Entraron en su propiedad.

PASO 2:
TODAS LAS PROMESAS HECHAS A OTROS SE CONVIERTEN EN NUESTRAS POR LA FE

Son promesas hechas a la medida, que se ajustan a nuestras necesidades. Puede considerarlas tan suyas como si Dios si le hubiera parecido en persona y le hubiera hablado. Su único requerimiento es que debe hacerlas suyas. La preocupación del Señor era, y es: "Queda aún mucha tierra por poseer". Esta "mucha tierra" ya el Señor se la había prometido a Josué y a los israelitas. Era de ellos por la fe. "Es, pues, la fe la certeza de lo que se espera" (Hebreos 11:1). Josué tenía la promesa, la reclamó, y prosiguió para tomarla.

> Aconteció después de la muerte de Moisés siervo de Jehová, que Jehová habló a Josué hijo de Nun, servidor de Moisés, diciendo: Mi siervo Moisés ha muerto; ahora, pues, levántate y pasa este Jordán, tú y todo este pueblo, a la tierra que yo les doy a los hijos de Israel. Yo os he entregado, como lo había dicho a Moisés, todo lugar que pisare la planta de vuestro pie. Desde el desierto y el Líbano hasta el gran río Eufrates, toda la tierra de los heteos hasta el gran mar donde se pone el sol, será vuestro territorio.
>
> —Josué 1:1–4

Leemos en Joel de sueños y visiones. Las personas hoy solo desean visiones en busca de emociones, una experiencia sobrenatural, un placer místico. Ese no es el propósito de Dios. Sus visiones se ofrecen para cambiar el mundo. Los verdaderos soñadores de Dios son hombres prácticos, no místicos. Los soñadores que creen son realistas. El tema de sus sueños es sustancia concreta.

No nos tropezamos de manera accidental con el éxito. Josué tenía una meta, una visión. La esperanza, una de las tres grandes virtudes cristianas que permanecen, se crea por medio de la visión. La fe hace factible la esperanza.

El secreto de Josué para el éxito estaba en que él tenía hambre por extraer el máximo de Dios. Los límites descritos arriba tienen su propio secreto; son expandibles, abarcando todo el territorio entre 350,000 y 2,600,000 kilómetros cuadrados. Cuando Dios dijo: "el gran río Eufrates", por su posición geográfica esto quería decir que Israel podía extenderse hasta cualquier punto en el río; el borde se podía expandir. Esto permitía una fe siempre en aumento y una visión siempre creciente. Dios había dado una promesa elástica con elasticidad incorporada que podía satisfacer hasta la vida espiritual más osada. La actitud de Josué fue la de un hombre de fe.

¡Qué sueño para Israel! Después de todo, ¡eran esclavos fugitivos! Josué tuvo sueños. Los soñadores son los que cambian al mundo. Josué ya no era un joven y anticipó la profecía de Joel: "Vuestros ancianos soñarán sueños" (Joel 2:28).

Los sueños de un mundo conquistado para Cristo son una característica carismática. Esa fue la misma visión que llevó a las personas a buscar el poder pentecostal al comienzo del avivamiento pentecostal. Para hacer eso es que Dios envía el poder.

PASO 3:
TENGA UNA VISIÓN DE LO QUE DEBE HACER PARA DIOS, LUEGO TRABAJE PARA LLEVARLA A CABO

Sin visión el pueblo perece. "Como estuve con Moisés, estaré contigo" (Josué 1:5).

Una de las creencias más enraizadas (en realidad, "incredulidades") es que la presencia de Dios es mayor con algunos que con otros. Fabricamos todo tipo de razones para apoyar esta idea. Decimos que algunos son más santos, o que oran más, u otra cosa. ¡Como si la presencia de Dios dependiera de nosotros! La promesa de su presencia con nosotros es incondicional.

Desde el principio Dios dijo: "No te dejaré, ni te desampararé" (Josué 1:5). Él hizo esta promesa a Josué, y la misma promesa se repitió mil trescientos años después en Hebreos 13:5: "No te desampararé, ni te dejaré".

Al juzgar si Dios está o no con las personas, lo hacemos por las señales equivocadas. Miramos a esta persona o a aquella, y la juzgamos por lo que hace o deja de hacer. Dios no se encoje o se estira de acuerdo con la persona. Él no está más con un evangelista que con un pastor. Él no está más con un pastor que con un miembro de la iglesia.

Moisés tuvo las experiencias más extraordinarias con Dios que haya tenido hombre alguno. Josué no pudo compartir esas experiencias a plenitud en ese momento. Sin embargo, fue a Josué que Dios dijo: "No te dejaré, ni te desampararé". La presencia de Dios con nosotros no varía con nuestro llamamiento, o con nuestro éxito. Si Dios estuviera con nosotros solo cuando tenemos éxito, ¡el éxito nunca llegaría!

Muchas veces las personas dicen: "¿Por qué Dios usa a ese hombre? Yo podría hacer lo que él hace".

Exacto; ¡usted podría! Entonces, ¿por qué no comenzar ahora y hacer lo que el otro hombre está haciendo? ¿Cómo puede Él usarlo a usted si nunca hace lo que ese hombre hace? Es por eso que Él no lo usa a usted.

Un empleado descontento se paró ante el buró de su jefe, quejándose de que ganaba mucho menos que lo que su jefe ganaba.

Él dijo: "Yo podría estar sentado donde está usted. Soy tan buen ingeniero como usted".

El jefe le repostó: "Es verdad, podría estar sentado aquí. ¿Por qué no está? Yo comencé este negocio de cero, y usted podía haber hecho lo mismo".

PASO 4:
SIGA ADELANTE AL SABER QUE DIOS ESTÁ CON USTED

No espere por las circunstancias correctas. ¡Dios es su circunstancia! Él está con usted. Otros tan solo se aprovechan de esta gran circunstancia, créala, y actúe en correspondencia.

El nombre Josué era originalmente "Oseas" (salvación), pero Moisés le añadió el nombre divino, formando "*Jehoshua*" (Dios quien es salvación) (Números 13:16), o, en español, "Josué". El nombre suyo, vinculado al nombre de Dios, significa algo. Usted puede ir adelante en el nombre del Señor con el mismo valor que Dios infundió en Josué:

> Esfuérzate y sé valiente.
>
> —Josué 1:6

> Solamente esfuérzate y sé muy valiente.
>
> —Josué 1:7

> Que te esfuerces y seas valiente; no temas ni desmayes.
>
> —JOSUÉ 1:9

Dios hizo énfasis tres veces con Josué sobre la valentía. Antes de la primera vez, le dio la primera razón: "Estaré contigo". La segunda vez Él añadió "Solamente": "Solamente esfuérzate y sé muy valiente".

En la tercera repetición, le dio otra razón: "Mira que te mando" (Josué 1:9). Dios ordena y es entonces que encomia.

Dios nos da razones para seguir adelante. Siempre podemos hallar razones para refrenarnos. Entonces tratamos nuestros temores como virtudes. Decimos: "No soy de los que me gusta presionarme a mí mismo". O, "si Dios quiere que lo haga, me pondría allí". O, "no debemos correr más allá de Dios". O, "estoy esperando por una dirección clara de parte de Dios; no debemos presumir". O, "no busco cosas grandes para mí, más bien debo permanecer humilde".

Entre tanto, la humanidad muere. ¿Son estas razones honestas o suficientes, o es nuestro temor que nos refrena? Para cada cosa que el diablo pueda lanzarnos para hacer que sintamos temor, Dios nos ha dado algo para contrarrestarlo. En verdad existen causas para nuestra vacilación y nerviosismo. Eso es algo natural. Sin embargo, Dios nos llama a una vida nueva de aventura y osadía. Esa es el júbilo de la vida cristiana. Pablo dijo: "pronto estoy a anunciaros el evangelio también a vosotros que estáis en Roma" (Romanos 1:15). Es posible que haya estado nervioso ante esta perspectiva, como dijo que estaba en Corinto: "con debilidad, y mucho temor y temblor" (1 Corintios 2:3). Sin embargo, no cedió antes sus sentimientos. Disfrutó la experiencia de Dios dándole fortaleza para enfrentar la Europa pagana casi él solo. De las Escrituras, Pablo aprendió como enfrentar el miedo. También nosotros debemos hacerlo así:

> En el día que temo, yo en ti confío.
> —Salmo 56:3

> El justo está confiado como un león.
> —Salmo 28:1

> Hablaba denodadamente en el nombre del Señor.
> —Hechos 9:29

> [Pablo y Bernabé] hablando con denuedo, confiados en el Señor.
> —Hechos 14:3

> Comenzó a hablar con denuedo en la sinagoga.
> —Hechos 18:26

> [Pablo] habló con denuedo por espacio de tres meses.
> —Hechos 19:8

> Viendo el denuedo de Pedro y de Juan.
> —Hechos 4:13

> Señor...concede a tus siervos que con todo denuedo hablen tu palabra.
> —Hechos 4:29

> Hablaban con denuedo la palabra de Dios.
> —Hechos 4:31

Estos hombres no eran superhumanos que no sabían lo que era el miedo. Ellos sintieron el cosquilleo en sus estómagos, al igual que nosotros. Según Santiago, "Elías era hombre sujeto a pasiones semejantes a las nuestras" (Santiago 5:17). Con todo, ellos conquistaron sus temores. ¿Cómo? Recordaron que Dios los había enviado. Obedecieron, y echaron la responsabilidad sobre Él. "Mira que te mando" resonaba en sus oídos. En ese caso, "el Señor es mi ayudador; no temeré lo que me pueda hacer el hombre" (Hebreos 13:6).

Pablo nunca les pidió a las personas que oraran para que el poder del Espíritu descansara sobre él. Él sabía que tenía la unción (Romanos 15:29). Dios estaba con él. Su petición de oración era: "Que al abrir mi boca me sea dada palabra para dar a conocer con denuedo el misterio del evangelio, por el cual soy embajador en cadenas; que con denuedo hable de él, como debo hablar" (Efesios 6:19–20). Note el "como debo hablar". Él era un embajador de Dios enviado a hablar.

PASO 5:
SEA VALIENTE EN CRISTO

Juan Wesley dijo: "Tengo demasiado temor de Dios para tenerles miedo a los hombres". El temor de Dios echa fuera el temor a los hombres. Jesús dijo: "No temas, cree solamente" (Marcos 5:36). Lo contrario al miedo no es el valor, es la fe.

> Para cuidar de hacer conforme a toda la ley que mi siervo Moisés te mandó; no te apartes de ella ni a diestra ni a siniestra, para que seas prosperado en todas las cosas que emprendas. Nunca se apartará de tu boca este libro de la ley, sino que de día y de noche meditarás en él, para que guardes

y hagas conforme a todo lo que en él está escrito; porque entonces harás prosperar tu camino, y todo te saldrá bien.

—Josué 1:7-9

Esta palabra contiene muchos secretos. Usted puede leer los mejores libros sobre la Biblia. La erudición es excelente, pero: "La comunión íntima de Jehová es con los que le temen" (Salmo 25:14). Las cosas ocultas de Dios; esas no se conocen con el intelecto. Son incomunicables. Crecen y florecen en nuestra alma al leer la Palabra. La Biblia no es un libro de misterios enigmáticos. Es muy clara, pero solo la puede asir la mano de la fe.

Cuando Cristo nos enseñó a orar, "el pan nuestro de cada día, dánoslo hoy", Él también tenía en mente la Palabra de Dios. Léala cada día. El Espíritu Santo entonces la interpretará para nosotros y alimentará nuestras almas cada día. La Biblia no es para personas pedantes. A algunos les gusta corregir a otros acerca de frases y palabras, ¡pero dejan de percibir el palpitar del corazón de Dios!

Un predicador tiene una sola tarea: Predicar la Palabra, como le dijo Pablo a Tito. Predique la Palabra; medite en ella todo el tiempo (de día y de noche), obtenga su mensaje de la Palabra. Diga lo que ella dice. Nunca sea selectivo, ajustando el evangelio para acomodarlo al gusto del público.

Usted nunca estará escaso de ministerio siempre que esté abundante de la Palabra. Léala cuando no pueda estudiarla. No es "lo profundo" que se desentierra por medio de toda una biblioteca de consulta, sino las más sencillas declaraciones, que pueden encenderlo; y encender también a otros. Por todo el mundo es evidente la necesidad del ministerio de la Palabra.

Hay abundantes predicadores con historias, chistes, ideas, psicología, discursos atrayentes y buenos consejos. Algunos no tienen otra cosa que ofrecer que no sea un acabado arreglo homilético, muy bien aliterado, con la correcta introducción y un buen desenlace, como un hermoso cuadro sin una fotografía.

La Palabra de Dios hace del hombre un profeta, no un simple artista del púlpito. La comprensión de la Palabra es vital. Todo hombre que se entregue a la enseñanza y predicación de esta palabra hallará multitudes de personas hambrientas esperando, como pichones en un nido.

Sobre todo, el poder de Dios se libera por medio de la predicación del evangelio; "es poder de Dios para salvación a todo aquel que cree" (Romanos 1:16). Cada vez que se predica, produce. Es un momento maravilloso aquel en que el Espíritu actúa, como sin duda va a actuar. No hay necesidad de probar las Escrituras. Ellas se prueban a sí mismas.

PASO 6:
NUNCA SE APARTARÁ DE
TU BOCA ESTE LIBRO DE LA LEY

Si otros prosperan sin ella, no los siga. En cuanto a usted, esta es la vía verdadera: ¡La Palabra, LA Palabra, y una vez más LA PALABRA!

> Dentro de tres días pasaréis el Jordán para entrar a poseer la tierra que Jehová vuestro Dios os da en posesión.
>
> —Josué 1:11

Esto es lo que me gusta de Josué; él era instantáneo. Israel había estado al este de la ribera del Jordán toda una generación.

Ese río no era muy ancho, pero podría haber sido un océano. El otro lado era solo una leyenda de sus padres.

Entonces, una mañana, cuando aún parecía que estarían morando en tiendas en el desierto toda la vida, ¡sonó una trompeta! El pueblo se sintió electrizado. Se abrieron las puertas de la historia. "Prepárense para entrar en la tierra dentro de tres días".

¿Cuántos sueños de cristianos han terminado en un escaparate, apartados por parecer muy idealistas, para algún momento indefinido en el futuro? Dios no tiene "futuros indefinidos". Él da órdenes y promesas para una realización inmediata. El Padre conoce la hora. El avivamiento que todos desean; ahora. Las señales y prodigios; ahora. Valentía para seguir adelante con el evangelio; ahora. Apertura de nuevas iglesias; ahora.

Ellos cruzaron el Jordán, y miraron la importante ciudad de Jericó. Cuarenta años atrás, doce hombres de Israel, enviados como espías, habían mirado las grandes ciudades amuralladas de la tierra prometida. Diez trajeron a su regreso reportes que desanimaron al pueblo. "Las ciudades [son] grandes y amuralladas hasta el cielo", dijeron los incrédulos espías en Deuteronomio 1:28. Además, en cuanto a los gigantes que habían visto: "Éramos nosotros, a nuestro parecer, como langostas; y así les parecíamos a ellos" (Números 13:33).

¡Nunca exhiba una mentalidad de langostas! Dios permitió que toda la población de Israel, los que tenían más de veinte años, vagara y muriera en el desierto por su falta de fe. Esto le llevó cuarenta años. El hombre, "cual es su pensamiento en su corazón, tal es él" (Proverbios 23:7). Si usted piensa que es una langosta, ¡lo es! Un hombre es lo que él cree. Las únicas personas que son pequeñas a la vista de Dios son las personas pequeñas en fe; las que sufren del síndrome de langosta. En Dios, usted nunca es una langosta.

Una vez más, cuarenta años atrás, otros dos espías, Caleb y Josué, habían visto también la misma tierra, pero esta vez con ojos de fe y trajeron un buen reporte. "La tierra... es tierra en gran manera buena. Si Jehová se agradare de nosotros, él nos llevará a esta tierra, y nos la entregará" (Números 14:7–8).

Ahora había llegado el día tan esperado por Josué. Las murallas estaban aún ahí, se elevaban sobre ellos, tal y como los diez incrédulos espías habían reportado años atrás. Pero ahora Israel estaba inspirado. Se sentían lo suficientemente grandes para derribarlas con el retumbar de una trompeta. No necesitaban dinamita. Y las derribaron. Caminaron alrededor de los muros durante seis días, con los moradores de Jericó burlándose de ellos, divirtiéndose con tan extraña manera de hacer la guerra. Entonces, el séptimo día, se vinieron abajo las murallas. Somos grandes, pero solo en Dios.

PASO 7:
ENTRE AHORA A
TOMAR LA TIERRA

Israel no solo marchó y tocó las trompetas. Cuando las murallas cayeron, ellos entraron, pelearon y tomaron la ciudad.

Quiero que comprenda algo de vital importancia: Hace mucho tiempo, "las murallas de la ciudad cayeron" por así decirlo, cuando Jesús dijo que Él veía a Satanás caer del cielo como un rayo. "Ahora el príncipe de este mundo será echado fuera" (Juan 12:31). Pero esto no es lo único que hay que hacer. ¡Ahora nosotros debemos atravesar esas murallas caídas con la espada de la Palabra, para predicar el evangelio y tomar la ciudad para Dios! ¡Entre y posea la tierra!

CAPÍTULO 15

INICIATIVA POSITIVA

"Busque su don y úselo", dicen los expertos. Si tiene un don, siga este consejo. No entierre su don en la tierra. Sin embargo, este consejo podría ser una excusa para que algunos se pongan cómodos en sus sillones. Ellos dirán que no tienen ningún don.

La Biblia tiene una vía mejor: "Todo lo que te viniere a la mano para hacer, hazlo según tus fuerzas" (Eclesiastés 9:10). Para mí esto quiere decir: Entra en la viña de Dios aunque lo único que hagas sea desyerbar un poco. Averigua lo que hay que hacer, y comienza a hacerlo. En algunos casos, el llamado de Dios es lo necesario. Si usted mira al hecho de si está dotado para una tarea o no, pudiera decidir que eso no es de su incumbencia. Tal vez lo deje a alguna otra persona. Lo que importa es el llamado de Dios y lo que se necesita hacer.

No debemos consultar con nosotros mismos acerca de nuestros dones, porque por la fe Dios puede elevarnos más allá de nuestras limitaciones y de nosotros mismos. Dios hace el trabajo, no usted. Sin Él, no puede hacer nada, pero usted puede hacer todas las cosas mediante Cristo. Podemos caminar sobre las aguas si fuera necesario, porque todas las cosas son posibles para aquel que cree.

¡La fe en Dios hace a la persona! Lo que creemos es lo que somos. No se venda barato a usted mismo. Venderse a bajo precio no es humildad, sino una negación del propósito mismo para el cual nació. Este es un principio fundamental: Debe obedecer el llamado de Dios si quiere que el poder de Dios obre a través de usted.

¿Qué quiere Dios que usted haga? Lo primero que Él quiere que haga es que no se demore años averiguando qué es lo que Él quiere. Dios no tiene a nadie esperando tanto tiempo. Si Él quiere que se realice un trabajo, no hay necesidad de tenernos adivinando qué cosa es. ¿Por qué habría de hacerlo? Sería ridículo esconderle cuáles son sus propósitos para usted. Ni tampoco hará que las cosas le sean muy difíciles de encontrar. Él siempre tiene una tarea. Puede que no sea una gran tarea. Pudiera no ser algo heroico. Quizás es un trabajo que usted piensa que está por debajo de su valía, incluso uno que pudiera considerarse servil. Recuerde que el gran apóstol Pablo se sentaba a hacer tiendas; no a planear intentos. El que es fiel en las cosas pequeñas, Dios lo hace estar sobre mucho.

Algunos le piden a Dios que les hable y les guíe porque ellos desprecian el día de pequeños comienzos. Asumen que Dios tiene un gran trabajo para ellos, y que de seguro no puede ser algo pequeño. "¿Y tú buscas para ti grandezas? No las busques", dijo Dios a través de Jeremías (Jeremías 45:5). Usted no puede guiar un bote o una bicicleta que no se mueve. Dios espera que usted se mueva antes de decirle la dirección que debe tomar.

Dios nos guía. Cuando Eliezer el siervo de Abraham encontró novia para Isaac, dijo: "Guiándome Jehová en el camino a casa de los hermanos de mi amo" (Génesis 24:27). Este es un principio divino. Usted toma la iniciativa por Dios. Así fue como Pablo realizó sus famosos viajes.

¡ACTÚE!

Si hay un hueco en la presa, tápelo; no apruebe una resolución al respecto. Si un enemigo está penetrando en la tierra prometida, la demanda es obvia. ¡Luchar! ¡No esperar! No le pregunte a Dios qué hacer, o estudie si tiene el don. El rey Saúl fue un hombre que esperó cuando debió salir, y salió cuando debió quedarse. No hacer nada porque no podemos hacer algo grandioso no es otra cosa que orgullo.

LOS TIEMPOS PEORES SON LOS TIEMPOS MEJORES

Durante siglos, hubo conflictos entre Israel y los filisteos por la tierra de Israel. Los filisteos eran los enemigos tradicionales de Israel, tanto en lo físico como en lo espiritual. Podemos comparar los principios espirituales en esa historia con la obra y la lucha cristianas de hoy. Las escaramuzas entre israelitas y filisteos fueron constantes hasta que David por fin subyugó a los filisteos.

Después que Saúl llegó a ser rey, creó un ejército permanente de tres mil hombres, ubicando una tercera parte del mismo bajo su hijo Jonatán. En ese tiempo, los filisteos tenían la ventaja. Ellos pusieron guarniciones por toda la tierra de

Israel, incluyendo una en el paso estratégico desde Bet-el a Jericó, donde estaba la ciudad de Micmas.

En ese tiempo, Jonatán ya había atacado las fuerza filisteas, así que ahora los filisteos habían colocado un buen ejército en Micmas. A la espera, el rey Saúl colocó alrededor de seis mil hombres al otro lado del paso, en Gabaa. Todo estaba listo para la guerra.

Sin embargo, Saúl no atacó. Su dedo estaba en el gatillo, pero no apuntó. El enemigo estaba con comodidad en Israel, ocupando y explotando la buena tierra. Era una guerra de mentira. Nadie hacía nada. Los filisteos no tenían necesidad de actuar, pero Israel debía hacer algo.

Ahora, Jonatán era como David. Eran muy buenos amigos con un temperamento similar, inquieto, de hacer o morir. Jonatán se sentía impaciente por estar sentado allí, tocando las hojas de las hierbas, con un codo apoyado en la tierra. Él pensó en su padre, que estaba sentado "debajo de un granado", muy tranquilo.

Al final, sin decir nada a su padre, Jonatán y su paje de armas decidieron actuar ellos, solo ellos dos. El enemigo estaba allí, entonces, ¿por qué dejarlos tan tranquilos? Los filisteos se quedarían en la tierra para siempre si no se hacía algo.

DOS OSADOS DISCÍPULOS

Ahora el paso a la pequeña guarnición filistea encima de ellos los guió a través de un estrecho cañón, el cual, en un punto, pasaba entre dos peñascos agudos. Jonatán no solo tendría que trepar, lo que les daría a los defensores ventaja sobre él, sino que también tendría que pasar por esa estrecha posición defensiva. Un solo filisteo podría rechazar a un ejército entero allí, como hizo Horacio en el puente sobre el Tíber. Así que Jonatán le dijo a su paje de armas: "Quizá haga algo Jehová por nosotros, pues no es difícil para Jehová salvar con muchos o con pocos" (1 Samuel 14:6).

Fue una aventura de fe. Ellos sabían que el Señor podía salvar a Israel, incluso con ellos dos. Sin embargo, el Señor sí que no podría salvarlos si todos se quedaban tranquilos debajo de los granados. Tal inactividad permitiría al enemigo invasor permanecer para siempre. Se necesitaba alguna acción israelí. No importaba para Dios si se hacía de forma oficial o por iniciativa personal.

Así que Jonatán y su amigo decidieron hacer una prueba. Ellos saldrían de donde estaban escondidos y se mostrarían donde los filisteos podían verlos. Entonces, si sus enemigos decían: "Subid a nosotros, y os haremos saber una cosa" (1 Samuel 14:12), Jonatán y su paje de armas lo harían. Los filisteos nunca esperarían un hecho tan temerario; dos contra veinte, con un ejército en las cercanías, y los veinte soldados en una posición dominante encima de ellos.

Note cómo era la prueba de Jonatán. En sí misma era un acto de fe. Él propuso hacer algo muy valiente. Su "vellón" era que los filisteos lo desafiaran si él se dejaba ver, algo que sus enemigos de seguro harían. Algunas personas ponen "vellones" que son absurdos, y se dejan guiar por condiciones, que son o muy fáciles o muy difíciles. Estos son los que al final quedan "trasquilados" por el diablo.

Los filisteos sí vieron a Jonatán, y dijeron lo que se esperaba: "Subid a nosotros". Ellos, de igual manera, tampoco estaban deseosos de luchar en ese momento. Nunca creyeron que los dos jóvenes soldados israelitas intentarían subir. Así que volvieron las espaldas y siguieron sin hacer nada en particular.

Sin embargo, en fe, Jonatán y su paje de armas hicieron algo que se puede considerar de muy arriesgado. Ambos subieron, trepando con manos y pies. Lanzaron un sorpresivo ataque sobre la pasmada guarnición y los atraparon desprevenidos. La fe de Jonatán le dio una total audacia, la cual ganó el día.

Mientras tanto, ¿qué estaba haciendo Saúl? Él estaba hablando con el sacerdote del Señor, buscando quizá ayuda y dirección, cuando era evidente cuál era su deber. Él esperaba que Dios hiciera algo (1 Samuel 14:3). Dios haría algo; en cuanto alguien creyera en Él y se dispusiera a la acción.

En verdad, Dios hizo algo; cuando Jonatán entro en acción. Se dio el osado ataque. Para empezar, el Señor honró su valor. Luego se levantó en su fuerza, e hizo algo de lo que Él hace. ¡Produjo un temblor de tierra! (Dios es bueno para hacer temblar la tierra cuando las personas actúan y oran en fe. Ver Hechos 4:31).

El resultado fue un ataque de pánico. Se regó por todas las líneas del enemigo. Las fuerzas filisteas se confundieron; volaban los rumores, los soldados se dispersaron.

El padre de Jonatán, el rey Saúl, escuchó la conmoción. Se armó de valor y condujo a sus hombres hacia el tumulto y persiguió a los filisteos. Hasta los prisioneros que estaban en manos del enemigo cobraron ánimo y se volvieron contras sus captores. El pueblo de Israel, que había estado escondido entre las rocas del monte de Efraín, muy temerosos antes para luchar, ahora se envalentonó y se unió a la persecución del enemigo. La causa filistea sufrió un duro revés.

UN DÍA NORMAL

Note cuándo sucedió esto: "Aconteció un día". Esto quiere decir que no fue un día especial. Fue un día sin dirección divina ni revelación. La victoria ocurrió porque Jonatán decidió luchar. Él mismo hizo aquel día especial. El día de Dios coincidió exactamente con el día en que Jonatán decidió que Israel ya había pasado mucho tiempo dando vueltas.

El rey había estado esperando que algo pasara, tal vez esperando que algo lo empujara a la acción. Él quería dirección divina, o esperaba que Dios hiciera el primer movimiento, es por eso que habló con el sacerdote. Jonatán no pudo estar dando vueltas esperando eventualidades y señales. Él no consultó con sacerdotes. Su "vellón", para probar la voluntad de Dios, fue algo que de seguro lo pondría en la batalla. No es de extrañar que Jonatán tuviera un corazón como el de David: Recuerde, David era un hombre con un corazón conforme al de Dios.

Dios tiene un calendario de mil años en el que solo hay un día. Está señalado "HOY". Jesús mismo desafió a aquellos que hablaban de esperar "cuatro meses para que llegue la siega" y les dijo: "mirad los campos, porque ya están blancos para la siega" (Juan 4:35) El profeta Hageo lanzó un abrasador ataque sobre las personas en Jerusalén cuando ellas decían: "No ha llegado aún el tiempo, el tiempo de que la casa de Jehová sea reedificada" (Hageo 1:2). Su vergonzosa prioridad era construir sus propias casas en lugar de un lugar donde habitara la gloria de Dios.

LA INICIATIVA ES SUYA

Muchas personas dicen que no es el tiempo adecuado. ¡Como si el clima o las circunstancias pudieran frustrar el poder de Dios! El avivamiento no es para cuando hay avivamiento, sino para cuando no hay señales de él. Los avivamientos siempre comienzan cuando no está sucediendo nada, cuando no hay señales del mover de Dios, y cuando al parecer no hay nada alentador en el horizonte. Es precisamente por causa de que las cosas estuvieron muy malas por doquier que hombres y mujeres valientes y de fe decidieron cambiarlas. Si esperamos hasta que la situación mejore, nunca iremos. De hecho, ya no habrá razón para ir. Jonatán asestó el golpe cuando la vitoria parecía imposible, y es por esto que tuvo éxito. Dios se deleitó en unirse y mostrar su poder.

Todos estamos orando por un poderoso avivamiento que barra con América, Europa y el resto del mundo. ¡Siga orando! No espere hasta que suceda, y ya sea fácil predicar el evangelio. Siga adelante con lo que puede hacer ahora. Usted puede ganar a miles para Cristo mientras espera por el avivamiento. No solo eso, su acción pudiera ser el mismo comienzo del avivamiento. Es cierto que el avivamiento es un acto soberano de Dios. Sin embargo, es también cierto que el avivamiento puede ser provocado. Los primeros cristianos sabían esto con seguridad, ya que Marcos 16:20 declara:

> Y ellos, saliendo, predicaron en todas partes, ayudándoles el Señor y confirmando la palabra con las señales que la seguían. Amén.

Esos benditos creyentes no se sentaron a esperar que el Señor fuera adelante. Los cristianos hoy dicen: "Iré cuando el Espíritu me mueva". ¡No! El relato del evangelio declara: "Y ellos, saliendo". En otras palabras, ellos tomaron la iniciativa, ¡y el Señor con gusto los complació! Estoy por completo persuadido de que Dios nos permite apretar el gatillo para poderosas manifestaciones de su Espíritu Santo. ¡Por su gracia, he sido testigo de esto numerosas veces! ¡Necesitamos iniciativa del Espíritu Santo! ¡El avivamiento toma a hombres y mujeres de Dios ungidos que ejercitan la audacia de la fe!

Cuando Jonatán y su paje de armas subieron por iniciativa propia, y con sus propias manos y pies, para una escaramuza privada con el enemigo, provocaron una victoria mucho más grande de la que jamás imaginaron. ¿Está Dios esperando por usted? ¿Es usted su Jonatán?

Cualquiera puede creer en Dios cuando Dios ya se está moviendo. ¡La verdadera fe actúa cuando Dios no parece estarse moviendo! ¡Dios se complace en los hombres y mujeres que apuestan por su ayuda! Esta es la fórmula para el triunfo, la bendición y el avivamiento.

¿En cuántas otras personas puede usted pensar que hicieron exactamente eso? Piense en alguien que logró nuevas cosas para Dios, y puede poner a cada uno de ellos en esta lista. Cada uno fue un alguien que se atrevió cuando nadie más pensaba que era el tiempo adecuado. Cada avivamiento ha comenzado de esa manera.

Un ministro anhelaba un gran movimiento de Dios, para ver al Señor sanar a los afligidos y obrar milagros. Cuando se acercó a un ministro de más edad en busca de consejo, este le dijo: "Dios hará esas cosas cuando venga el avivamiento. Así que espere". La misma atmósfera de incredulidad permeó a Nazaret cuando Jesús leyó del libro de Isaías acerca de sí mismo y su ministerio de milagros. La poca amistosa congregación aplazó, de forma indefinida, lo que Dios prometió que haría. Sin embargo, Jesús declaró: "*Hoy* se ha cumplido esta Escritura delante de vosotros" (Lucas 4:21, énfasis añadido).

Imagine esto: Jesús enseñando en la sinagoga el sábado. Los cínicos están allí, observándolo. Otro hombre está allí, observándolo. Este hombre tiene una mano seca. ¿Cuánto más ambiente de avivamiento podría haber en esta sinagoga, con los críticos esperando por una oportunidad para acusar a Jesús si sanaba a este hombre el sábado? Las condiciones no eran para nada propicias. Con todo, Jesús sanó al hombre; porque el tiempo está en sazón cuando más grande es la necesidad (Lucas 6:6–11).

Hoy, ¡hoy es el tiempo! Dios está esperando. ¿Podría ser por usted? No espere; no demore; obedezca la Gran Comisión. No pierda más tiempo. ¡Vaya! ¿Qué está *usted* esperando?

CAPÍTULO 16

NO HAY TRATOS CON EL DIABLO

De vez en cuando me invitan a participar en paneles televisivos para analizar temas de religión. Los participantes por lo general se reúnen antes de salir al aire. En una oportunidad, ninguno de nosotros nos conocíamos y era necesario presentarnos. Hubo un breve período de tiempo para conversar unos con otros antes del comienzo del programa. La conversación giró alrededor de las carreras de caballos, ya que era el tiempo de las carreras de julio. Uno de los hombres, que profesaba ser ateo, tenía todos los nombres de los caballos y los jinetes en la punta de sus dedos. Yo no podía decir nada ya que no tenía conocimiento alguno de carreras de caballos ni de apuestas. Por tanto, me senté tranquilo y ocupé el tiempo en silenciosa oración. Quería que el Señor me guiara en la discusión que pronto tendría lugar. Los otros continuaron sus discusiones sobre caballos y apuestas, y entonces, de repente, algo iluminó mi espíritu. Eso me avivó y me convirtió en el experto.

"Ahora quisiera decirle algo a ustedes acerca de los caballos", dije. El ateo miró interesado. Para estimularlo, dije: "Le pongo todo mi dinero al caballo blanco en el libro de Apocalipsis".

Tal vez él pensó que yo era una autoridad y que solo había estado callado en toda la discusión. El hombre miró desconcertado y repitió: "¿Caballo blanco, en el libro de Apocalipsis?". Parecía que era el único caballo del que no sabía nada.

"Bueno, dígame, ¿quién es el jinete de ese caballo blanco?", preguntó. Por supuesto, esta era la pregunta que esperaba conseguir.

¡Él quería que le dijera quién era el jinete! ¡Bueno, fue emocionante decirle!

"En Apocalipsis 19:11 dice que el nombre del que lo monta es 'Fiel y Verdadero', y también 'EL VERBO DE DIOS'. Es el Hijo de Dios, Jesucristo, y", añadí enseguida, "señor, no solo he puesto mi dinero en Él; de hecho, no tengo dinero. He puesto mi vida y mi alma en Jesucristo. Él es el que respaldo con todo lo que tengo, ¡y sé que voy a ganar!"

Es ahí donde comienza la carrera para nosotros: Con el final, en términos de carrera, "ir al seguro". Para nosotros, el fin es una seguridad viviente. Es la seguridad de Jesús como el Vencedor eterno y universal. Un conocimiento como ese de seguro tendrá un efecto tremendo en nuestra vida diaria.

UN GANADOR IMBATIBLE

¿Sabe usted, con absoluta certeza, que está del lado de los vencedores? Entonces el miedo no podrá acosarlo. De ninguna manera un creyente puede ser aplastado. Es imbatible.

Tiene al Vencedor, el mismo Dios, de su lado. "Si Dios es por nosotros, ¿quién contra nosotros?" (Romanos 8:31).

El temor se fragua en el infierno. Satanás lo entrega como un arma convencional para todos los demonios. Ellos conocen el significado del temor. Es una fuerza que paraliza. Los demonios están llenos de miedo, como escorpiones llenos de veneno. El temor es el veneno de Satanás. Él quiere encajarnos su aguijón y enfermarnos de miedo. El diablo creará un futuro para nosotros colmado de temores. Sin embargo, son ilusiones. Los temores son meros fantasmas. Solo toman cuerpo si los aceptamos. Nosotros podemos exorcizar esos fantasmas.

El temor es lo primero de lo cual debemos deshacernos. Satanás rodeará el evangelismo con una nube de recelo. Conquistar el temor es el golpe contra el enemigo que neutraliza su ataque fundamental. "Ninguna arma forjada contra ti prosperará" (Isaías 54:17). Tenemos nuestra propia arma, la espada del Espíritu, que es la palabra de Dios (Efesios 6:17). Conozca la Palabra, y aprenda de ella que no estamos a merced del diablo.

CREYENTES LIBRES DE MALDICIONES

¿Tenemos que vivir como creyentes en temor y terror de maldiciones? Muchas personas me preguntan cómo "sobrevivo" a todas las maldiciones de la brujería africana. Se preguntan si me oprimen. ¿Me hacen caer esas maldiciones de los hechiceros africanos? El libro de Proverbios nos dice:

> Como el gorrión sin rumbo o la golondrina sin nido, la maldición sin motivo jamás llega a su destino. (NVI)
>
> —Proverbios 26:2

Podemos observar un ejemplo en la historia del complot de Balac para maldecir a Israel (Números 22-24). Hasta ese momento, Israel había estado invencible en el campo de batalla. Por lo tanto, Balac, el rey de Moab, adoptó otra vía. Le ofreció dinero a Balaam, el profeta para que maldijera a Israel. Balaam estaba dispuesto, porque amaba el dinero. Él sabía que el Señor no quería maldecir a Israel, pero preguntó de todas formas, por si acaso. Buscó al Señor, con la esperanza de que Dios le diera ese tipo de profecía.

Balac y Balaam subieron hasta lo más elevado de las rocas de "Bamot-baal", que quiere decir "los lugares altos de Baal", y construyeron siete altares. Allí ofrecieron siete becerros y siete carneros en sacrificio, en espera de que alguna fuerza oscura y oculta pudiera complacerlos, y estorbar el progreso del pueblo de Dios. Sin embargo, ¡Dios no hace tratos con maldiciones contra su pueblo! No obstante, Balaam y Balac persistieron, intentando desde varias posiciones, pero vieron que sus intentos eran del todo vanos.

Miraron las tiendas de Israel al fondo de los altos montes. En medio del campamento estaba el tabernáculo, con la nube de la presencia de Dios, el estandarte mismo del Señor, de manera constante sobre él. "He aquí, no se adormecerá ni dormirá el que guarda a Israel" (Salmo 121:4). Temprano en la mañana, Israel estaba descansando, seguro bajo las alas extendidas de Jehová, que eran invisibles para los enemigos de Israel.

Balaam y Balac hicieron su mayor esfuerzo por el mal en la cumbre de la montaña. Enfurecidos, trabajaron para lanzar un hechizo de infortunio sobre los israelitas. Pero el pueblo de Dios dormía en paz. Balaam abrió su boca para maldecir, pero sus palabras se tornaron en bendición. Las tribus estuvieron allí, todo el tiempo, ignorando aún todo aquello, imperturbables.

Los israelitas hacían reposar sus cabezas sobre la almohada de las promesas de Dios. Estaban seguros bajo su divina protección.

El intento de los conspiradores de volver las fuerzas oscuras contra Israel solo logró hacerlos ver en ridículo. Me gusta la manera en que la Biblia concluye este episodio. Fue un toque de puro sarcasmo. "Entonces se levantó Balaam y se fue, y volvió a su lugar; y también Balac se fue por su camino". ¡Eso fue todo lo que sucedió!

Balaam, el profeta que ambicionaba ganancias, dio de mala gana la palabra del Señor: "¿Por qué maldeciré yo al que Dios no maldijo? ¿Y por qué he de execrar al que Jehová no ha execrado?...Jehová su Dios está con él, y *júbilo de rey en él*" (Números 23:8, 21; énfasis añadido).

SATANÁS EL AMEDRENTADOR

El temor juega su papel en las manos del diablo. Él no puede hacernos daño, solo hacernos temer que sí puede. El diablo es un farsante. Balaam se vio obligado a hablar la verdad. Él nos mostró que el pueblo de Dios no está para recibir maldiciones. Somos inmunes. Estamos redimidos, como lo estaba Israel. Lo que era real para el pueblo redimido de Dios entonces, lo sigue siendo para los redimidos de hoy. El temor escucha el grito de Goliat, pero la fe escucha el grito del Rey de reyes.

"Contra Jacob no hay agüero, ni adivinación contra Israel. Como ahora, será dicho de Jacob y de Israel: ¡Lo que ha hecho Dios!" (Números 23:23). De manera incidental, este versículo me recuerda muchas veces en que los hechiceros y brujos han tratado de maldecir nuestras cruzadas de evangelismo. Muchas veces la proclamación de un sencillo, pero ungido, "¡Aleluya!" desde la plataforma ha quebrado el yugo de opresión y dejado a los hechiceros jadeantes y sin aliento. Sus intentos de maldecirnos e invocar demonios han sido frustrados por la poderosa protección de Dios. En verdad, "el ángel de Jehová acampa alrededor de los que le temen y los defiende" (Salmo 34:7).

Los vientos huracanados de la muerte se habían escuchado por todo Egipto no mucho tiempo atrás. Sin embargo, ningún hogar de Israel conoció su frío aliento. Cuando el Señor pasó por Egipto haciendo morir a todos los primogénitos en la tierra, Él paso sobre las casas en las que vio la sangre del cordero. Cada hijo de Dios hoy está cubierto y marcado por la sangre de Jesús (Éxodo 12:12–13). Cada uno de nosotros está más allá del alcance de los poderes del infierno, brujos, hechizos, maldiciones, demonios, o todos los sirvientes del diablo. Los principados y potestades en los lugares celestiales no pueden tocarnos mientras descansemos bajo el estandarte de la preciosa sangre del Salvador, nuestro Cordero pascual. Su protección que nos rodea es impenetrable e invulnerable.

El hombre que teme es aliado del diablo; le guste o no. El temor es una infección, una enfermedad. Puede propagarse entre los cristianos. Estoy seguro de que la razón por la que Dios prohibió hablar a los hijos de Israel mientras marchaban alrededor de los muros de Jericó fue para que no propagaran dudas y temores entre ellos mismos (Josué 6:10). El diablo no teme al hombre que teme. Él sabe que esa persona es inofensiva. Sin embargo, Satanás tiembla cuando no temamos.

Cuando Nehemías estaba restaurando Jerusalén, se le pidió que se escondiera de sus enemigos. Me gusta su respuesta: "¿Un hombre como yo ha de huir? ¿Y quién, que fuera como yo, entraría al templo para salvarse la vida? No entraré" (Nehemías 6:11). ¿Vamos los hijos de Dios, los ciudadanos del reino comprados con sangre, a ceder el paso ante fanfarronadas y amenazas? Al pueblo de Dios no se le ha dado "un espíritu de cobardía, sino de poder, de amor y de dominio propio" (2 Timoteo 1:7). ¿Un pueblo como este ha de huir? ¡Nunca!

Lejos de temer, podemos regocijarnos. "He aquí os doy potestad de hollar serpientes y escorpiones, y sobre toda fuerza del enemigo, y nada os dañará" (Lucas 10:19). Los cristianos no son los cazados, sino los cazadores; no los atacados, sino los que atacan. No estamos acorralados. No tenemos nuestras espaldas contra la pared. ¡Todo lo contrario! Somos la tropa élite de Dios, enviados para liberar a los cautivos del infierno. ¡Somos las fuerzas invasoras del Señor!

En varias ocasiones Jesús dijo: "¡No teman!" Sin embargo, eso no fue lo único que dijo. Él era el psicólogo supremo. Note lo que Él dijo: "No temas; *cree solamente*" (Lucas 8:50, énfasis añadido). Siempre era más que un solo, "no temas", o "ten ánimo, sé valiente". Eso solo sería un inútil consejo. El temor es una fuerza, y debe enfrentarse con una fuerza superior.

El temor es la fuerza negativa. Su signo es el de menos. Alguien me dijo una vez: "El temor es el cuarto oscuro en el cual las personas revelan sus negativos". Solo una fuerza positiva puede cancelar una negativa. Esa fuerza positiva es la fe. Por eso Jesús siempre dijo: "No temas; cree solamente". Lo opuesto al temor no es el valor, sino la fe.

"Esta es la victoria que ha vencido al mundo, nuestra fe" (1 Juan 5:4). La fe es un arma de múltiples propósitos. No es presunción ni bravuconería; recuerde a los hijos de Esceva (Hechos 19:12–16). Un santo tembloroso produce un Satanás triunfante, pero la fe atemoriza al enemigo. No somos llamados a temblar, sino a ejercer autoridad y estremecer el infierno.

Benaía "arrebató al egipcio la lanza de la mano, y lo mató con su propia lanza" (2 Samuel 23:21). De igual manera nosotros arrebatamos el miedo de las manos del enemigo, usamos sus propias armas, y hacemos temblar al diablo.

PRÍNCIPE DE LA POTESTAD DEL AIRE

Tuve una experiencia en una de nuestras cruzadas de evangelismo en África, que me dio una revelación. Debíamos usar nuestra gran tienda de campaña en "Green Valley", Sudáfrica. El equipo estaba listo para armar el tabernáculo de lona, que, en ese tiempo, podía dar cabida a diez mil personas, al estilo africano. Con gran entusiasmo, estaba contando las horas para nuestra primera reunión. Entonces llamó el encargado de la tienda de campaña.

"El suelo es muy suave", dijo. "Si hay un poco de viento o de lluvia, las anclas y los mástiles pueden perder su agarre y la tienda puede venirse abajo. El suelo mojado no aguantará". Su pregunta era si debíamos seguir y armar la tienda de campaña. Mi mente trabajaba rápido en esa pregunta. Sería terrible si todo aquello terminaba mal. Oré al Señor en mi corazón mientras pensaba. Entonces sentí una seguridad divina que inundó mi mente.

"Sigan adelante", respondí. "En el nombre de Jesús, no va a llover ni habrá tormenta". Siguiendo esa instrucción, se alzó la tienda.

Tuvimos un magnífico comienzo. Noche tras noche, la tienda estuvo repleta de personas con hambre de Dios. Entonces, una tarde, mientras estaba arrodillado en oración en mi tráiler, cerca de la tienda, miré al cielo y vi una poderosa tormenta que se estaba formando hacia el occidente, y que venía hacia nosotros. ¿Ha visto alguna vez una tormenta en África, que lleva el aire con agua? Las nubes, como multitudes de pelo crespo muy negro, eran empujadas de un lado a otro por la tormenta entre ellas.

"Aquí está tu catástrofe", dijo una voz dentro de mí. Luego escuché la voz del Espíritu Santo respondiendo a ese temor y diciéndome qué hacer: "¡Ve y reprende al diablo!"

Salí y caminé de forma agresiva en dirección de la inminente tormenta. Levantando mi dedo y señalando, dije: "Diablo, quiero hablarte en el nombre de Jesús. Si destruyes esta tienda, ¡voy a confiar en Dios para hacer una tres veces más grande!"

Miré, y en ese momento, sucedió algo increíble; las nubes se separaron. Comenzaron a desviarse de la tienda y alrededor de ella. ¡Había terminado la amenaza! Las nubes y la lluvia nunca nos alcanzaron, y la tienda se mantuvo firme todo el tiempo que duró la cruzada evangelística. ¡Cuán grande es nuestro Dios!

Esta maravillosa verdad me golpeó con más fuerza que cualquier rayo que la tormenta pudiera habernos arrojado: ¡La fe atemoriza a Satanás! Mi fe había asustado al diablo. Es probable que ya tuviera bastante de qué preocuparse con esa tienda que teníamos, y la fe para una tienda más grande lo estremeció.

La Biblia declara que los demonios tiemblan en Santiago 2:19. Cuando nos levantamos con fe viva y abordamos la posición en la fortaleza de Dios, nuestra fe aterroriza al terrorista por excelencia, Satanás. "Someteos, pues, a Dios; resistid al diablo, y huirá de vosotros", declara la Biblia (Santiago 4:7). La Biblia nos instruye, además, que resistamos a nuestro adversario, el diablo: "Al cual resistid firmes en la fe" (1 Pedro

5:9). Esto es un hecho. Juan testificó: "Os escribo a vosotros, jóvenes, porque habéis vencido al maligno" (1 Juan 2:13). Con fe en Dios, incluso "los cojos arrebatarán el botín" (Isaías 33:23).

Mi episodio con la tienda no terminó del todo, porque algo perturbaba y acosaba mi corazón. "¿Y si el diablo malinterpretó mis palabras?", me preguntaba. La idea volvía a rondar mi cabeza. Así que decidí aclarar el asunto.

Hablé una vez más con el diablo en el nombre de Jesús y le dije: "No hice ningún trato contigo. Solo porque retirarse el viento y la lluvia no quiere decir que llegué a un acuerdo contigo sobre no tener una tienda más grande. La tienda más grande va de todas maneras".

No debemos negociar con el diablo; debemos echarlo fuera. Eso es lo que la Biblia nos dice que debemos hacer. Siga repitiéndose: La fe atemoriza a Satanás, la fe atemoriza a Satanás, la fe atemoriza a Satanás. Esta verdad lo cambiará de negativo a positivo. En Jesús, usted es victorioso, no la víctima. Satanás es la víctima, porque Jesús aplastó la cabeza de la serpiente.

EL CRISTIANO AUDAZ

Los hijos de Dios pueden ser osados. "Por la fe Moisés, cuando nació, fue escondido por sus padres por tres meses, porque le vieron niño hermoso, y no temieron el decreto del rey" (Hebreos 11:23). Solo piense en todo lo que esto implica. El estado egipcio, con faraón a su cabeza, había hecho ilegal el mantener a un niño hebreo varón. Por ley, a estos niños se les debía dar muerte al nacer. Los soldados se movían por todos lados para cumplir esta orden. ¡Cuánto terror y angustia debió existir!

Entonces nació Moisés. Sus padres miraron a su adorado hijo, y supieron que no podían permitir que mataran al niño.

Decidieron desafiar la ley y esconder a la criatura. "Por la fe... no temieron". Los oficiales de la ley estaban por todos lados, y se oían sus pasos deteniéndose ante cada puerta, ¡buscando la vida de un niño! ¿Quién no se estremecería por completo si hombres armados estuvieran esperando, listos para matar a su bebé? Sin embargo, "no temieron". ¿Por qué no? ¿Eran antinaturales, insensibles? No, eran buenos padres. Solo había una razón por la que se estremecieron o cayeron en pánico; tenían fe en Dios. Cierto, la situación era imposible. Su fe parecía ingenua y tonta. Sin embargo, la situación era exactamente la que Dios quería, "porque nada hay imposible para Dios".

Cuando las cosas son imposibles, la fe es la respuesta. La fe no es solo para lo posible; eso no es fe. El recurso más poderoso en todo el universo es el brazo de Dios. Algunos solo pueden creer en Dios cuando es para algo "razonable", algo que pueda controlarse. Sin embargo, Pablo escribió: "Nosotros... no teniendo confianza en la carne" (Filipenses 3:3), es decir, en nuestros propios planes.

Me encanta ilustrar la fe en un Dios grande con la preciosa historia africana del elefante y la hormiga. Un elefante cruzaba un puente tembloroso, y una pequeñita hormiga estaba sentada sobre el elefante, justo detrás de la enorme oreja del animal. El puente se estremeció mientras cruzaban, y cuando estuvieron a salvo al otro lado, la hormiga le dijo al elefante: "¡Caramba! Hicimos estremecer ese puente, ¿no es verdad?"

Esta es la relación que tenemos con Dios cuando descansamos en Él. Él nos carga (Isaías 46:4). Él hace que el puente se estremezca. Él pone su peso detrás de nosotros y a nuestro lado. Él edifica su casa, su iglesia, y su negocio. El Señor lo guía al éxito. En Él, encontramos que lo imposible puede ser posible. ¡Aleluya!

LA LÍNEA DIVISORIA

La fe establece la diferencia. Es la distinción fundamental entre una persona y otra. El mundo entero está de un lado o del otro de la línea de la fe. Solo existen dos tipos diferentes de personas; no ricos y pobres, no negros y blancos, no instruidos y analfabetos, no judíos y gentiles, no hombres y mujeres. Ninguna de estas distinciones existe realmente en Cristo. Dios solo ve creyentes e incrédulos. "El que creyere... será salvo; mas el que no creyere, será condenado" (Marcos 16:16).

La fe es la nueva orden. La incredulidad es la orden vieja y agonizante. La fe es la línea divisoria que corre de un lado a otro de la humanidad. Tener fe o no tener fe, son las únicas alternativas para nuestro enfoque de vida.

El temor solo ve lo que ve el hombre. La fe ve lo que Dios ve, y actúa en correspondencia. La fe genera acción, y personas de acción, como Caleb y Josué. La incredulidad nos mantiene atados a un desierto espiritual; como estuvo Israel durante tantos años. El temor y la duda magnifican las dificultades y nos hacen pensar que no podemos ganar a las personas para Cristo y que el mundo es muy fuerte. *Sin* fe, tememos al fracaso y la burla. *Con* fe, se puede ganar a las personas, y así nos invade el gozo de la esperanza. *Por la* fe, nos movemos del mínimo al máximo.

EL HOMBRE QUE VIVIÓ EL MAÑANA

En Egipto había dos procesos de momificación ampliamente utilizados. Casi todos los muertos se preservaban para que permanecieran en Egipto. A los poderosos faraones se les enterraba en gigantescos mausoleos, múltiples ataúdes, y hasta bajo perpetuas pirámides. Estas personas muertas estaban bien muertas. Sin embargo, una de ellas no quiso tener "EPD" en su tumba en Egipto. La momia de José debía exportarse; la única que le sucedió esto. José conocía las promesas de Dios, y lo que reservaba el futuro, y estaba decidido a ser parte de él. José, quien murió a la edad de 110, no se hallaría muerto en Egipto. Él era el hombre que vivió el mañana.

"Por la fe José…dio mandamiento acerca de sus huesos" (Hebreos 11:22). Él no quería yacer con tranquilidad en la tumba cuando se abrieran el mar Rojo y el río Jordán. Sus ojos de fe vieron la fidelidad de Dios cumpliendo su promesa, la promesa que Él había dado a Abraham, Isaac y Jacob mucho antes. De hecho, cientos de años antes de que sucediera, José gritó con el ejército de hombres que, aún por nacer, derribarían los muros de Jericó. La fe renueva nuestra juventud. Un hombre de fe, a la edad de cien años, es más joven que un adolescente crítico. Muchos de nuestros jóvenes son "viejos" y sin futuro. Son el gentío derrotado cuya canción es como la de los Beatles; "Yesterday" [Ayer]: "Todos mis problemas parecen tan distantes…ayer". Están sin Dios y sin esperanza. ¿Dónde están hoy los hombres del batallón de José?

Dios entraría en acción algún día, y José determinó que no quería quedarse fuera de ello, muerto o vivo. La fe da vida a los muertos. ¡Le da vida a los temerosos! La fe se burla de ese tipo de terrores, muertes y aterroriza "al que tenía el imperio de la muerte, esto es, al diablo" "¿Dónde está, oh muerte, tu aguijón?" (1 Corintios 15:55).

QUINTA PARTE

EN LA PRÁCTICA

CAPÍTULO 17

LA TRAMPA

Dios financia sus propios planes. Él pone los suministros, pero nosotros debemos saber para qué son esos suministros. El dinero es para los negocios del Señor. Todo lo que necesitamos saber es lo que Él planea hacer. Averigüe qué está haciendo Dios, y únase a Él. ¡Únase a la empresa! Entonces estaremos autorizados para solicitar por la fe lo que necesitemos de sus amplios almacenes. Podemos pedir a Dios que provea para lo que estamos haciendo, siempre y cuando estemos haciendo lo que Él hace.

DIOS BENDICE
SUS PROPIOS PLANES

¿Cuál es el negocio de Dios? Él es en primer lugar el Salvador, el Dios de salvación. "Yo, yo Jehová, y fuera de mí no hay quien salve" (Isaías 43:11). La salvación no es solo un tema favorito de un evangelista; es la obra principal del Señor. Dios se especializa en salvación. Como la medicina para un médico, como la música para un músico, así es la obra de salvación para Dios. Jesús "vino a buscar y a salvar lo que se había perdido" (Lucas 19:10), y a "llevar muchos hijos a la gloria" (Hebreos 2:10).

Se nos invita a trabajar con Él, no por nuestra cuenta. El evangelio es el negocio de Dios desde el comienzo hasta el final; su monopolio, si le parece. No podemos poner tiendas evangélicas de nuestra propia marca. Jesucristo es la cabeza de toda obra de salvación en el mundo. Podemos trabajar juntos con Él, y debemos hacerlo a cualquier costo. Él suplirá esos costos.

Un amigo me dijo: "Si Dios no es el motor, ni siquiera quiero dar un empujón". Luego yo añadí: "Pero si Dios es el motor, no me importaría ser la luz trasera".

Muévase con Dios, y nada lo podrá detener. Nada puede salir mal en sus planes. No fallan ni se descarrilan. Lo que Dios quiere que viva no puede morir ni morirá. En algunos casos, los proyectos de la iglesia solo sobreviven bajo cuidados intensivos. Tienen muy poco que ver con los planes de Dios. Su vida no está en ellos. ¡Desconecte la máquina de respiración artificial! Si en verdad hay vida, los programas no necesitarán ningún equipo para el corazón o los pulmones. Lo que Dios quiere que muera; que muera, y no le dé respiración artificial. "Deja que los muertos entierren a sus muertos", fue el consejo profundo y estimulante de Jesús (Lucas 9:60). ¿Por qué mantener una maquinaria improductiva en la iglesia y esperar que Dios supla los gastos? Él no lo hará. El verdadero negocio de la iglesia es ganar personas para Cristo.

CORRECTA E INCORRECTAMENTE CUIDADOSOS

En lo que tiene que ver con el evangelismo, he escuchado a personas desorientadas decir: "Debemos ser cuidadosos con el dinero de Dios", como si Él estuviera corto de dinero. Pudiera ser un argumento sincero, pero me suena sospechoso y mezquino. ¿Por qué acaparar el dinero de Dios en el banco? Una iglesia puede ahorrar un fondo de emergencia para poder tener algo en caso de necesidad. Sin embargo, Dios tendrá cuidado de cualquier necesidad que surja. Además, la más específica y urgente de las emergencias ya ha llegado: ¡La necesidad de salvar a un mundo que perece!

¿Cuándo fue Dios "cuidadoso", calculando cada centavo? ¿Fue Él "ahorrativo" cuando hizo los trillones de estrellas y planetas, donde no vive ni un alma? ¿Fue Él austero cuando envió a su propio Hijo? Él despojó al cielo de su riqueza y renunció a su más grande tesoro, su Hijo unigénito. Él se desnudó a sí mismo de todo lo que amaba y todo lo que tenía por la salvación de nuestras almas. "El que no escatimó ni a su propio Hijo, sino que lo entregó por todos nosotros, ¿cómo no nos dará también con él todas las cosas?" (Romanos 8:32). ¡Tenemos a un Dios muy pródigo!

EL PLAN FINANCIERO DE DIOS

El Señor llena nuestros bolsillos para salvar almas. Cuando los vaciamos, habrá más. El plan financiero de Dios es sencillo. "Dad, y se os dará" (Lucas 6:38). Dé, entonces tendrá más para dar más. Dios no se escatima ni a sí mismo ni tampoco dólares para encontrar a hombres y mujeres perdidos.

Una iglesia no puede permitirse guardar dinero en lugar de salvar almas.

¡Gaste para salvar! Gaste en proyectos relacionados con la salvación de las almas. Las personas darán para un proyecto vivo, pero no para una cuenta bancaria muerta. Cuando la recogida de las ofrendas dura más que la predicación, algo anda mal. El informe del evangelista debe venir antes del informe del tesorero. Sin embargo, la verdad es que el evangelismo no aparece en la agenda de miles de sesiones administrativas de iglesias. El estado de cuentas del banco muchas veces produce más discusión que la cantidad de personas convertidas. La iglesia que da prospera. El evangelismo y el apoyo a las misiones son elementos esenciales para la salud de una iglesia, como se ha demostrado muchas veces.

TIENDAS E INTENCIONES

Dios guía, luego provee. Él guía, luego alimenta. Esa es la regla de la fe. Encontramos una ilustración con Israel. En el desierto, el maná caía donde estaba la columna de nube y de fuego; y solo ahí. Si Israel no seguía la columna de Dios que lo guiaba, se perdían el desayuno, el almuerzo y la comida. Siempre hay lo necesario si estamos en el lugar donde Él nos dice que estemos.

Cuando estábamos construyendo nuestra tienda de campaña de treinta y cuatro mil asientos en África, teníamos una gran necesidad de finanzas. El Señor me había dicho que no tomara ningún préstamo bancario, y sus instrucciones son sagradas para mí. Resonando en mis oídos estaban las palabras: "Mías es la plata, y mío es el oro" (Hageo 2:8). Entonces un día, llegó una suma muy grande. De hecho, era exacto lo que necesitábamos. Apenas podía creer lo que veían mis ojos; no porque mi fe fuera pequeña. Era por causa del que había mandado la donación. El donante era una señora que, en el pasado, nos había enviado un par de dólares mensuales. Entonces, de repente, ¡envió este donativo tan grande!

Sentí que era algo de lo cual debía saber. La visité para averiguar qué la había movido a donar esa cantidad. Lo que me dijo fue algo casi demasiado emocionante para expresarlo con palabras. Dijo que, en medio de la noche, recibió una llamada telefónica. Una voz le había dado instrucciones específicas de enviar esta cantidad particular de dinero a nosotros.

"Pero", ella insistió, "la llamada no era de un ser humano. Un ángel del Señor me habló. Lo sé porque la gloria del Señor llenó mi habitación. Supe que Dios me había dado una instrucción precisa. Así que hice justo lo que Él me dijo".

Bueno, pensé, si Dios puso a un ángel a cargo de nuestras finanzas, no hay necesidad de más malas noches. Puede dormir el sueño de los justos y descansar, siempre y cuanto esté en sociedad con Él.

BUENO, ¿DE QUIÉN ES ESTE BURRO?

Aunque el Señor me dijo que no sacara un préstamo bancario en esa oportunidad, eso no quiere decir que un préstamo sea en realidad algo malo. No debemos condenar a aquellos que reciben instrucciones diferentes a las nuestras. Dios proveyó maná desde los cielos, pero Él también tiene otras vías. El propio Jesús usó diferentes métodos. Miremos uno de ellos. Cuando Jesús preparó su entrada triunfal en Jerusalén, Él necesitó un animal sobre el cual montar. Esto es lo que sucedió:

> Y aconteció que llegando cerca de Betfagé y de Betania, al monte que se llama de los Olivos, envió dos de sus discípulos, diciendo: Id a la aldea de enfrente, y al entrar en ella hallaréis un pollino atado, en el cual ningún hombre ha montado jamás; desatadlo, y traedlo. Y si alguien os preguntare: ¿Por qué lo desatáis? le responderéis así: Porque el Señor lo necesita.
>
> —Lucas 19:29-31

La narración de Mateo nos dice que Jesús también tenía una asna con el pollino. Jesús no convocó a una reunión de oración para rogar por la adquisición de estos animales. Él tomó la iniciativa en este caso: "Id a la aldea...desatadlo, y traedlo...el Señor lo necesita". El Señor era el Creador de todos los burros que allí estaban. ¿Por qué tuvo que pedir uno? Los detalles inusuales en este relato me dicen que el Señor tiene necesidades, ¡que tenemos nosotros el privilegio de suplir!

Su obra tiene necesidades, que usted y yo podemos suplir. Es una maravillosa disposición de Dios para darnos el gozo de compartir con Él lo que hace. Esto debe ser motivo de felicidad. Me imagino que más tarde, el dueño del burro, luego de comprender lo que sucedió, debe haber dado gracias al Señor toda su vida por este privilegio. ¡Hasta aquel pollino tuvo su día! Había ayudado a Jesús un kilómetro o dos en su camino al triunfo.

Me llamó la atención que el hombre tenía "amarrado" su burro. Era su "capital" y no quería perderlo. El Señor les dijo a sus discípulos: "Desatadlo". ¡Desatemos nuestros burros para Jesús! Jesús siempre enseñó que no debemos aferrarnos mucho a nuestro dinero. Muchos le dan a Dios crédito, pero pocos le dan el efectivo que necesita para "buscar y...salvar lo que se había perdido". Debemos desatar nuestros burros ahora, o tal vez los perdamos al final.

> Perdemos lo que en nosotros gastamos,
> Mas tenemos como eternal tesoro
> Cualquier cosa que a ti damos,
> Quien lo diste todo.
> —Christopher Wordsworth,
> "O Lord of Heav'n and Earth and Sea,"
> [Oh Señor de cielo, tierra y mar]
> dominio público

Por supuesto que es bíblico recoger ofrendas para hacer lo que Dios quiere que se haga. Dios ama al dador alegre, porque Él mismo lo es. Nadie puede evangelizar solo el mundo. Todos tenemos dones para contribuir: Dinero, talentos, tiempo, o nosotros mismos. Solo la contribución total de todos nosotros puede lograr la tarea. Solo se puede hacer estando todos unidos. No una mano ociosa, porque los obreros son pocos, y tampoco un escaso dólar, porque las necesidades son muchas.

LA TRAMPA DEL DINERO

El dinero puede ser una trampa explosiva para los incautos. Necesitamos corazones puros, motivaciones puras, y la unción de Dios en nuestros ojos para percibir las asechanzas del diablo. Yo acababa de comenzar a alcanzar África cuando el Señor me envió una extraordinaria prueba. Una señora llamó con una oferta financiera fantástica para el ministerio. Fui a verla para analizar los detalles. Su casa destilaba una atmósfera de riqueza y opulencia.

"Había deseado conocerlo", me saludó con cordialidad, "porque lo he estado viendo desde hace algún tiempo".

Enseguida fue al asunto, y fue algo tan fuera de mi imaginación que me quedé mirando con los ojos fijos y llenos de asombro. Ella dijo: "Quiero financiar sus cruzadas de evangelismo en África".

¡Casi pierdo el aliento! Sobre la mesa había una carpeta y ella la empujó hacia mí. Contenía documentos que mostraban su posición financiera. Los leí como si hubiera descubierto El Dorado.

"Puede ver todo lo que poseo", dijo ella. "Depósitos de hierro, una mina de diamantes, etcétera". Era como encontrarse con Rockefeller.

"Ahora", explicó, "quiero formar una fundación y dar la mitad de mis bienes a la obra de Dios. ¿Quiere unirse al consejo de administración? Todo este dinero es para que se use en el servicio del Señor. ¿Lo aceptará?"

¿Es cierto que Dios está detrás de tanta liberalidad? Sin embargo, no escuchaba un eco de complacencia desde el cielo. Nada testificaba a mi espíritu. Más bien, sentía una rara cautela, aunque trataba de ocultar mi falta de entusiasmo. Todo lo que pude decir fue: "¡Gracias! Pero esto es una gran responsabilidad. ¿Me gustaría orar por esto antes de comprometerme?"

Cuando fui a casa, mi esposa Anni tuvo la misma reacción. No había emoción, solo un sentimiento que parecía más bien ansiedad. Sabíamos que teníamos que postrarnos ante el Señor por este asunto y buscar su dirección.

"Señor, si esto es una trampa del enemigo, no vamos a tener nada que ver con esto", oramos.

Ocupados con nuestras cruzadas, pasaron semanas. No

nos decidíamos con relación a lo que parecía ser un fantástico ofrecimiento. Mientras tanto, una noche tuve una espantosa pesadilla que no pude olvidar. Soñé que estaba en la orilla de un río al anochecer. El agua era poco profunda, dejando solo unos charcos y fango. Un hombre pequeño pasó por mi lado y caminó hacia el río. Me hizo señas y yo lo seguí. Cuando estaba en el medio, de repente, con un espantoso rugido, un enorme hipopótamo se levantó justo frente a mí. Hay dos especies, ¡pero este era de la más grande! Me eché hacia atrás huyendo de sus colosales mandíbulas, pero había otro de estos monstruos emergiendo detrás de mí. Otros más se levantaron desde el fango; ¡estaba rodeado por todos lados por hostiles hipopótamos! En peligro y desesperado, grité: "¡Jesús, ayúdame!" En mi sueño, Él sí me ayudó, y desperté, pero la impresión se quedó dentro de mí.

Estando todavía fresca en mi memoria aquella pesadilla, la señora me contactó otra vez, y me apremió para que nos encontráramos, porque quería conocer mi decisión. Acordamos otra visita, y una vez más me recibió con una sonrisa. Me dijo: "Antes de entrar en la casa, permítame enseñarle los alrededores". Así que paseamos un poco por su propiedad. Después de un rato, llegamos a un punto donde sus tierras terminaban junto a un río, y nos detuvimos mirando hacia él.

De pronto, sentí un sobrecogimiento en todo mi cuerpo, como si me hubiera golpeado un rayo. ¡Ese río! Ahí estaba; el mismo de mi pesadilla. El río era idéntico, y ahora no estaba soñando. Había peligro al acecho; ese era el significado del sueño. Dios me lo había mostrado. Sentí al Señor cerca de mí, y estaba seguro de que mi respuesta estaba en camino. Le pregunté si podíamos ir a la casa y orar juntos.

Tan pronto como nos arrodillamos, escuché la voz del

Señor no una, sino tres veces. "Mi hijo, no tengas nada que ver con esto". Cuando nos levantamos, le dije a la rica señora: "Por favor, permítame rechazar su gran generosidad. Dé sus millones a otra persona. Dios no quiere que tenga ese dinero". En ese momento, sentí que mi espíritu se liberaba de un gran peso. ¿Por qué? Parecía muy extraño. Dios también hizo algo más en ese momento. Por su Espíritu, me mostró mis verdaderos recursos, las promesas en su Palabra. "Mi Dios, pues, suplirá todo lo que os falta conforme a sus riquezas en gloria" (Filipenses 4:19).

Comprendí que podía gastar los millones que esa señora estaba ofreciendo, y cuando se acabaran, mi ministerio estaría acabado, porque no descansé en el Señor.

PAGARÉ

El capital de esta fundación no iba a ser mi fuente de recursos. Dios tenía su propia fundación. Yo tenía que confiar en Él. De hecho, Dios había planeado una fuente aún mayor que el capital de aquella señora. Tenía un pagaré divino. Sus riquezas son inagotables, y respaldadas por sus propias garantías. *El Shaddai*, el Todo suficiente. Recibí mayor bendición a través de estas preciosas promesas que de todo el oro y todos los diamantes del mundo.

De algún modo, sentí que acababa de pasar una prueba muy difícil, y que había progresado en la escuela del Espíritu Santo. Había prendido que, todo el tiempo que siguiera predicando el evangelio, sin importar lo mucho que costara, el Señor se encargaría de pagar las cuentas. Lo que Dios ordena que se haga, Él paga por ello, y, si es necesario, moverá cielo y tierra para hacerlo.

DAR CON ESPLENDIDEZ

He citado Filipenses 4:19: "Mi Dios, pues, suplirá todo lo que os falta conforme a sus riquezas en gloria en Cristo Jesús". La frase "conforme a" (de la palabra griega *kata*) significa "según el patrón de". Es decir, según el nivel de sus riquezas, no según el nivel de nuestra pobreza. Él llena nuestros sacos vacíos, pero no los mide primero. Él da con la esplendidez de un rey, "rebosando", no como alguien de modestos recursos podría dar. No pregunte: "Señor, ¿pudieras hacer algo para enviarme nueve dólares y cincuenta centavos, por favor? Creo que puedo arreglármelas con eso. Espero que no te importe". ¡Cuéntele su necesidad! Deje que el supla. Él tiene una mano muy grande.

Sus invitados no se sientan para comer una corteza de pan duro; Él es el productor de todos los frutos del campo. Dar no lo empobrece. Él siempre da. El "don inefable" de su amado Hijo es el estilo de la generosidad de Dios. Su balanza es digna de su grandeza.

Mi visita a aquella finca de diamantes dejó grabada otra cosa en mi mente. "Nunca hagas concesiones por causa del dinero". No vendas tu alma por un plato de lentejas.

Luego, cuando sentí que el Señor me dijo que ordenara la primera gran tienda de campaña, me puse en pie y le dije: "Señor, soy un pobre misionero. Mira, ¡mis bolsillos están vacíos!" El Señor respondió: "No hagas planes con lo que está en tus bolsillos, sino con lo que hay en los míos". Miré en los bolsillos de Él y vi que estaban llenos. Dije: "Señor, si me permites hacer planes con lo que está en tus bolsillos, entonces voy a hacer planes como un millonario". Comencé a hacerlo, literalmente. He visto que Dios es tan rico como Él dijo, y tan bueno. ¡A Él sea la gloria! Mientras hacemos su perfecta voluntad, podemos pedir a Dios, no solo por un pedazo de pan, ¡sino por toda la panadería! Sus siervos no tienen que pelearse por un pedazo del pastel, o luchar para conseguir las migajas. Mire a través de la ventana de la tienda de Dios; está llena de todo tipo de dulces deliciosos.

DOCE CESTAS LLENAS

¿Pruebas a nuestra fe? Vendrán. Siempre vienen a mí. Recuerdo estar sentado junto a mi cama en Malawi. Estaba en una habitación que costaba tres dólares por noche en un hostal bautista. Me había tenido que sentar porque acababa de recibir una fuerte conmoción. Una llamada telefónica urgente desde mi oficina en Frankfurt, Alemania, me había comunicado noticias que no podía asimilar. ¡Teníamos deudas de cientos de miles de dólares! ¿Cómo podía ser eso?

Al comienzo de ese año, el Señor me había asegurado que sería "un año de doce canastas llenas, una canasta por mes". No podía ver cómo sería si estábamos con esas deudas.

"Señor", le dije, "¿por qué? Tú dijiste que habría cestas llenas, pero están todas vacías. ¿Cómo puede ser esto?"

En momentos como estos, el Señor abre nuestros ojos. Me dio instrucciones al decirme: "Las cestas de los discípulos comenzaron a llenarse solo *después* que las multitudes habían comido. Sigue alimentando a las multitudes con mi Palabra, y yo me encargaré de llenar las cestas". Me quedé asombrado. La sabiduría divina tenía sentido. Dije: "Señor, voy a hacer lo que dices, y sé que tú harás lo que has dicho".

Pero; ¡cientos de miles de dólares! Parecía más allá de lo razonable. Sí, pero Dios razona diferente. Las cestas siguieron vacías otras veinticuatro horas, y entonces llegó la noticia de que Dios las había llenado otra vez. El año terminó sin deudas. Seguimos alimentando a las multitudes con la Palabra de Dios, y el Señor siguió entregándonos los suministros.

Cuando estamos partiendo el Pan de Vida para suplir la hambruna espiritual, Dios no puede defraudarnos. Ese año, vimos a un millón y medio de personas preciosas responder al llamado de Dios a ser salvas solo en nuestras cruzadas en África.

CORREAS DE CALZADO Y EL ESTILO DEL MUNDO

En Génesis, hay una historia conocida acerca de Abraham y Lot. A Lot, el sobrino de Abraham, se lo había llevado prisionero Quedorlaomer luego de su batalla contra cinco reyes. Uno de los reyes derrotado fue el rey de Sodoma. Abraham, con algunos aliados, fue a rescatarlo y recuperó todo lo que Quedorlaomer había tomado, incluyendo a los cautivos.

El rey de Sodoma salió entonces para decir a Abraham lo que debía hacer con el botín: "Dame las personas, y toma para ti los bienes" (Génesis 14:21). Era así como se hacía en aquellos días. Un pueblo saqueaba al otro, como parásitos. Sin embargo, el rey de Sodoma se llevaría una sorpresa, porque Abraham respondió:

> He alzado mi mano a Jehová Dios Altísimo, creador de los cielos y de la tierra, que desde un hilo hasta una correa de calzado, nada tomaré de todo lo que es tuyo, para que no digas: Yo enriquecí a Abram.
> —Génesis 14:22–23

Ese rey se había tropezado con algo nuevo en el mundo. Abraham era un hombre con un nuevo estilo de vida; fe en

Dios. Era uno de los hombres importantes para Dios. En sus manos, sostenía un proyecto para una "ciudad...cuyo arquitecto y constructor es Dios" (Hebreos 11:10).

El estilo del mundo estaba acabado para Abraham. Él había entregado su vida a Dios, y él era responsabilidad personal del Señor. Abraham tenía la palabra y la promesa del Dios Todopoderoso.

Entonces Dios dijo: "Abram; yo soy tu escudo, y tu galardón será sobremanera grande" (Génesis 15:1). Luego, descubrimos que "Jehová había bendecido a Abraham en todo" (Génesis 24:1). ¡En todo! ¡Ese es el lenguaje de la Biblia, no del mundo!

> ¿Cómo no nos dará también con él todas las cosas?
> —ROMANOS 8:32

> Pero vuestro Padre celestial sabe que tenéis necesidad de todas estas cosas.
> —MATEO 6:32

> Todas estas cosas os serán añadidas.
> —MATEO 6:33

> Todas las cosas...nos han sido dadas por su divino poder.
> —2 PEDRO 1:3

> Porque todo es vuestro.
> —1 CORINTIOS 3:21

Ese fue el estilo de Abraham. ¡Sea un hijo de Abraham! Confíe en Dios hasta lo sumo. Él no puede fallar, ni fallará.

CAPÍTULO 18

HISTORIA SOBRE CUERDAS

Los ojos de Jesús parecen mirarme desde las líneas impresas de mi Biblia, como si estuvieran detrás de una celosía. A dondequiera que le sigo el rastro, no puedo interpretar de manera falsa si su rostro se hace más claro. Siempre leo el siguiente pasaje como si hubiera estado allí. La historia desemboca en una escena más grande, que espero pueda ver de una forma tan vívida y conmovedora como se me presentó a mí la visión.

> David entonces estaba en el lugar fuerte, y había en Belén una guarnición de los filisteos. Y David dijo con vehemencia: ¡Quién me diera a beber del agua del pozo de Belén que está junto a la puerta! Entonces los tres valientes irrumpieron por el campamento de los filisteos, y sacaron agua del pozo de Belén que estaba junto a la puerta; y tomaron, y

la trajeron a David; mas él no la quiso beber, sino que la derramó para Jehová, diciendo: Lejos sea de mí, oh Jehová, que yo haga esto. ¿He de beber yo la sangre de los varones que fueron con peligro de su vida? Y no quiso beberla. Los tres valientes hicieron esto.

—2 Samuel 23:14-17

EL SUSPIRO Y EL CLAMOR POR AGUA

David estaba sediento y suspiró: "¡Quién me diera a beber del agua del pozo de Belén que está junto a la puerta!" Ese pozo particular, sin embargo, estaba situado detrás de las líneas enemigas. Los filisteos lo guardaban. Algunos de los mejores guerreros de David estaban cerca, donde pudieron escuchar el deseo de su corazón. Para ellos, el deseo de David era una orden. Tres de ellos se miraron unos a otros, asintieron con la cabeza, y se asociaron al instante. Sin decir ni una palabra más, partieron en una misión especial para cumplir el deseo de David.

Ellos conocían los peligros. Tal vez tendrían que pagar con su sangre una copa de agua para David. Sin embargo, tales consideraciones no les causaron ni un momento de vacilación. No había lugar para protestas y quejas. Lo que David deseaba había que buscarlo, aunque Él nunca habría dado la orden para que fueran. David era su señor. Ellos conocían su mente, y eso era suficiente. Los riesgos eran parte acostumbrada de su faena. La lealtad no espera órdenes. La vacilación podría dar la idea de que estaban poco dispuestos a complacer a su líder.

El deseo de David de beber trae a la mente las palabras mucho más importantes de Jesús mientras colgaba en la cruz.

Él también gritó: "Tengo sed" (Juan 19:28). Su sed, sin lugar a dudas, física, pero alcanzaba más allá de lo físico. Su gran sed era por la salvación de hombres y mujeres.

Esa sed lo llevó a la tierra y a la cruz. Su sed física era solo el resultado de su infinito deseo por las almas de sus criaturas.

Ese grito desde la cruz: "Tengo sed", resuena por siempre en nuestros oídos, y tiene un significado mucho más profundo que el "tengo sed" de David. ¿Cuántos reconocen esa realidad? ¿Tenemos oídos para oír, o por conveniencia no captamos la verdadera importancia de esas palabras? ¿Damos la debida atención a ese grito desde la cruz, permitiendo que motive nuestros corazones y nuestras vidas a la acción? ¿Está alguien escuchando ese grito ahora?

Por un deseo muy parecido a un antojo, los hombres de David salieron para complacerlo. Podían haber traído agua de un lugar más seguro, quizá hasta un agua mejor, pero eso no habría satisfecho su sentido de total devoción por su Señor. Por causa de David, ellos no contaban su vida como preciosa.

Me siento desafiado. ¿Cuántos de nosotros actuaríamos de manera similar por nuestro Señor Jesús? Conocemos su deseo; la salvación de las almas. ¿Necesitamos exhortaciones y órdenes antes de admitirlo? El conocimiento de su sed se convierte en nuestro deber de actuar. ¿Qué llamado podría ser más alto que el de los deseos del Hijo de Dios, aún cuando eso signifique poner en riesgo nuestras vidas? Recuerde, unos hombres arriesgaron sus vidas por solo un poco de agua para David. Y en cualquier caso, ¿cuán a menudo hay peligro relacionado con el cumplimiento de los deseos del Hijo de Dios?

EL POZO DE BELÉN

El pozo de Belén estaba rodeado por las tropas enemigas. Los tres guerreros de David tomaron sus espadas, junto con sus vasijas de agua, y comenzaron su hazaña. El pozo era hondo, lo que incrementaba el peligro de la operación. La preciosa agua estaba en lo profundo, sin embargo, esta era la que David deseaba. Alguien tenía que bajar y tomarla.

¡Qué imagen tan vívida del evangelismo! Multitudes en las profundidades de las tinieblas que hay que alcanzar. Es necesario traerlas a la luz para que pasen de muerte a vida. Naciones enteras están en sepulcros espirituales. Alguien tiene que descender y hacer el trabajo. El pozo de Belén estaba en manos filisteas, al igual que las almas preciosas están cautivas en las garras de Satanás. Esto significa que los guerreros primero tienen que irrumpir en las líneas enemigas. Hubo una escaramuza y luego una penetración. Esos tres hombres estaban motivados y fortalecidos por su decisión de traer a su comandante en jefe algo que tan solo había escuchado que él deseaba.

SOSTENER LA CUERDA

Un pozo por lo general tiene algunos medios mecánicos con los cuales subir el agua. Para hacer la conexión con nuestra imagen del Nuevo Testamento, imaginémonos que no estaban tales medios. Esos tres hombres se encontraron una tarea muy difícil cuando llegaron al pozo. Los guerreros tenían que organizarse y decidir quién descendería al pozo. Esto quería decir que, mientras alguien se deslizaba por una cuerda, los otros tendrían que sostenerlo mientras vigilaban para mantener a distancia al enemigo.

Con seguridad este es el método para el evangelismo

mundial. El trabajo en equipo es del todo esencial. Para alcanzar al mundo se necesita, y siempre se ha necesitado, de aquellos que estén dispuestos a descender, ¡y de aquellos que estén dispuestos a sostener la cuerda! La cuerda es la línea de apoyo de los que han descendido, y los que la sostienen son tan importantes como los que descienden. Los que apoyan no se atreven a dejar de sostener la cuerda hasta que haya salido el hombre con el agua. Esa cuerda es una cuerda salvavidas. ¡Los que la sostienen ni siquiera pueden hacer un breve receso! Cualquier problema con el agarre y el hombre que depende de la cuerda está perdido. Hombres y mujeres preciosos que salen ante el deseo de Jesús, para traerle las aguas que Él tanto desea, están en esa misma posición. Sin los que sostienen las cuerdas (los que apoyan), ocurriría una tragedia.

LA LOGÍSTICA DEL REINO

Es un asunto muy serio cuando alguien hoy dice que debemos reducir nuestro compromiso con el evangelismo mundial. Debido a la presión de los problemas económicos familiares, la necesidad local deja fuera la necesidad del mundo. Es mi profunda convicción que no podemos permitirnos que nuestros manos aflojen la cuerda de apoyo para aquellos que se han arriesgado tanto por esta tarea. Mucho depende de sus esfuerzos. Los evangelistas y misioneros dependen de esa cuerda salvavidas, y, más importante aún, ¡todo el proyecto evangelístico de Cristo (el cual es su agua) debe llegar a nuestro David celestial!

Esta es la logística del Reino de Dios. Alabo a Dios por los hombres y mujeres que nos respaldan en oración e intercesión, los que mantienen la cuerda en tensión. Recuerdo muchos días en que he estado pescando en las aguas profundas y oscuras de esos pozos o fosos alrededor del mundo, y he sentido la presencia de las huestes del infierno. Sin embargo, cada vez, sé que hay fieles compañeros de oración que sostienen mi cuerda y permanecen conmigo noche y día. ¡Gracias a Dios por esos que sostienen la cuerda!

Al final, sacaron del pozo al guerrero de David que estaba en el extremo de la cuerda. En sus manos, tenía la vasija con la preciada agua. Los tres hombres se regocijaron y comenzaron de inmediato su trayecto de regreso a casa. Puedo imaginar que iban dos guardando el flanco del que llevaba el agua, uno a su izquierda, y el otro a su derecha. ¡Con cuánto cuidado llevaba el guerrero aquella vasija! Bajo ninguna circunstancia quería perder ni siquiera una gota de lo que había ido a buscar. Los hombres a ambos lados sostenían las espadas en sus manos, y abrían el camino para el portador del agua. Era un perfecto equipo de trabajo.

El Reino de Dios depende también de la unión de ministerios ungidos por el Espíritu Santo. El evangelismo y las misiones requieren la suma total de los esfuerzos de todos los contribuyentes. "Muévese potente la iglesia de Dios", cantamos, pero esto necesita ser una realidad si vamos a cumplir con la Gran Comisión.

HÉROES
SIN RENOMBRE

Los guerreros por fin llegaron a la tienda de David, su señor, con el agua y sus espadas ensangrentadas. Entonces, para asombro de todos, ¡él no quiso beber el agua! Comprendió que habían arriesgado su propia sangre para traérsela. Cuando David honró esta acción, ¡les dio a estos tres hombres categoría de héroes! Alguno tal vez habría honrado solo al que descendió al pozo, pero no sucedió así con David. Los tres guerreros tuvieron parte esencial en esta victoria.

Un día, estaremos de rodillas ante nuestro celestial David. Todos los hijos de Dios estaremos allí; los que descendieron a los pozos, y también los que con fidelidad sostuvieron las cuerdas. Estoy seguro de que seremos testigos de muchas sorpresas. Aquellos que no han tenido renombre, de repente, serán héroes en el Reino de Dios. Su recompensa será grande. El Señor dirá: "Bien, buen siervo y fiel" (Mateo 25:21).

¿UN CONSERJE, UN HÉROE?

Un pastor en Alemania me contó de una anciana en su iglesia cuyo trabajo era limpiar el edificio de la iglesia. Ella fue a verlo y le dijo que había tenido un sueño maravilloso. Soñó que estaba ante la puerta de la eternidad. Muchas personas estaban en fila, y ella se unió a ellas. Entonces se dio cuenta de que todas las personas que estaban delante de ella tenían gavillas en sus manos, mientras que ella presentaba solo unos pocos granos de trigo. Se sintió muy incómoda, y dejó que otros, que estaban detrás de ella, pasaran adelante. Entonces, de repente, se abrió la puerta, y escuchó que la llamaban por su nombre. Era el Señor. Temblando, se adelantó con esos lastimosos granos en su mano, y el Señor le dijo palabras de aliento: "Sobre poco has sido fiel, sobre mucho te pondré". Entonces se despertó. El pastor me dijo que, justo una semana después de este sueño, la señora murió. Me sentí conmovido. Sostener la cuerda no siempre es algo encantador, pero de seguro vale la pena.

¡No nos despreocupemos! Sigamos llevando a Jesús el "agua" que aplacará su sed. Él tiene sed; desea tener con Él en su Reino de salvación a hombres y mujeres, niños y niñas.

Anhela que ellos escuchen y acepten el evangelio. De eso se trata el evangelismo.

Aunque el foso es cada vez más profundo y oscuro, seremos aún más productivos si trabajamos mano a mano. Dios es fiel. Si vamos a cumplir la palabra del Señor, debemos estar listos para descender a los perdidos, o de lo contrario estar listos para sostener con firmeza la cuerda de apoyo.

LA HISTORIA EN EL EXTREMO DE LA CUERDA

Los hombres del ejército de David no fueron los únicos hombres que sostuvieron cuerdas. Recordamos que a Jeremías, el gran profeta, lo sacaron de un foso, y que el rescate de José a la postre evitó la hambruna en aquel mundo antiguo. Hay dos hombres que, cuando su vida estaba en juego, hicieron descender a Pablo por el muro de Damasco en una cesta. Todos estos ayudadores solo sostuvieron cuerdas, sin embargo, todos ellos sostuvieron historia futura en sus manos.

Suponga que a José lo hubieran dejado abandonado en el pozo. ¿Qué le hubiera pasado a Egipto y a la familia de Jacob, así como al futuro hijo de, nuestro Señor Jesús? Es bastante horrible pensar en esto hasta el final.

Suponga que no hubieran rescatado a Jeremías, y que su obra hubiera perecido con él en ese horrible foso. ¿Hubiéramos tenido sus profecías, y habría podido Israel, durante todos estos largos siglos, obtener el consuelo y la esperanza que eran de ellos mediante sus palabras? Sin embargo, alguien sostuvo la cuerda y rescató a Jeremías.

Suponga que el apóstol Pablo no hubiera escapado de aquellos que lo buscaban para asesinarlo, ¡o que los que sostenían su cuerda hubieran dejado que la cesta se cayera y él muriera!

Él fue el hombre que llevó el cristianismo a Europa. Si ellos hubieran sabido que los destinos de naciones colgaban en el extremo de esta pequeña cuerda, ¡con cuánta más fuerza la habrían sujetado! La sostuvieron con la fuerza necesaria, y hemos recibido ricas bendiciones, gracias a ellos.

Estoy convencido en mi corazón de que aquellos que sostienen cuerdas en el evangelismo mundial hoy están haciendo historia para la eternidad. ¿Puede sentir su esfuerzo al tirar? ¿Escucha a las multitudes invocando el nombre del Señor para salvación? ¿Ve el éxodo masivo desde el reino de las tinieblas hacia la luz admirable de Dios? Estas almas preciosas salvas son los futuros ciudadanos de la nueva Jerusalén. Hoy no podemos permitirnos reducir los esfuerzos globales para llevar el evangelio de salvación a las naciones. No nos atrevamos a hacer menos, pero debemos hacer más. Hay mucho en juego. La eternidad de millones depende de lo que hagamos hoy.

Al mismo tiempo, quisiera dar gracias a todos aquellos hombres y mujeres fieles que han sido, y son, de los que sostienen la cuerda, ya sea que sostengan la cuerda de la intercesión, o la cuerda del apoyo financiero. Una gloriosa mañana, cuando nos arrodillemos a los pies de Jesús, ellos recibirán su gran recompensa.

¿Para quién es nuestro apoyo? No podemos decir, pero alguien, en algún lugar, está sosteniendo un nuevo futuro en sus manos para muchos; tal vez para el mundo entero.

¡Para salvar al mundo, sostenga la cuerda! Tal vez sea todo lo que le pidan hacer, pero es del todo vital. Para perder al mundo, no se preocupe por tender la mano; eso es todo lo que tiene que hacer.

CAPÍTULO 19

INTEGRIDAD: EL BLANCO SATÁNICO

Cuando era un joven ministro, asistí a una conferencia de un pastor donde hubo gran bendición. El poder de Dios cayó y todos caímos de rodillas ante el Señor. Un siervo de Dios, ya en sus noventa, se arrodilló a mi lado, y oró con tanta vehemencia que no pude hacer otra cosa que escuchar y observarlo.

Así fue como oró: "Señor, perdóname por las veces en que he permitido cosas inmundas en mi vida y ministerio...".

Su oración me conmovió tanto que después yo hice mi oración: "Señor, por favor, ayúdame. Que nunca permita ninguna cosa inmunda en mi vida y ministerio. Ayúdame para que, cuando sea viejo, no necesite hacer una oración como la que acaba de hacer mi precioso hermano".

Si usted desea ser un ministro del Señor, entonces escuche

su voz: ¡Preste atención en el comienzo a lo que es importante al final! Permanezca humilde y camine con cautela.

ESTRATEGIA SATÁNICA

Los cristianos que estamos en la primera fila somos los blancos principales de Satanás, así como de los ataques de los medios de comunicación. Ni el diablo ni la prensa son un brillante ejemplo de exactitud, misericordia o verdad. La debilidad en la respuesta al odio satánico ha sido causa de tropiezo para algunos de los siervos de Dios en los últimos tiempos. Las tragedias del pecado han recibido la bienvenida como noticias de escándalos en los periódicos, que cubrieron las indiscreciones con plena orquestación y júbilo. David escribió un poético lamento ante la muerte de su enemigo mortal, el rey Saúl. Los escritores modernos, que son hombres de menor talla, o de menos nobleza y civilización, maximizan el daño para el Reino de Dios.

Quiero ponerlo en guardia. El diablo es muy paciente. Es implacable y despiadado. Él incubará y tramará durante años, para poder diseñar circunstancias que lo lleven a su caída, y los demonios intentarán todo medio torcido para encerrar y destruir el testimonio de un creyente. El diablo es un oponente profesional de tiempo completo. Cristo lo rechazó, y así, aguardando su momento, el diablo atacó a los discípulos (Lucas 22:31). Primero, Judas traicionó a Jesús; luego Pedro lo negó con juramentos y maldiciones; y el resto abandonó al Señor y huyó, justo en su hora de crisis (Mateo 26:56). ¡Increíble!

El enemigo puede adormecernos en un sentimiento de falsa inmunidad. Las tentaciones suaves que resistimos con firmeza, ayudan a engañarnos con respecto a nuestra fortaleza moral.

Entonces Satanás vuelve sus grandes pistolas hacia nuestros flancos no protegidos; ¡justo donde pensábamos que éramos fuertes! ¡Guarde sus puntos "fuertes"! Podemos despreciar a los que caen, lo cual es una forma de llamar la atención a nuestra santidad superior. Recuerde; los mejores hombres han caído. Nunca subestime una sutileza de Satanás. Solo la gracia salvadora preserva nuestros pies de resbalar.

Si usted valora la guerra espiritual, recuerde que su principal campo de batalla es su propio corazón y su propia mente, no arriba en algún lugar en los cielos. "Sobre toda cosa guardada, guarda tu corazón; porque de él mana la vida" (Proverbios 4:23). Antes de entrar en combate, cada día: "Velad y orad, para que no entréis en tentación" (Mateo 26:41).

En el mismo comienzo, haga un pacto con Dios de vivir una vida santa. Recuerde que solo la determinación no lo logrará. El éxito en usted y de usted no está garantizado. "Engañoso es el corazón más que todas las cosas, y perverso" (Jeremías 17:9). Sin embargo, hay una vía mejor.

LA PRIMERA CLAVE: UN EJEMPLO CELESTIAL DE SERVICIO PERFECTO

Él "es poderoso para guardaros sin caída" (Judas 24). ¿Pero cómo? Esa es una pregunta frecuente. ¿Cómo podemos servir de manera perfecta? Una clave la encontramos en los tres primeros versículos de Isaías capítulo 6:

> En el año que murió el rey Uzías vi yo al Señor sentado sobre un trono alto y sublime, y sus faldas llenaban el templo. Por encima de él había serafines; cada uno tenía seis alas; con dos cubrían

sus rostros, con dos cubrían sus pies, y con dos volaban. Y el uno al otro daba voces, diciendo: Santo, santo, santo, Jehová de los ejércitos; toda la tierra está llena de su gloria.

Los serafines son los ángeles del trono del Altísimo. Nada mancillado se permite tan cerca de Dios y del asiento de todo el poder en el cielo, en la tierra y debajo de la tierra. Isaías vio estos seres celestiales sirviendo al Señor en el lugar más santo de todos, la atmósfera de la presencia inmediata de Dios. Se ve aquí un desafío a la pureza, junto con la manera de lograrla. Estas criaturas son nuestros modelos. Una característica notable acerca de los serafines es que cada uno de ellos tenía seis alas:

- Dos alas cubrían sus rostros, las cuales hablan de humildad.
- Dos alas cubrían sus pies, lo que habla de pureza.
- Con dos alas volaban, lo que habla de adoración y alabanza.

Humildad

Primero, ¿por qué estos poderosos seres cubren sus gloriosos y hermosos rostros, y evitan que el joven profeta Isaías los viera? Era para no distraerlo de la visión del Señor. No podían eclipsar al Señor y desviar la mirada de Isaías del trono.

Note además que aunque eran también criaturas santas, solo hablan de la santidad del Señor y de su gloria. La humildad es parte de la santidad.

Aprendemos la misma lección en el monte de la transfiguración (Mateo 17:1-8). En ese glorioso momento, Moisés y

Elías aparecieron también. Leemos que, luego de un instante, los discípulos vieron solo a Jesús; los dos profetas se habían apartado de su vista. El interés del Padre era similar. Él no habló a los discípulos de los dos grandes profetas de Israel. En vez de ellos, Él dijo: "Este es mi Hijo amado, en quien tengo complacencia; a él oíd".

Jesucristo, el Hijo de Dios, es el centro, el foco de atención para todo. Cada milagro viene de Él. ¿Qué lugar hay para el orgullo humano? Los serafines celestiales, príncipes de gloria resplandecientes como llamas, ocultan sus propios atractivos. Moisés y Elías en su gloria, gigantes entre los santos redimidos, se retiran a un segundo plano. ¿Cuánto más nosotros, frágiles y mortales terrestres, debemos menguar para que Él pueda crecer? Aspire a deslumbrar y estará opacando la gloria de Dios. Predique para reconocimiento personal, y las personas solo verán al predicador, y no verán a Dios.

He aquí un riesgo espiritual para todos los siervos del Señor. ¿Estamos trabajando por reconocimiento o para hacernos un nombre? La luz de la cruz no es para que ningún predicador sea el centro de atención; ¡es para centrar toda la atención en Dios! ¡Jesucristo no murió para darnos una profesión, sino para salvar a los perdidos! ¿Qué dijo Pablo, el gran evangelista y apóstol? "Pues si anuncio el evangelio, no tengo por qué gloriarme; porque me es impuesta necesidad; y ¡ay de mí si no anunciare el evangelio!" (1 Corintios 9:16).

El carácter de Juan el Bautista debe guiarnos a una visión sobria de nosotros mismos. Algunos se preguntaron si no sería el propio Mesías. Incluso Cristo dijo que Juan fue el más grande hombre de los nacidos de mujer. Cuando más personas comenzaron a ir tras Cristo de las que seguían a Juan, los discípulos de este se pusieron celosos, pero no Juan. Él les dijo que Jesús debía crecer, y declaró: "Es necesario...que yo mengüe". Cuando media nación vino, él señaló hacia Jesús, no hacia él. En el río el gritó: "He aquí el Cordero de Dios". Todo lo que Juan dijo acerca de él fue una declaración de su propia humildad. La grandeza comienza y termina con humildad. Eso es lo que significa que uno se cubra el rostro.

El Señor es un Dios celoso. Él declara con claridad: "A otro no daré mi gloria" (Isaías 42:8). Estar con orgullo en la presencia del Rey de reyes es tocar la misma arca de Dios, un pecado por el cual murió Uza (2 Samuel 6:6–7). Herodes se hinchó como una rana toro cuando una multitud le gritó que era un dios. En breve fue herido de muerte. "Por cuanto no dio la gloria a Dios". Murió "comido de gusanos", una enfermedad terrible conocida hoy por los doctores (Hechos 12:21–23).

Los que tienen el privilegio de ejercer los dones del Espíritu deben tener especial cuidado. Los deseos de lucirse quedarán al descubierto. Los dones espirituales no son premios Oscar para exhibir, que se ganan como trofeos de actuación. No se decore con ostentación con las poderosas herramientas de Dios. No diseñe tiaras, collares y anillos de los dones espirituales para su propio ornamento.

El centinela de la puerta de su corazón se llama "humildad". Despida al guardián y pronto la puerta quedará destrozada, y el enemigo se hará cargo.

La pureza está cerca de la integridad

El segundo par de alas cubría los pies de los serafines. Esta acción significaba pureza. El más limpio de los hombres hace contacto con el suelo mientras camina. Por supuesto, no había polvo cerca del trono, pero la acción de los serafines era simbólica. Señalaba la necesidad de caminar en santidad ante el Señor.

Jesús hizo algo especial acerca de esto. Él se inclinó para lavar los pies de los discípulos. Tal lavamiento era necesario. Él dijo: "El que está lavado, no necesita sino lavarse los pies, pues está todo limpio" (Juan 13:10).

Primero, debemos mirar por dónde caminamos. Pablo sugiere en Romanos 13:14 que no proveamos para los deseos de la carne. No ore, "y no nos metas en tentación", y luego usted mismo aterriza en ella. Los pies sucios es el símbolo de andar de manera descuidada. "Purificaos los que lleváis los utensilios de Jehová" (Isaías 52:11).

Tal consejo, todos sabemos, es más fácil de dar que de tomar. Los medios de comunicaciones modernos vierten contaminación moral a la atmósfera, como chimeneas que echan humo. Necesitamos una máscara antigás para dejar de inhalar las enfermedades del alma de una era materialista con la incredulidad que la acompaña. Diligencia es una cosa, por supuesto, pero necesitamos ayuda adicional. ¿Cuál es?

Nuestra mejor defensa es usar la Palabra todo el tiempo para lavar nuestras mentes. Nuestra mente, condicionada por la Palabra de Dios, y cubierta por la sangre de Jesús, es impenetrable. "Ceñid los lomos de vuestro entendimiento" (1 Pedro 1:13), por medio de la lectura diaria de la Palabra. Es una inyección para inmunizarnos contra todas las infecciones espirituales. "En mi corazón he guardado tus dichos, para no pecar contra ti" (Salmo 119:11). Los científicos han producido un pulimento para los autos que lo que hace es rechazar la suciedad. Mucho antes de estos experimentos científicos, los creyentes supieron que el poder de la Palabra repele al pecado.

¿Cómo podemos hacer lo que dicen las Escrituras: "Todo lo amable...en esto pensad" (Filipenses 4:8)? Para empezar, la Biblia nos ofrece cosas amables en las cuales pensar y que también fortalecen nuestros deseos y motivaciones. Ore además: "No nos metas en tentación" y "velad y orad". Nunca presuma que no necesita hacerlo.

Entonces puede estar ante los hombres con un semblante franco en cualquier plataforma, sus motivaciones transparentes, sin vergüenza de estar ocultando algo. Esta es una experiencia y un estilo de vida que vale cualquier esfuerzo. Mejor aún, puede tener la confianza que puede presentarse delante de Dios. "Amados, si nuestro corazón no nos reprende, confianza tenemos en Dios" (1 Juan 3:21). Si su corazón lo condena aunque sea de forma leve, su testimonio por el Señor se debilitará.

Muchas veces predicamos y criticamos a Esaú por vender su primogenitura por un plato de lentejas, pero toda una generación de Israel perdió la tierra prometida y murió en el desierto porque se lamentaron recordando los pepinos de Egipto (Números 11:5-6). No lo pierda todo por un placer pasajero. Dios advirtió a Israel que ellos recibirían "el fruto de sus pensamientos", y a la postre así fue (Jeremías 6:19).

Adoración y alabanza

El serafín usaba su tercer par de alas para volar. Mientras volaban, gritaban: "Santo, santo, santo, Jehová de los ejércitos; toda la tierra está llena de su gloria". Volaban y cantaban. ¡Era en verdad adoración en su más alto nivel! El batir de sus alas era música.

Lo sorprendente de estos seres celestiales es que no gritaban: "Amor, amor, amor", o "Paz, paz, paz", sino un trino "Santo,

santo, santo, Jehová de los ejércitos". El clímax de alabanza y la más alta forma de adoración siempre están conectados con la santidad y la gloria de Dios.

¿Cómo podían decir estos ángeles que toda la tierra estaba llena de la gloria de Dios? ¿Nunca habían escuchado de los imperios paganos y ateos, de guerras, odios, avaricia y sufrimientos? Sí, por supuesto, pero vieron estas cosas desde un punto de vista superior mientras volaban ante el trono. Tenían la perspectiva de Dios, no el punto de vista humano. Remontados sobre la escena terrenal, con la revelación de la situación total, estallaron en extasiada exclamación. Escudriñando los horizontes más allá de la vista de los moradores de la tierra, los cielos del futuro, cantaban: "Toda la tierra está llena de su gloria".

Tenga la perspectiva del trono. Los creyentes están sentados en lugares celestiales con Cristo Jesús (Efesios 2:6). ¿Cuál es su punto de vista? ¿Tiene usted la perspectiva del pequeño montículo de un topo, o el punto de vista del Everest? Usted asciende al trono de Dios cuando alaba y adora. La alabanza lo eleva. La duda y la murmuración, en lugar de alas de canción, son botas de plomo en sus pies. En adoración, contemplamos el trono, el poder del Señor, y su santidad. Hay descanso bajo su protección.

En la habitación del trono Isaías fue equipado, enviado y purificado con fuego del altar para ser un siervo de Dios con perfecta integridad. ¡Gloria a Dios! Cuando servimos al Señor con pureza en nuestra motivación y nos regocijamos en su presencia ante su trono, somos invencibles e impenetrables. Los problemas comienzan cuando perdemos la perspectiva del trono. Sin embargo, elevados por adoración a la tercera dimensión, nuestro carácter será acorazado.

LA SEGUNDA CLAVE:
UN EJEMPLO TERRENAL

El pasaje siguiente es para su lectura y estudio. Medite en él con cuidado y reverencia. Permita que el Espíritu Santo arda en su alma.

> Aquí estoy; atestiguad contra mí delante de Jehová y delante de su ungido, si he tomado el buey de alguno, si he tomado el asno de alguno, si he calumniado a alguien, si he agraviado a alguno, o si de alguien he tomado cohecho para cegar mis ojos con él; y os lo restituiré.
>
> —1 Samuel 12:3

Este atrevido desafío fue parte del discurso de despedida de Samuel ante Israel. En Israel, el período de los jueces terminó con Samuel. Él fue sin dudas el mejor de estos carismáticos libertadores. Sus palabras, que he citado aquí, son asombrosas. En aquellos primeros días, los gobernantes consideraban las opresiones menores como su recompensa, y una tiranía total no sorprendía a nadie. El hecho de que Samuel pudiera presentar este público desafío acerca de su integridad le da una estatura inigualable entre los líderes mundiales.

La tarea de Samuel, gobernar y enfrentar a los malhechores, fue absoluta, y sus juicios fueron inapelables. Aquellos a quienes había impuesto penalidades podían haberle guardado rencor y ser vengativos. Sus palabras en público podrían haberles brindado esa oportunidad. Podrían haber reclamado que él les había hecho mal.

Samuel: Un prototipo a seguir

Entonces, ¿qué pasó? La reputación de Samuel era tan grande que no tuvo miedo. La representación generalizada de la nación respondió a una: "Nunca nos has calumniado ni agraviado, ni has tomado algo de mano de ningún hombre" Él había juzgado a todos y ahora todos lo catalogaban de inocente, un hombre de Dios sin tacha, un genuino prototipo a seguir.

Samuel nunca había aceptado soborno no había tomado ventaja en más de medio siglo. Tan destacada conducta no vino solo por ser considerado en grado extremo. En el calor del momento, un control así es imposible. Su corazón era recto, y ese era su secreto. La honestidad se había convertido en su instinto natural como un hombre lleno de Dios y de la Palabra de Dios. Incluso bajo presión, sin tiempo para consideraciones, sabía de manera instintiva hacer lo correcto".

Sin embargo, el testimonio unánime de Israel no fue suficiente para Samuel. Él sabía que a las personas, algunas veces a todas las personas, se les puede engañar. Para Samuel, solo había un criterio que en realidad importaba, el del Señor. Leemos: "Y Samuel clamó a Jehová, y Jehová dio truenos y lluvias en aquel día; y todo el pueblo tuvo gran temor de Jehová y de Samuel" (1 Samuel 12:18).

¡Dios tronó con su aprobación para su siervo! Era tiempo de cosecha, la estación seca. Sin embargo, cuando el profeta ungido del Señor levantó sus manos y pidió el voto del cielo, sucedió un milagro. El cielo pronto se llenó de nubes y entonces vino el rayo, el relámpago y la lluvia. Ese fue el "Amén" de Dios mostrando su aprobación ante la integridad de Samuel.

El pueblo se sobrecogió con gran temor ante tal sobrenatural demostración. Dios había expuesto el corazón de Samuel ante todos ellos. En todas las monótonas actividades diarias del pueblo, Samuel siempre había actuado con rectitud. En su manejo del dinero y en todo pequeño juicio y decisión menor, cuando nadie lo había visto, Dios seguía siendo el que todo lo observaba. Nunca había existido un negocio malo o corrupto. Ahora Dios lo trajo a la luz y lo selló. Además, Dios dio una revelación de lo que esto significaba. Él estaba con Samuel, y Él y este hombre eran como uno. La grandeza de Samuel reflejaba la grandeza del Señor, así que el propio cielo respondió para testificar. Los negocios turbios, junto a tretas mezquinas y sórdidas, no tenían lugar en el historial de Samuel. La honestidad de Samuel lo vinculaba con la autoridad de Dios.

Lo que es impuro y raído nos aparta del reino del Espíritu. Dios mismo nos dará su aprobación cuando tenemos ambos pies dentro del Reino de Dios. Poder, gloria y bendición mostrarán el deseo terrenal de ser una sombra tenebrosa. El propio Todopoderoso abraza la causa de un hombre que se alza y declara su integridad ante el mundo entero, sin miedo de hacer "las preguntas de Samuel". El tiempo de comenzar estas piadosas prácticas es justo ahora, en el comienzo de su ministerio, no después de haber aprendido estas verdades por amarga experiencia. Aun si ha pecado, puede arrepentirse de corazón y comenzar ahora a vivir en integridad.

LA TERCERA CLAVE: PASOS UNGIDOS

Esta es el tercer pasaje clave de las Escrituras:

> Es como el buen óleo sobre la cabeza, el cual desciende sobre la barba, la barba de Aarón, y baja hasta el borde de sus vestiduras.
> —SALMO 133:2

¡Qué unción; cuán copiosa! Ese óleo sagrado fluía por sus vestiduras y chorreaba hasta sus pies y por el suelo. El óleo lo preparaba con sumo cuidado el sumo sacerdote, y tenía un perfume único. Dondequiera que Aarón iba, el óleo en sus pies y el que aún chorreaba desde el borde de sus vestiduras, marcaban sus movimientos. Las personas podían reconocer sus pasos como los del sumo sacerdote.

Dios concedió eso, incluso después que hemos dejado este mundo, podemos dejar detrás pasos ungidos para las futuras generaciones. La unción de Dios sobre usted le da el andar de Aarón. Los recuerdos de integridad de un hombre de Dios son mejores que una inscripción sobre el más precioso mármol. Los hombres y mujeres ungidos hacen historia, y esta es imperecedera en el Reino de Dios.

CAPÍTULO 20

INTERCESIÓN: EL DETONADOR

Se ha dicho: "El evangelismo sin intercesión es un explosivo sin detonador. La intercesión sin evangelismo es un detonador sin un explosivo".

APRENDER DEL MEDIADOR CÓMO SER MEDIADORES

Juan Wesley señaló: "Dios lo hace todo por medio de la oración y nada sin oración". Solo en el Nuevo Testamento encontramos 217 referencias explicitas a la oración. La oración lleva oxígeno al flujo sanguíneo de la fe. Al mirar arriba a Dios, no descendemos. Dios nos escucha a todos.

Jesús oró. Eso parece algo natural, pero cuando consideramos, es sorprendente. En Juan 1:1–2 leemos dos veces: "El verbo era con Dios". "Con" aquí significa "cara a cara", el Padre y el Hijo en contacto perpetuo sin nada que interrumpiera. Entonces, ¿por qué Jesús oró? De seguro que no fue para establecer un compañerismo con Dios. Fue porque tenía compañerismo. La oración es natural al compañerismo como la conversación entre los hijos y sus padres. ¿Por qué tener compañerismo y guardar silencio? Mientras más grande es un santo, más deseará orar.

Sin embargo, para Jesús era más que complacencia en una dulce comunión. Él era un intercesor; el Intercesor. Echaremos un vistazo a la gran oración de intercesión de Cristo en Juan 17 y aprenderemos del propio Mediador, cómo ser mediadores. La oración no es en esencia: "¡Dame!" "La Iglesia cristiana es la única organización sobre la tierra que existe para los que no son miembros", dijo alguien. Sus responsabilidades incluyen el evangelismo y la intercesión.

Un hecho que debemos enfrentar es que Jesús no solo oró, Él predicó. Después de la intercesión viene la acción. La "guerra espiritual" para Él comenzó desde que el Espíritu Santo vino sobre Él. El Espíritu lo llevó al desierto donde tuvo una confrontación personal y un duelo con el mismo Satanás. Después de eso, no regresó a casa y ya. Él declaró: "El Espíritu del Señor está sobre mí, por cuanto me ha ungido para dar buenas nuevas a los pobres" (Lucas 4:18).

La oración es un plan en la gran estrategia de Dios. El evangelismo es esencial para la "guerra espiritual". Echar fuera al diablo es una victoria vana a menos que después haya un masivo ataque con el evangelio. De otra manera, él recuperará la posición (Lucas 11:26). La fe obra para los obreros. Jesús dijo: "¡Orad! ¡Id!" Ore por obreros. Vaya como obrero.

El evangelio es una fuerza explosiva, pero necesita el detonador de la oración. La oración, sin embargo, no tiene nada que detonar sin la predicación del evangelio. Las Buenas Nuevas no pueden ser nuevas si no se anuncian.

Ese es el bosquejo de la estrategia divina. Primero, se inicia el bombardeo en oración contra las trincheras del enemigo. Luego entra la infantería, los batallones de testigos del evangelio con la Palabra de Dios en la mano, para tomar prisioneros y ocupar la posición. En Jericó, Josué hizo más que marchar y gritar hasta que se derrumbaron los muros de Jericó. Sus tropas se lanzaron dentro de la ciudad, casa por casa, habitación por habitación, y consolidaron la posesión de Israel.

Pablo habló de "armas de justicia a diestra y a siniestra" (2 Corintios 6:7). De los relatos de los métodos militares romanos, sabemos que Pablo observaba a los soldados de a pie llevando su escudo en su mano izquierda y una espada corta en su mano derecha para el combate cuerpo a cuerpo. En Efesios 6:16–17, él describe el escudo como la fe y la espada como la Palabra de Dios; equipamiento esencial.

Las Escrituras tienen una docena de palabras griegas diferentes para la oración, pero de manera sorprendente, en referencia a Jesús, el Evangelio de Juan no usa ninguna de ellas. Jesús, escribe Juan, solo "habló" a su Padre, levantando los ojos. Para Él la oración no era una disciplina formal, sino la acostumbrada comunicación con el Padre, en cualquier momento y lugar.

Cuando se sentía abrumado con las demandas del pueblo, Él se retiraba a algún lugar tranquilo (Lucas 5:16). Su acercamiento exclusivo y único a Dios creó un nuevo acercamiento para nosotros. "Aprended de mí", dijo Jesús en Mateo 11:29. Es un instinto humano orar. También es un instinto humano hablar, pero el lenguaje se aprende según va creciendo el niño. La oración cristiana es un lenguaje que es necesario aprender según vamos creciendo en gracia. Es muy impactante que los discípulos le dijeran a Jesús: "Señor, enséñanos a orar" (Lucas 11:1), ya que ellos eran israelitas y la oración no les era algo ajeno. Sin embargo, al observar a Jesús reconocieron algo diferente. La lección en la que estamos interesados aquí es verlo a Él como el Intercesor.

EL VERDADERO "PADRE NUESTRO" (JUAN 17)

Aunque su relación con el Padre estaba en el más alto nivel, las oraciones de Cristo son nuestra guía. Nuestro gran ejemplo es Juan 17, que se conoce como la oración sacerdotal de Cristo. Es un derrame de sus más profundos deseos, muy especiales y sagrados. "Manzana de oro con figuras de plata es la palabra dicha como conviene" (Proverbios 25:11).

Jesús usó en repetidas ocasiones la palabra *mundo*.

Desde Génesis hasta Malaquías solo hay palabras para los "cielos y la tierra" creados, el mundo geográfico. Estas se utilizan más de dos mil veces en el Antiguo Testamento, y unas pocas veces en el Nuevo Testamento, como en el "mundo romano".

La palabra que utilizó Jesús, *kosmos*, es diferente. Se encuentra ciento ochenta y cinco veces en el Nuevo Testamento, de manera especial en el Evangelio y en las cartas de Juan (ciento dos veces) y en las cartas de Pablo (cuarenta y siete veces). En el español se usa "cosmos" solo para significar el universo material.

En el Nuevo Testamento, "cosmos" es por lo general un concepto especial, la escena terrenal de insurrección conducida por un poder usurpador (Efesios 2:1–3). "El mundo entero está bajo el maligno" (1 Juan 5:19). El "mundo" es donde opera la ley del pecado, infestando todo. Jesús se refirió a este mundo cuando dijo: "Mi reino no es de este mundo; si mi reino fuera de este mundo, mis servidores pelearían" (Juan 18:36). El mundo se identifica por sus choques de armas. Una característica superior lo distingue ahora. ¡De tal manera Dios ama a este mundo! Él dio todo lo que tenía por todo lo que en él había.

En esta oración, Cristo habla del "mundo" en su sentido material solo una vez (Juan 17:5) y catorce veces en referencia al mundo enemigo de las personas, el área de su preocupación. De igual manera, o incluso más, expresó preocupación por sus discípulos: "Como tú me enviaste al mundo, así yo los he enviado al mundo" (v. 18). No los envió como fugitivos secretos para esconderse hasta que Dios los rescatara. Ellos tenían, y nosotros tenemos, una función dinámica y audaz como embajadores con toda la autoridad del Rey para desafiar el presente orden de rebelión: "Reconciliaos con Dios" (2 Corintios 5:20). "Ruego... también por los que han de creer en mí por la palabra de ellos" (Juan 17:20). ¡Aleluya!

Él le dijo a su Padre: "Pero ahora voy a ti" (v. 13). Luego añade: "No ruego que los quites del mundo" (v. 15). Él se iba, pero pidió que los discípulos quedaran aquí. Jesús no estaba abandonando al mundo ni a sus discípulos. Ellos ocuparían su lugar. Eran solo un puñado, pero por medio de ellos, Él continuaría su amor por el pródigo planeta. Él los dejaría a ellos (y a nosotros) aquí hasta que su intensa pasión quedara satisfecha, el cielo poblado y el infierno asolado. Jesús no es un extraño en este mundo. Él es el Amigo a quien muchos no han conocido aún.

Jesús inspiró a los apóstoles con una visión para el mundo. Él es "el Salvador del mundo", no el Salvador para un pequeño grupo de individuos (Juan 4:42). Nadie debe pensar que, en Cristo, son muy poca cosa para abarcar continentes enteros con sus súplicas. Él no es el Dios de una secta, sino "Dios de toda la tierra" (Isaías 54:5).

Cristo oró para que sepamos cómo orar.

¿Qué es la oración? Hacer peticiones a Dios parece ilógico para algunas personas. Ellas dicen: "Uno no puede cambiar la voluntad de Dios. La oración lo cambia a uno. La oración no es más que meditación".

Bueno, Jesús oró a Dios para cambiar cosas, y nos enseñó a hacer lo mismo. Por medio de nuestras oraciones, Dios lleva a cabo cosas que no haría sin oración. No es asunto de cambiar la voluntad de Dios, sino de orar para que su voluntad sea hecha (Mateo 6:10; 26:39). La posibilidad es que la voluntad de Dios no sea hecha de no ser así. Por ejemplo, Jesús oró por los discípulos pidiendo, con muchas palabras, "ellos son tuyos, guárdalos". Uno pudiera suponer que Dios guardaría lo que era suyo de todas maneras, pero Jesús pensó que era apropiado pedírselo a Dios.

La oración no es solo como un ejercicio para que usted se califique, o para que se calme. Eso solo sería autosugestión, psicología, o introspección. Santiago describe esto como el "hombre que considera en un espejo su rostro natural" (Santiago 1:23).

En esta oración, Jesús dice: "Las palabras que me diste, les he dado" (Juan 17:8). Meditar en la Escritura es siempre contemplar la Palabra de Dios. Con relación a la oración Jesús dijo: "Si...mis palabras permanecen en vosotros, pedid todo lo que queréis, y os será hecho" (Juan 15:7). Algo, por lo general cualquier cosa, llenará pronto una mente vacía. Nuestra mente debe estar llena de verdades positivas en las cuales pensar (Salmo 1). La idea fundamental es el hombre hablando con Dios. Dios le habla al hombre por lo general mediante su Espíritu, a través de su Palabra.

La oración de Cristo fue intercesora

"El Padre nuestro" y esta oración de Juan 17 están ambas llenas de peticiones. Él derrama su alma por los demás. La primera comienza con "Padre nuestro" y no tiene peticiones personales.

La intercesión es una actividad apasionada y vigorosa, muy distante del recital de una mera rutina religiosa. La fe cristiana se ha sistematizado. Poco a poco se ha revestido de tradiciones, que solo son sagradas porque son muy antiguas, capa tras capa, como los siglos de barniz que oscurecen el color original de brillantes obras de arte. Cristo dejó a un lado cualquier sistema de observancias e invocaciones. Él vino para traer vida y energía, y no hay formalidad que pueda extraer los recursos divinos. La cruz y la tumba vacía son el par de motores de la mayor planta de energía del mundo.

Ninguna religión del mundo tiene una exhortación como la de Mateo 7:7-11, o una oración como la de Juan 17. Una palabra griega ocurre aquí diecinueve veces, *hina*, que significa "para que". Jesús oró para que se hicieran las cosas. Algunas personas oran cinco veces al día y no piden nada. ¡Ellos dicen bienaventurado es aquel que no pide nada porque no será desilusionado! Los tibetanos repiten sin parar: "O la joya sobre el brote del loto"; Los gurúes yoga murmuran una sola palabra mantra; y los musulmanes mueren sin otra súplica en sus labios que "Dios es uno, Alá es su nombre, y Mahoma es su profeta". Todos sin excepción se postran ante la inescrutable voluntad de algún Destino que ellos piensan que existe. Alá, Buda, y Krishna no son ni por asomo como Dios y Padre de nuestro Señor Jesucristo. No ofrecen salvación, no hacen milagros, no perdonan, no dan paz, no tienen poder, y no ayudan.

Las oraciones de Jesús fueron estallidos de emoción ante Dios.

Jesús oró con "con gran clamor y lágrimas" (Hebreos 5:7), y sudó "como grandes gotas de sangre que caían hasta la tierra" (Lucas 22:44).

Él y los apóstoles nos enseñaron que debemos esperar que haya respuesta a la oración. No debemos hacerlo como de disculpa o de forma vaga; "no dudando nada" como lo dice Santiago (Santiago 1:6). La oración no es una colección piadosa de buenos deseos, consejos temerosos, o esperanzas. Es "la oración eficaz del justo" (Santiago 5:16), la que ve suceder las cosas. Jesús ante la tumba de Lázaro mostró señales de una profunda conmoción interna. "Se estremeció en espíritu y se conmovió", y, "Jesús lloró" (Juan 11:33, 35).

Las palabras de la Biblia para describir la oración tienen sus raíces en la palabra gritar. La oración es clamor. Cuando Ana oraba, moviendo solo sus labios, pensaron que estaba borracha (1 Samuel 1:13-14). Las personas en los días de la Biblia no tuvieron "tiempos de silencio"; ellos "invocaban a Dios" y "clamaban a Él", poniendo todo esfuerzo en ello. Esdras por ejemplo, dijo: "Me postré de rodillas, y extendí mis manos a Jehová mi Dios". Esdras "hacía confesión, llorando y postrándose delante de la casa de Dios" (Esdras 9:5; 10:1). Daniel oraba en voz alta y sus enemigos lo escuchaban fuera de su casa (Daniel 6:10-11). Él no murmuraba.

No es el sonido alto, pero si la pasión y la compasión, lo que motiva a la oración. Si aborrecemos ver a las personas enfermas, o sentimos repulsión por la presencia de espíritus inmundos (la obra del enemigo), ¿es posible que arrullemos como una paloma? Hay cierta justificación ante una justa indignación en nuestra vehemencia contra las obras del infierno.

Dar gritos en un micrófono con una buena amplificación no va a asustar ni al más nervioso de los demonios. Tampoco lo hará el ayuno; a no ser que nuestra hambre por Dios se vuelva mayor que nuestra hambre por la comida. Al diablo no le gusta el hecho de que nos pongamos tan furiosos con él que posterguemos todas las cosas, incluso las comidas. Ese es el verdadero fundamento para el ayuno, lanzarnos por completo en el ministerio de la intercesión, una conexión con un deseo inspirado por Dios. De otra manera, es solo una huelga de hambre. Nunca supe que podía ayunar por mucho tiempo, pero entonces tuve un deseo ardiente de hacerlo, un deseo proveniente de Dios que me permitió hacerlo por cuarenta días. Estoy seguro de que el peso que perdió mi cuerpo, lo ganó mi espíritu: Dios estuvo actuando en mi ministerio.

El ayuno puede ser más que privarse de alimentos. Isaías y Jeremías dicen que el ayuno que Dios desea es el ayuno de pecado. Si los cristianos, llorando delante de Dios, abandonan sus hábitos de autocomplacencia y deciden dejar su avaricia, o sus celos, murmuraciones, orgullos o impureza, aunque sea por una semana, esto sería mucho más efectivo que dejar de comer todas las noches.

La oración, con o sin ayuno, tiene que ser "ferviente", no es llegar a Dios con indiferencia, "empujando la puerta abierta con el hombro", como alguien dijo, con las manos en los bolsillos y un familiar: "¡Hola, Dios!" En una reunión de la iglesia primitiva, ellos "alzaron unánimes la voz a Dios" en oración.

Luego de haber orado, "el lugar en que estaban congregados tembló; y todos fueron llenos del Espíritu Santo, y hablaban con denuedo la palabra de Dios" (Hechos 4:24-31). ¡Eso es orar! ¡Y predicar!

Ese es también el poder de la oración detrás de nuestras cruzadas Cristo para todas las naciones; resonantes, ruidosas tal vez, pero con toda energía para Dios. Las personas se quejan de los "ruidosos carismáticos". Dicen que Dios no es sordo (¡tampoco es alguien que se asusta!) y que Jesús sanó al enfermo sin hacer ruido. Cierto, quizá, pero Jesús también "clamó a gran voz". Dios espera que nosotros nos acerquemos a Él con firmeza y con fuerza.

> Pero yo, cuando ellos enfermaron, me vestí de cilicio; afligí con ayuno mi alma, y mi oración se volvía a mi seno. Como por mi compañero, como por mi hermano andaba; como el que trae luto por madre, enlutado me humillaba.
>
> —Salmo 35:13-14

Los asuntos que nos presentan las Escrituras para que oremos por ello no son conveniencias incidentales como qué comer, beber o vestir. Jesús oró: "Padre santo, a los que me has dado, guárdalos en tu nombre" (Juan 17:11). Pablo también nos exhorta de igual manera en Romanos 15:30-33. Debemos orar por el perdón para nosotros mismos y esperar ese perdón (Mateo 6:12), por el perdón y la liberación de otros; tanto de pecadores como de salvos (1 Juan 5:16; Santiago 5:15), por los obreros que necesita la mies (Mateo 9:38), por los dones del Espíritu (1 Corintios 14:1), y porque sea santificado el nombre de Dios. Debemos orar también porque sea hecha su voluntad, y que venga su Reino, por nosotros cuando estamos en pruebas, para que las personas se sanen, por aquellos que están cargados, por reyes y gobernantes, por la unidad del pueblo de Dios y las muchas otras preocupaciones del Reino de Dios que se muestran en las Escrituras.

Estas son necesidades, no preferencias, en su mayor parte centradas en las necesidades de otros y en la salvación de las almas. Jesús oró diciendo: "Mas no ruego solamente por éstos, sino también por los que han de creer en mí por la palabra de ellos" (Juan 17:20). Lo que Jesús dijo aquí lo amplía luego Pablo en 1 Timoteo 2:1-4:

> Exhorto ante todo, a que se hagan rogativas, oraciones, peticiones y acciones de gracias, por todos los hombres; por los reyes y por todos los que están en eminencia... Porque esto es bueno y agradable delante de Dios nuestro Salvador, el cual quiere que todos los hombres sean salvos y vengan al conocimiento de la verdad.

Si oramos por eso, y es evidente que la voluntad de Dios es salvar a las personas, oramos porque se cumpla la voluntad de Dios. Incluye todo lo que tiene que ver con la salvación de las personas; toda la obra de evangelismo y para que los creyentes sean guardados del "maligno", como oró Jesús. Note la tremenda expresión de sentimientos que brota del corazón de Pablo:

> Pero os ruego, hermanos, por nuestro Señor Jesucristo y por el amor del Espíritu, que me ayudéis orando por mí a Dios, para que sea librado de los rebeldes.
>
> —Romanos 15:30-31

> Orando en todo tiempo con toda oración y súplica en el Espíritu, y velando en ello con toda perseverancia y súplica por todos los santos; y por mí, a fin de que al abrir mi boca me sea dada palabra para dar a conocer con denuedo el misterio del evangelio.
>
> —Efesios 6:18–19

Jesús oró en términos de completa seguridad en Dios y usó repetidas veces la palabra *conocer.*

Él dijo: "Yo les he dado tu palabra" (Juan 17:14), y la palabra destaca que Dios siempre escucha la oración, cuando oramos de acuerdo con su voluntad. Orar de acuerdo con su voluntad significa orar de acuerdo con la Palabra de Dios.

La oración no es en vano cuando lo conocemos a Él. La Biblia recalca este hecho una y otra vez. La lista siguiente, con pasajes solo del Nuevo Testamento, muestra la confianza que podemos tener en ello:

1. "Vuestro Padre sabe de qué cosas tenéis necesidad, antes que vosotros le pidáis" (Mateo 6:8).

2. "Pedid, y se os dará…Todo aquel que pide, recibe…¿cuánto más vuestro Padre que está en los cielos dará buenas cosas a los que le pidan?" (Mateo 7:7–11).

3. "Otra vez os digo, que si dos de vosotros se pusieren de acuerdo en la tierra acerca de cualquiera cosa que pidieren, les será hecho por mi Padre que está en los cielos" (Mateo 18:19).

4. "Y todo lo que pidiereis en oración, creyendo, lo recibiréis" (Mateo 21:22).

5. "Y todo lo que pidiereis al Padre en mi nombre, lo haré, para que el Padre sea glorificado en el Hijo" (Juan 14:13).

6. "Si permanecéis en mí, y mis palabras permanecen en vosotros, pedid todo lo que queréis, y os será hecho" (Juan 15:7).

7. "De cierto, de cierto os digo, que todo cuanto pidiereis al Padre en mi nombre, os lo dará" (Juan 16:23)

8. "Y si alguno de vosotros tiene falta de sabiduría, pídala a Dios, el cual da a todos abundantemente y sin reproche, y le será dada" (Santiago 1:5).

9. "Si nuestro corazón no nos reprende, confianza tenemos en Dios; y cualquiera cosa que pidiéremos la recibiremos de él, porque guardamos sus mandamientos, y hacemos las cosas que son agradables delante de él" (1 Juan 3:21–22).

10. "Y esta es la confianza que tenemos en él, que si pedimos alguna cosa conforme a su voluntad, él nos oye. Y si sabemos que él nos oye en cualquiera cosa que pidamos, sabemos que tenemos las peticiones que le hayamos hecho" (1 Juan 5:14–15).

Jesús dijo: "Santifícalos en tu verdad; tu palabra es verdad" (Juan 17:17).

Algunos suponen que la oración efectiva aguarda por nuestra santificación cristiana. Eso se puede dejar al Señor que es nuestro santificador. Lo más fácil en el mundo es descubrir cómo son los seres humanos y "por qué se tarda tanto el avivamiento". Sin embargo, somos hijos, sin importar nuestras imperfecciones. Dios nos escucha porque somos hijos. Él no se está fijando en lo que hemos hecho sino en lo que somos en Él; santificados a sus ojos, hijos a quienes escuchar.

Jesús oró: "Padre santo,... guárdalos en tu nombre" (Juan 17:11).
En esto descansa el amanecer de una nueva era. Cristo nos enseñó a orar "en su nombre". Él oró también "para que todos sean uno; como tú, oh Padre, en mí, y yo en ti, que también ellos sean uno en nosotros; para que el mundo crea que tú me enviaste" (Juan 17:21). Antes de que se nos diera su nombre, las personas se presentaban ellas mismas ante Dios, como vemos en los Salmos.

Al leer las oraciones de grandes hombres como Esdras, Daniel, Elías y Moisés, las credenciales que ellos presentaban eran del todo diferentes. Iban tal como eran. Sin embargo, nosotros acudimos en Cristo. Cristo fue al Padre en su propio nombre, y nosotros estamos con Él en su nombre, no reclamando los derechos de la ley, de nuestra raza, o de nuestra bondad. El salmista vino delante de Dios con este tipo de súplica:

> No me he sentado con hombres hipócritas, ni entré con los que andan simuladamente...Lavaré en inocencia mis manos, y así andaré alrededor de tu altar, oh Jehová.
> —Salmo 26:4–6

Para que los oyeran, estos hombres "presentaron sus más poderosas razones", que pertenecían al pueblo del pacto con Dios, citaban sus milagros en el pasado, o lo instaban a mantener su honor; todos estos legítimos reclamos, incluso hoy. Sin embargo, el método de los cristianos es "el camino nuevo y vivo" en Cristo; en el nombre de Jesús. Aquel ante quien estamos es impecable. "Yo en ellos, y tú en mí, para que sean perfectos en unidad" (Juan 17:23).

En Cristo, las personas menos distinguidas exhiben las credenciales del Reino, aunque no por la complacencia en los caprichos humanos. Cuando Jesús habló de comida, bebida y vestido, quiso decir que Dios no necesitaba que le recordaran esas cosas. Nuestros objetivos deben concentrarse en "el reino de Dios" (Mateo 6:26-34). El Padre nuestro contiene varias peticiones pero todas ellas son facetas de una sola petición central: "Venga tu reino".

Sería imposible que la Biblia tuviera una lista con todas las peticiones permitidas, pero todas ellas se enfocan en la misma frase: "Venga tu reino", la obra de la salvación. Mire a lo que dice la Escritura acerca de "gemir" en Romanos 8:26: "Qué hemos de pedir como conviene, no lo sabemos, pero el Espíritu mismo intercede por nosotros con gemidos indecibles". El mismo gemir se menciona antes en los versículos 22 y 23, cuando se habla de la redención del mundo entero, y dice: "nosotros también gemimos dentro de nosotros mismos, esperando...la redención". Esa redención abarca la creación misma.

La carga de un mundo perdido en la maldad yace con enorme peso sobre el corazón de Dios. Cristo gimió, la creación gime, los pecadores gimen, los creyentes gimen, y el Espíritu gime a favor de todos nosotros. Entonces sus gemidos son oraciones, traducidas por Dios para la esperanza de la humanidad. Es cuando intercedemos con deseos por los perdidos del mundo que "el Espíritu nos ayuda en nuestra debilidad", y nuestros "gemidos" se convierten en palancas para mover montañas. En Juan 11:33-43, leemos que Lázaro había muerto. Cuando llegó Jesús, "se estremeció en espíritu y se conmovió" (una expresión muy fuerte), y, "Jesús lloró" (v. 35). Luego en los versículos 41-42, Jesús oró: "Padre, gracias te doy por haberme oído. Yo sabía que siempre me oyes" Note que Jesús no había hecho oración alguna; Él solo se había estremecido y había llorado. Jesús estaba gimiendo no solo por Lázaro, sino por el mundo entero, y las tristezas y el temor de muerte que persigue a la raza humana. Él llevó esa aflicción en su alma al Calvario para que "gustase la muerte por todos". Jesús el Intercesor puso su propia vida en ello.

Jesús dijo: "Para que el mundo conozca que tú me enviaste" (Juan 17:23).

Esta oración está en armonía con su mandamiento para nosotros de "haced discípulos a todas las naciones". Cualquier cristiano que pierde esa perspectiva está corto de vista. Leemos que en el principio "la tierra estaba desordenada y vacía, y las tinieblas estaban sobre la faz del abismo, y el Espíritu de Dios se movía sobre la faz de las aguas" (Génesis 1:2). Hoy, el Espíritu de Dios se mueve sobre las tinieblas espirituales de nuestro mundo pecador. Él "gime", pero ahora tiene aliados. Él expresa su preocupación a través de los nacidos de nuevo, los hijos de Dios. Él intercede y pone ese ministerio sobre nosotros, el mismo ministerio del Hijo de Dios en gloria, quien también intercede.

En nuestro ministerio (Cristo para todas las naciones),

tomamos la intercesión con mucha seriedad, y la acompañamos de predicación con unción del evangelio de Jesucristo. Nuestros intercesores son detonadores que derrumban los muros de las fortalezas de Satanás. Los resultados de nuestras campañas de evangelismo en África son asombrosos. En el último año del milenio pasado, la escala de nuestras campañas tuvo una explosión hacia una nueva dimensión. Durante años en África, habíamos visto un promedio de 50,000 a 150,000 personas responder al llamado de salvación en cada cruzada. En la campaña de la temporada 2001-2002, predicamos cara a cara a más de doce millones de personas, de las cuales, ¡más de nueve millones respondieron a Cristo, llenaron una tarjeta de decisión, y recibieron nuestra literatura de seguimiento! Señales y prodigios también siguieron a la predicación del evangelio. La combinación de este tipo de intercesión y evangelismo poderoso deja indefenso al diablo, y produce el avivamiento que está conquistando al mundo.

CAPÍTULO 21

SE BUSCA: PREDICACIÓN DEL ESPÍRITU SANTO

El día de Pentecostés Dios habló mediante voces humanas; su propia presencia en las palabras de ellos. "Según el Espíritu les daba que hablasen" (Hechos 2:4).

Esto fue más que inspiración. Los deportistas, artistas y músicos conocen la inspiración y los antiguos decían que estaban "entusiasmados" o poseídos por un genio. Pero Hechos 2 dice que los primeros creyentes no estaban poseídos, ni siquiera entusiasmados, sino que fueron llenos del Espíritu Santo. Los cristianos no son solo "entusiastas" sino personas que Dios ha hecho para su propósito. Leemos acerca de los profetas hebreos que fueron hombres que hablaron siendo inspirados por el Espíritu Santo.

Si esto no proviniera de Dios, sería algo terrible, extraño. Pero fuimos creados para hablar para Dios; hablando por Dios. Isaías lo sabía, Jeremías lo sabía, y Ezequiel lo sabía, y se les conoce por esto. Eran hombres raros, profetas, pero sus asombrosas posibilidades se convirtieron en algo general con la llegada de la fe cristiana. La promesa de la Escritura era que el Espíritu de los profetas se derramaría sobre toda carne, una promesa que se cumplió por vez primera y se registra en Hechos 2. Ese día Dios comenzó a dar *palabra*. La predicación se convirtió en poder (1 Corintios 1:18). Pablo testificó que cuando el predicaba "*con debilidad* y mucho temor y temblor" lo hacía también "*con demostración del Espíritu y de poder*". Jesús les dijo a sus discípulos que cuando los llevaran ante los jueces, el Espíritu pondría las palabras en sus bocas.

Dios le dará fuerzas a las palabras que hablamos para Él. Pablo dijo: "...anunciamos, amonestando a todo hombre, y enseñando a todo hombre en toda sabiduría, a fin de presentar perfecto en Cristo Jesús a todo hombre; para lo cual también trabajo, luchando según la potencia de él, la cual actúa poderosamente en mí" (Colosenses 1:28–29). Pedía además que ellos oraran por él para que Dios abriera una puerta "para la palabra" (Colosenses 4:3). En Tesalonicenses 1:5 él declaró: "Nuestro evangelio no llegó a vosotros en palabras solamente, sino también en poder, en el Espíritu Santo y en plena certidumbre". Hebreos 2:4 se refiere a aquellos que escucharon el reporte de Cristo: "Testificando Dios juntamente con ellos, con señales y prodigios y diversos milagros y repartimientos del Espíritu Santo según su voluntad".

UNA SÚPLICA DEL EVANGELISTA REINHARD BONNKE

Un ministerio de poder no es tan solo una sensación. Dios no es un sensacionalista o un dramaturgo. El Espíritu da poder a la predicación para salvar almas del diablo. ¿Qué otra cosa más grande puede hacer alguno por los demás?

La predicación del Espíritu Santo puede entusiasmar a un hombre y hacerlo hablar de manera ruidosa y retumbante, o lograr una tranquila, pero fuerte, impresión sobre las personas. Cualquiera sea el estilo de predicación, se conoce por lo que hace; produce salvación en los oyentes. La predicación del Espíritu Santo es una predicación de salvación, y no hay ningún otro tipo que pueda hacer ese trabajo. Los pecadores solo "nacen de nuevo" por la Palabra de Dios que vive y permanece para siempre. Esa vida la experimentan aquellos que presentan la Palabra de Dios. La predicación de poder es vida. Como dijo Jeremías: "Había en mi corazón como un fuego ardiente" (Jeremías 20:9).

He aquí seis aspectos de la predicación de poder que es el tipo de predicación en la cual la mano de Dios viene sobre nosotros para ese poderoso propósito de producir nueva vida.

1. Dios se expresa a través de labios humanos.

¿Quién es el Espíritu? Esto es importante y emocionante. El Espíritu tiene tres esferas especiales de operación en la tierra. Él es el poder de Dios en la tierra, Él además responde solo a la Palabra hablada, y su gran preocupación es la humanidad. Él es el que se asocia de manera muy estrecha con nosotros; Él nos bautiza.

Él opera solo a través de la Palabra. Hasta que se habla la Palabra, Él no hace nada. Lo vemos primeramente en la Creación donde como un viento, Él se movía sobre la faz del caos. ¿Por cuánto tiempo? Tal vez por miles de años hasta que Dios habló: "Sea la luz", entonces trajo la luz.

Es por eso que debemos tener predicación del Espíritu

Santo; Él bendice la Palabra. Nadie más puede hacerlo. Por Él la Palabra de Dios se convierte en poder vivificante y transformador de vidas.

No podemos predicar con poder del Espíritu Santo a no ser que prediquemos la Palabra. Él está comprometido con la Palabra. Él no es una dulce influencia o un ambiente agradable dentro del edificio de la iglesia, sino que es el vínculo viviente entre Dios y la Palabra. Esta es su eterna asociación. Cuando predicamos la Palabra, el Espíritu está en ella, en el evangelio. Por medio de ese evangelio decimos: "Sea la luz", y hay luz irrumpiendo como en el amanecer sobre las personas que nos escuchan. El Espíritu actúa cuando se habla la Palabra.

La predicación del Espíritu Santo no es solo apasionada, sino creadora. El Espíritu fue quien operó cuando Dios habló en el principio, y su obra en la tierra cuando se habla la Palabra siempre ha sido creadora. Los hombres vienen a la vida por la obra de la Palabra y el Espíritu; nacen de nuevo por su obra creadora. Ninguna predicación por nuestra cuenta, sin importar cuán brillante sea, produce milagros, pero la Palabra le pertenece al Espíritu y el Espíritu le pertenece a la Palabra, cargado con todas las energías que se han visto desde el día de la Creación. El propósito divino en la predicación del Espíritu Santo no es otro que uno milagroso.

2. La predicación del Espíritu Santo es para el día de gracia de Dios cuando Él llama a las personas para sí.

Esta no fue siempre su intención. Hasta la venida del Espíritu, la predicación no produjo arrepentimiento en ninguna persona. Dios habló a través de los profetas cuando dijo: "Engruesa el corazón de este pueblo, y agrava sus oídos, y ciega sus ojos, para que no vea con sus ojos, ni oiga con sus oídos, ni su corazón entienda, ni se convierta, y haya para él sanidad" (Isaías 6:10). La elocuencia de Isaías y las lágrimas de Jeremías no conmovieron a nadie. Pero el día de salvación estaba al llegar. Jesús dio las llaves del Reino a un predicador, Pedro el apóstol, quien, por medio del evangelio, vio multitudes a raudales. Sus palabras comenzaron la era de la salvación, trayendo los primeros convertidos; tres mil personas. Pronto, la predicación del Espíritu Santo llenó a Jerusalén con nuevos cristianos.

Este cambio fue un gran acto de Dios que no podemos ignorar. "He aquí ahora el día de salvación" (2 Corintios 6:2). No fue hasta la llegada del evangelio que Dios pudo comenzar su gran obra. Debemos proclamarla. "¿Y cómo oirán sin haber quien les predique?" (Romanos 10:14). Las buenas nuevas no son nuevas a menos que las personas las escuchen. El evangelio no es tan solo el tema de un sermón sino la expresión del Espíritu Santo por medio de un predicador. Vivimos en la era de la acción salvadora de Dios, no de un mero cambio social sino de una revolución espiritual, una conmoción divina, parte de todo el consejo de Dios y de su propósito supremo. "Agradó a Dios salvar a los creyentes por la locura de la predicación" (1 Corintios 1:21). Él planeó compartir su gozo; es por esto que sus hijos se convierten en canales y medios de sus operaciones de salvación. Pablo pudo decirles a los efesios: "No he rehuido anunciaros todo el consejo de Dios" (Hechos 20:27). Sin el Espíritu, la predicación no produce milagros ni vidas de milagros.

3. La predicación de poder cumplió las palabras más extrañas de Cristo.

"De cierto, de cierto os digo: El que en mí cree, las obras que yo hago, él las hará también; y aun mayores hará, porque yo voy al Padre" (Juan 14:12).

Esta es una enigmática declaración. ¿Podemos concebir una obra más grande que el milagroso ministerio de Jesús? ¿El Dios en carne; prometiendo a los hombres que superarían su obra? Esta afirmación causa el asombro de muchas personas. ¿Qué obras más grandes que las de Jesús se han hecho jamás o podrán hacerse? Él resucitó a los muertos, caminó sobre las aguas, y alimentó a una multitud con el almuerzo de un muchacho. Ningún apóstol o discípulo vio jamás cosas como estas. ¿Qué podría ser más grande?

La Palabra de Dios habla de una cosa mayor que todos los milagros, más grande que partir el Mar Rojo: *¡la salvación!* El Señor es el Salvador, y la salvación es su obra de mayor importancia. Jesús es nuestro Señor y Salvador. La obra más grande sería salvar almas. Pero hasta su muerte expiatoria, no había evangelio (1 Pedro 1:10). Su maravillosa predicación, enseñanza y sanidad aguardaban esa otra obra: Su sacrificio por los pecados en la cruz. Sus propias obras y ministerio no podían incluir la salvación y el perdón por su sangre hasta que esta se derramara.

Esto nos deja en una situación increíble; ser capaces de hacer la obra que Él no pudo hacer. Pero, ¿podemos obrar como Jesús? ¿Podemos ser como Él? Cuando hablaba, el pueblo le escuchaba gustoso. Para hacernos cargo de su obra no podemos ser insípidos, aburridos. Jesús dijo: "Las palabras que yo os he hablado son espíritu y son vida" (Juan 6:63). No podemos predicar con tibieza acerca del gran amor de Dios.

La predicación de Cristo se realizó como todas sus obras; por el poder del Espíritu, la fuerza y la motivación de Dios para la acción.

Esta verdad nos enciende. Para hacernos cargo de su obra de forma adecuada—para predicar con la misma intensidad de preocupación por las personas—necesitamos la misma pasión del Espíritu Santo. Él se encarnó por el Espíritu, y nosotros debemos ser llenos con el Espíritu si queremos que las personas escuchen la voz de Jesús a través de nosotros hoy.

4. Dios nos hace lo que Él quiere que seamos para su obra.

"Porque somos hechura suya, creados en Cristo Jesús para buenas obras" (Efesios 2:10). Jesús dijo: "Venid en pos de mí, y os haré pescadores de hombres" (Mateo 4:19). Jesús hace a los hombres. Los hombres que se hacen así mismos no están bien moldeados por Él. Él desea a aquellos inspirados por el Espíritu. Esta es la clave. Debemos predicar el evangelio a toda criatura, pero Él no pretende que lo hagamos sin el Espíritu Santo, lo cual sería inefectivo.

Cristo no dejó que los discípulos fueran a predicar hasta que estuvieran llenos con el Espíritu. Ellos estaban listos para salir, pero Jesús les dijo que esperaran por la promesa del Padre—El Espíritu Santo—para hacer de ellos sus testigos (Hechos 1:4). Él utiliza a los hombres que Él hace. Toda predicación tiene que ser predicación del Espíritu Santo.

Hay una orden: "Sed llenos del Espíritu" (Efesios 5:18). Aquí el verbo está en presente imperativo e indica una condición permanente. Está también en voz pasiva porque no nos llenamos a nosotros mismos. La gramática es maravillosa; no necesitamos dar pasos diarios para "llegar al tope" como algunos suponen. Nada en este texto sugiere tal procedimiento.

Dios nos llena y el Espíritu fluye como un río. Jesús prometió que el Consolador permanecería con nosotros (Juan 14:16), y 1 Juan 2:20 habla de una unción continua. Los apóstoles salieron con el evangelio a las naciones, el Espíritu con ellos, equipados con el permanente poder de la predicación del Espíritu Santo.

5. El Espíritu de Dios vino al mundo para siempre, y los creyentes fueron llenos del Espíritu.
Todos a partir de ese momento son un canal potencial de la acción del poder de Dios. Hasta el día de Pentecostés se desconocía del todo la poderosa posibilidad del Espíritu que se derramaría. Entonces el Espíritu cayó sobre todos los creyentes, sin tener en cuenta aptitudes, ni hacer discriminación de raza, edad o género. Pedro dijo: "Arrepentíos, y bautícese cada uno de vosotros en el nombre de Jesucristo para perdón de los pecados; y recibiréis el don del Espíritu Santo. Porque para vosotros es la promesa, y para vuestros hijos, y para todos los que están lejos..." (Hechos 2:38–39). Esta no fue una experiencia divertida para satisfacción emocional personal. Fue parte de la eterna voluntad de Dios. Él triunfará sobre toda la maldad por el hombre; el hombre redimido y lleno del Espíritu. La predicación del evangelio es el catalizador que libera el poder del Espíritu de Dios.

6. La promesa a través de Juan el bautista fue que Cristo bautizaría en el Espíritu Santo y fuego.
De hecho, Juan no vio el cumplimiento de su profecía. Cristo no bautizó a nadie en fuego durante su tiempo en la tierra. Pero después que fue al Padre, Él envió fuego. La ascensión de Cristo fue la gran realización de toda su obra, de toda su paciencia, y de todo su sufrimiento. Él solo pudo enviar al Espíritu cuando su obra aquí estuvo completa; ese fue el

precio para poder nosotros recibir el Espíritu. Este Cristo de fuego es el Cristo de la Biblia; no hay otro. Un Cristo sin fuego no es el Cristo de la Biblia. Si predicamos al Cristo de la Biblia, entonces debemos ejemplificarlo nosotros al ser bautizados en el Espíritu. Nuestro mensaje es que Jesús bautiza en el Espíritu y que el hombre se convierte en el mensaje.

MIRADA A ALGUNOS ASPECTOS PRÁCTICOS

No todo lo que los pastores dicen tiene que estar inflamado por el Espíritu. Pero *un pastor debe ser un hombre del Espíritu*. Las ocasiones pueden ser diferentes, pero debe haber un corazón ardiente para los momentos en que Dios unge los labios, la mente y el corazón para hablar.

Parece ser un asunto no resuelto en algunos círculos cómo recibir el Espíritu. De hecho, se han hecho muchas sugerencias populares, que incluyen ideas extravagantes como la de tocar el Espíritu de Dios. Hay algunos reclamos excéntricos de encontrar secretos ocultos en la Biblia que no se habían percibido antes, por lo general introducidos en un libro y leídos con avidez para conseguir poder. No creo que valga la pena molestarnos con ellos aquí, excepto para destacar que Dios está en realidad preocupado con la salvación del mundo, y no por las raras nociones de estos individuos.

Sin embargo, hay ideas ampliamente aceptadas que portan una verdadera marca espiritual.

Tal vez la idea más generalizada es que el poder se produce por la oración. Bueno, nada sucede sin oración; es decir bastante de oración. Pero esta enseñanza sugiere que el poder de Dios viene del poder de nuestras propias oraciones; a más oración, más poder.

Existen doscientas doce alusiones a la oración en el Nuevo Testamento, muchas nos muestran por qué cosas orar. Pero no se sugiere ninguna oración para traer poder. Los apóstoles, líderes y discípulos fueron hombres del Espíritu Santo y tuvieron la demostración del Espíritu, pero nunca indicaron que lo mantenían en ellos mediante poderosos esfuerzos de oración. ¿Alguna vez Pablo agonizó en oración por Corinto o por Filipo, o por algún otro lugar donde predicaba? Podemos asumir que ellos oraban con agonía de su alma por poder, pero no podemos asumir que los apóstoles hicieron lo que ellos no dicen que hicieron.

Los apóstoles y los creyentes por lo general habían tenido una experiencia de Pentecostés (Hechos 2:2-4), y habían recibido el bautismo en el Espíritu. Ellos nunca pidieron otra vez el poder. El poder residía en ellos. El Espíritu eterno en ellos no se evaporó o desvaneció. Muchas veces se ha comparado el poder de Dios con la potencia de una batería que necesita recargarse. Eso es una falacia. El Dios inmutable nunca debe compararse con algo diseñado por el hombre y cambiable. La especial promesa y el carácter del Espíritu es que permanece (1 Juan 2:20, 24; Juan 14:16). Pablo hizo énfasis en que todo el poder de Dios que operó en la resurrección de Cristo actuaba en su ministerio; y en el nuestro (Efesios 1:20).

Me aventuro ahora a mirar a la oración en general. Para nuestro evangelismo internacional solicitamos toda la oración posible, y tenemos miles de compañeros de oración. Esto es para el apoyo específico de la obra que nunca se detiene. Pero está la Iglesia universal, la niña de los ojos de Dios, su creación, su Jerusalén con murallas inaccesibles. La Iglesia como tal no se mantiene por nuestras oraciones, sino por la infalible presencia de Dios. Dios está allí no porque oramos, sino porque su infalible promesa fue nunca abandonarnos, la expresión del propósito inalterable e inviolable del Todopoderoso.

¿Es la fe cristiana tan frágil y vulnerable que necesitamos de manera incesante reuniones de oración para que todo siga funcionando? Pero Dios ha prometido estar presente cada vez que nos reunamos en su nombre. Orar para que Él haga lo que dijo que haría es incredulidad. Para seguir adelante haciendo su obra debemos abundar en confianza, seguros de su presencia y poder.

Pero muchos parecen pensar que toda la obra de Dios depende de la oración, la respuesta para todo. Predican la Palabra pero oran para que esta sea poderosa. La Palabra es poder. Se nos exhorta a orar, por supuesto. Tenemos pasajes como el de Filipenses 4:6: "Por nada estéis afanosos, sino sean conocidas vuestras peticiones delante de Dios en toda oración". Eso es para nosotros y para nuestro desarrollo espiritual. Nuestra tarea suprema es la Palabra, y el Espíritu está comprometido en bendecirla.

Predomina la idea de que cuanto más larga la oración, más grande nuestra bendición. Jesús envió a los discípulos a la tarea más grande de todas, evangelizar a todo el mundo, y no oraron al principio. Tan solo predicaron la Palabra.

Sus órdenes fueron tan solo que esperaran a ser llenos del Espíritu. Entonces, bautizados en el Espíritu, tuvieron éxito inmediato. No practicaron interminables períodos de intercesión. No echaron al diablo fuera de una ciudad. Pablo dijo: "Despojando a los principados y a las potestades, los exhibió públicamente, triunfando sobre ellos en la cruz" (Colosenses 2:15) y dice a sus convertidos que toda la fuerza y todo el poder que operaron en la resurrección de Cristo era de ellos (Efesios

1:18-20). Todo lo que necesitaban era tener sus ojos abiertos para verlo.

Este es un "secreto". Quiero mencionar otro; ayuno, o ayuno y oración. Las naciones paganas ayunaban pero cuando Dios tomó a la nación de Israel como su pueblo, Él nunca sugirió el ayuno. Las catorce referencias en el Antiguo Testamento al ayuno, expresan la ansiedad de los líderes de Israel ante crisis. Estaban temerosos de que Dios no actuara a favor de ellos a no ser que lo presionaran emocionalmente.

Hay una extraña referencia en el Nuevo Testamento; que los ancianos de Antioquía despidieron a Pablo para su viaje misionero después de haber ayunado. Pero el propio Pablo no mencionó el ayuno excepto cuando estaba a bordo del barco con unos no cristianos que ayunaron. Él les dijo que comieran y se fortalecieran. El ayuno se convirtió en regla para las iglesias cuando la pureza de su doctrina se ahogada en un ritual, siguiendo el ejemplo de los ascetas como San Antonio.

En el Antiguo Testamento Dios habló una vez del ayuno. Él esperaba un ayuno en el que se abstuvieran de la maldad, no de la comida. Jesús hizo un comentario sobre el ayuno. Se le acusó por no seguir esta práctica, pero respondió que mientras sus discípulos estaban con Él (como era el caso) no era apropiado ayunar. Él dijo que los fariseos debían ayunar porque era la práctica de su culto, pero no del suyo.

Sin embargo, es posible que algunos puedan orar mejor cuando no comen. Ningún pasaje de la Escritura prohíbe la práctica. A menudo las personas, cuando oran, prefieren cierta posición. Algunos prefieren arrodillarse; otros hacerlo de pie, sentados, o postrados. A algunos les gusta gritar, mientras que otros oran en silencio. A Dios no le preocupa tanto cuáles son nuestras posiciones o estilos, o si ayunamos, siempre y cuando oremos.

Algunos creen que la predicación poderosa del Espíritu Santo es la señal de la santidad y la separación del mundo. La santidad tiene dos objetivos. Primero, somos santos para ser como Él, porque Dios es santo. Esto conlleva su propia recompensa porque sin santidad nadie verá a Dios (Hebreos 12:14). Los puros de corazón son bienaventurados porque verán a Dios (Mateo 5:8), y esa es la mayor esperanza del cristiano.

El segundo objetivo de la santidad es estar aptos para el servicio de Dios, pero muchas veces se piensa en ellos como estar cerca de la perfección. La gloriosa verdad es que la sangre de Jesús nos limpia por completo y nos hace estar aptos para servir a Dios de inmediato.

A menudo los maestros son fuente de desaliento. Algunos comparan la recepción del Espíritu Santo con la señal de radio que se pierde por alguna pequeña falla. O comparan al Espíritu Santo con una asustadiza paloma que sale volando por cualquier cosa. Otros pudieran insinuar que pudiéramos haber dejado de escuchar los susurros de Jesús o que nos hemos soltado de su mano. Estas son concepciones del Espíritu Santo que la Escritura nunca describe.

Estos tipos de temores y dudas hacen caer a muchos cristianos en esclavitud. Nuestra fe debe descansar en el Señor, no en nosotros, porque Él nunca nos dejará ni nos desamparará.

Se hace mucho énfasis en el "mover del Espíritu". Esta no es una frase de las Escrituras pero indica que debemos estar alertas al cambiante estado de ánimo del Espíritu, lo que está diciendo y sus preocupaciones actuales. Esto exige una gran sensibilidad de nuestra parte y presume que el Espíritu de Dios es el Espíritu de cambio. Pero el gran atributo de Dios es su inmutabilidad. Su estado de ánimo no tiene variación. Él nos ha revelado su voluntad y sus mandamientos, y no necesitamos de ningún experto espiritual para que nos diga cuáles son. Su propósito es nuestra directriz, que el Espíritu Santo pueda convencer al mundo de pecado, de justicia y de juicio. Él está con nosotros para este único propósito, no para seguir un ministerio pasajero de última moda o para guiarnos a algún nuevo estilo de adoración.

Otros maestros dicen que el llamado cristiano es nuestro mayor esfuerzo para Él. No habrá nada mejor mientras vivamos nuestra vida afirmando que pertenecemos a Él. Nuestra meta debe ser agradarlo a Él en todas las cosas. El modelo de hombre espiritual es Jesús. Si estamos por debajo del estándar, ¿puede Dios encargarnos de una gran empresa espiritual? ¡La respuesta es sí!

Estas enseñanzas crean una imagen de un cristianismo difícil, una fe que para ser efectiva hace grandes demandas, una fe solo para gigantes espirituales. Pero Dios está deseoso de salvar. Está muy deseoso de dejar todo esto en nosotros, a nuestra aptitud, santidad y sacrificio. Él desea vernos ocupados ahora, tal y como estamos. No espere por la perfección antes de ir a evangelizar a los perdidos. Si olvidamos que este es el día de salvación, entonces "[recibimos] en vano la gracia de Dios" (2 Corintios 6:1).

APÉNDICE

CRUZADAS DE CRISTO PARA TODAS LAS NACIONES 1975–2006

1975
Gaborone, Botsuana
Soweto, Sudáfrica
Ciudad de El Cabo, Sudáfrica

1976
Port Elizabeth, Sudáfrica
Windhoek, Namibia
Manzini, Suazilandia
Mbabane, Suazilandia

1977
Bushbuckridge, Sudáfrica
Giyani, Sudáfrica
Sibasa, Sudáfrica
Phalaborwa, Sudáfrica
Tzaneen, Sudáfrica
Messina, Sudáfrica

Louis Trichard, Sudáfrica

1978
Seshego, Sudáfrica
Potgietersrus, Sudáfrica
Phalaborwa, Sudáfrica
Njelele, Sudáfrica
Green Valley, Sudáfrica
Qwa-Qwa, Sudáfrica
Bloemfontein, Sudáfrica

1979
Pretoria, Sudáfrica
Malamulele, Sudáfrica
East London, Sudáfrica
Mafikeng, Sudáfrica
Flagstaff, Sudáfrica

1980
Atteridgeville, Sudáfrica
Tembisa, Sudáfrica
Harare, Zimbabue
Bulawayo, Zimbabue
Mutare, Zimbabue

1981
Welkom, Sudáfrica
Soweto, Sudáfrica
Lusaka, Zambia
Kitwe, Zambia
Ndola, Zambia
Kabwe, Zambia

Livingstone, Zambia
Birmingham, Inglaterra

1982
Newcastle, Sudáfrica
Pietermaritzburg, Sudáfrica
Empangeni, Sudáfrica
Big Bend, Suazilandia
Rustenburg, Sudáfrica
Ga-Rankuwa, Sudáfrica
Tlhabane, Sudáfrica
Mabopane, Sudáfrica
Nairobi, Kenia
Ladysmith, Sudáfrica
Ciudad de El Cabo, Sudáfrica
Hammanskraal, Sudáfrica

1983
Perth, Australia
Auckland, Nueva Zelandia
Port Elizabeth, Sudáfrica
Dennilton, Sudáfrica
Kwandebele, Sudáfrica
Tafelkop, Sudáfrica
Siyabuswa, Sudáfrica
Helsinki, Finlandia
Gaborone, Botsuana
Francistown, Botsuana
Durban, Sudáfrica
Kampala, Uganda
Kwa Thema, Sudáfrica

Cruzada en el levantamiento de prueba de la primera gran carpa: Mamelodi, Sudáfrica

1984
Soweto, Sudáfrica
Dedicación de la gran tienda: Ciudad de El Cabo, Sudáfrica
La gran tienda destruida: Calcuta, India
Harare, Zimbabue

1985
Ibadán, Nigeria
Lusaka, Zambia
Lubumbashi, R. D. Congo
Accra, Ghana
Singapur

1986
Kumasi, Ghana
Sekondi Takoradi, Ghana
Harare, Zimbabue: Primera Conferencia de Fuego y nueva gran tienda
Blantyre, Malawi
Lagos, Nigeria

1987
Tamale, Ghana
Onitsha, Nigeria
Douala, Camerún
Mzuzu, Malawi
Singapur
New Orleans, U.S.A.
Frankfurt, Alemania: Conferencia de Fuego Europea

Ho, Ghana
Cape Coast, Ghana
Dar es-Salaam, Tanzania
Tema, Ghana

1988
Manila, Filipinas
Yaoundé, Camerún
Aba, Nigeria
Nairobi, Kenia
Birmingham, Inglaterra: Conferencia de Fuego Europea
Hamburgo, Alemania
Nakuru, Kenia
Port Harcourt, Nigeria
Kisumu, Kenia
Accra, Ghana

1989
Mombasa, Kenia
Kumba, Camerún
Enugu, Nigeria
Kampala, Uganda
Riga, URSS
Bukavu, Zaire
Bujumbura, Burundi
Warri, Nigeria
Jos, Nigeria
Kuala Lumpur, Malaysia
Abiyán, Ivory Coast

1990
Meru, Kenia

Machakos, Kenia
Bamenda, Camerún
Ougadougou, Burkina Faso
Ibadán, Nigeria
Goma, Zaire
Kigali, Ruanda
Butembo, Zaire
Lisboa, Portugal: Conferencia de Fuego Europea
Jinja, Uganda
Kaduna, Nigeria
Ilorin, Nigeria
Cotonou, Benín

1991
Mathare Valley, Kenia
Lomé, Togo
Bouake, Costa de Marfil
Bobo Dioulasso, Burkina Faso
Jakarta, Indonesia
Kinshasa, Zaire
Kananga, Zaire
Mbuji-Mayi, Zaire
Kisangani, Zaire
Kano, Nigeria
Freetown, Sierra Leona

1992
Mbeya, Tanzania
Bangui, República Centroafricana
Libreville, Gabón
Port Gentil, Gabón
Eldoret, Kenia

Luanda, Angola
Birmingham, Inglaterra
Brazzaville, Congo
Kiev, Ucrania
Pointe-Noire, Congo
Conakry, Guinea
Buenos Aires, Argentina
Douala, Camerún

1993
Dar es-Salaam, Tanzania
Kumasi, Ghana
Surabaya, Indonesia
Tanga, Tanzania
Maputo, Mozambique
Beira, Mozambique
Odesa, Ucrania
Bamako, Malí
Kingston, Jamaica
Ouagadougou, Burkina Faso

1994
Kibera, Kenia
Madrás, India
Inglaterra e Irlanda: Distribución del folleto *From Minus to Plus* [De menos a más]
Seinäjoki, Finlandia
Lubumbashi, Zaire
Puerto España, Trinidad
Belo Horizonte, Brasil
Antananarivo, Madagascar
Tamatave, Madagascar

Yamena, Chad
Porto Alegre, Brasil
Sarh, Chad

1995
Porto-Novo, Benín
Awasa, Etiopía
Hyderabad, India
Addis Abeba, Etiopía
Likasi, Zaire
Kolwezi, Zaire
Europa de habla alemana: Distribución del folleto *From Minus to Plus* [De menos a más]
Cairo, Egipto
Dakar, Senegal
Jakarta, Indonesia
Bamako, Mali
Bissau, Guinea-Bissau

1996
Kara, Togo
Mwanza, Tanzania
Bangalore, India
Medan, Indonesia
Temirtau, Kazajstán
Karabolta, Kirguizistán
Arusha, Tanzania
Mombasa, Kenia
Sere Kunda, Gambia
Madurai, India
Hong Kong: Distribución del folleto *From Minus to Plus* [De menos a más]

Parakou, Benín

1997
Yaoundé, Camerún
Colombo, Sri Lanka
Thika, Kenia
Escandinavia: Distribución del folleto *From Minus to Plus* [De menos a más]
Blantyre, Malawi
Lilongue, Malawi
Ndola, Zambia
Dodoma, Tanzania
Maroua, Camerún
Pune, India

1998
Bata, Guinea Ecuatorial
Nueva Delhi, India
Tema, Ghana
Ciudad de El Cabo, Sudáfrica
Dar es-Salaam, Tanzania
Antananarivo, Madagascar
Freetown, Sierra Leona
Cochin, India
Monrovia, Liberia

1999
Cotonou, Benín
Sekondi Takoradi, Ghana
Ciudad de Cebú, Filipinas
Manila, Filipinas
General Santos, Filipinas

Böblingen, Alemania: Conferencia de Fuego
Kigali, Ruanda
Nakuru, Kenia
Moshi, Tanzania
Sicilia, Italia
Benín, Nigeria
Vishakhapatnam, India

2000
Calabar, Nigeria
Aba, Nigeria
Shillong, India
Jartum, Sudán
Jimma, Etiopía
Nazareth, Etiopía
Moscú, Rusia
Lagos, Nigeria
Enugu, Nigeria
Ontario, Canadá
Birmingham, Inglaterra

2001
Uyo, Nigeria
Onitsha, Nigeria
Owerri, Nigeria
Kinshasa, R. D. Congo
Ibadán, Nigeria
Oshogbo, Nigeria
Belfast, Irlanda
Múnich, Alemania

2002
Abeokuta, Nigeria

Akure, Nigeria
Ilesha, Nigeria
Kisumu, Kenia
Ogbomosho, Nigeria
Ifé, Nigeria
Singapur, Indonesia

2003
Ado-Ekiti, Nigeria
Ondo, Nigeria
Makurdi, Nigeria
Owo, Nigeria
Oyo, Nigeria
Okene, Nigeria
Ikare Akoko, Nigeria
Berlín, Alemania
Viti Levu, Figi
Ikirun, Nigeria
Warri, Nigeria

2004
Port Harcourt, Nigeria
Ijebu Ode, Nigeria
Saki, Nigeria
Orlu, Nigeria
Ilorin, Nigeria
Umuahia, Nigeria
Benín, Nigeria
Calabar, Nigeria

2005
Jos, Nigeria

Aarau, Suiza
Jalingo, Nigeria
Ayangba, Nigeria
Gboko, Nigeria
Port Moresby, Papúa Nueva Guinea
Uromi, Nigeria

2006
Ogoja, Nigeria
Abuja, Nigeria
Juba, Sudán
Wukari, Nigeria
Timisoara, Rumania
Lagos, Nigeria
Ikom, Nigeria

2007
Ado Ekiti, Nigeria
Oshogbo, Nigeria
Aba, Nigeria
Kabba, Nigeria
Agbor, Nigeria
Abakaliki, Nigeria

2008
Yola, Nigeria
Awka, Nigeria
Kochi, India
Kafanchan, Nigeria
Nsukka, Nigeria
Ikot Ekpene, Nigeria
Okitipupa, Nigeria

2009
Oleh/Ozoro, Nigeria
Mubi, Nigeria
Bali, Nigeria
Otukpo, Nigeria
Afikpo, Nigeria
Ibadan, Nigeria
Sapele, Nigeria

2010
Ugep, Nigeria
Numan, Nigeria
Takum, Nigeria
Karu, Nigeria
Akure, Nigeria
Ogbomosho, Nigeria
Asaba, Nigeria

2011
Lojoja, Nigeria
Lome, Togo